これ一冊で! 基礎を固める

快速マスター
ドイツ語

磯部美穂
（信州大学人文学部准教授）

語研

💿 付属の MP3 CD について

・ドイツ語のみ，自然な速さで収録しています。（収録時間：2 時間 37 分）

・トラック番号は 🔊 001 マークをご確認ください。

・付属のディスクは，MP3 形式の音声データを収録した CD-ROM です。コンピュータと
光学式ドライブを使ったデータコピー，再生が可能です。

・付属のディスクは，音楽用 CD プレーヤーやカーオーディオなどでは再生できない場合
があります。再生方法の詳細や制限につきましては，ご利用の再生機器のマニュアルを
ご参照ください。

はじめに

ドイツ語の授業をしていると「ドイツに行きたいのですが，英語でも大丈夫ですか」と尋ねられることがあります。きっと大丈夫です。恐らく今の時代はドイツ語圏以外でも，どこに行っても英語で大丈夫（＝なんとかなる）でしょう。ではなぜドイツ語を学ばなければならないのか。想像してみましょう。もし日本にやって来た外国人の友人と英語でしか話ができないとしたら。「日本語ならもっと面白いということが伝えられるのにな」，「日本語で言うとちょっとニュアンスが違うのにな」，「日本語で話したいな」と感じるときがくるかもしれません。また道を歩いていて，外国人の方から日本語で道を尋ねられたとしたら，それがたったひと言であったとしても「日本語が話せるなんてすごい！」と感じませんか。尊敬の念を抱くと同時に，少し距離が近くなったように感じるはずです。ドイツ語圏はフランス語やオランダ語，チェコ語にポーランド語など，いろいろな言語圏に囲まれています。それゆえドイツ語を母語とする人たちは，私たち日本人よりも日常的に外国語つまり「よその言語（Fremdsprache）」に慣れています。とはいえ母語（Muttersprache）で話しかけられて嫌な気はしないはずです。あなたは fremd な言葉を話す人ではなくなりますから*。

コミュニケーションは言葉だけで行われるものではありません。ただ，言葉が心をつなげてくれる重要な要素のひとつであることには違いありません。せっかくドイツ語圏へ行くのならドイツ語を使って現地の人の心に近づいてみましょう。「なんとかなる」に甘んじることなく，本書を手に取ってくださったすべての皆様の成功を祈念しております。

本書の作成にあたり，さまざまな方が執筆された辞書や文法書から多くのことを学ばせていただきました。またドイツ語の表現を丁寧に校正してくださった後藤コリンナ・ヴェレナ先生には心から感謝申し上げます。さらに執筆前から絶えず貴重なご指摘をしていただきました語研編集部の宮崎喜子さんには感謝の気持ちに加えて，過密なスケジュールで大変な作業をしていただいたことを実に申し訳なく感じておりました。最後まで本当にありがとうございました。

2020 年 4 月

磯部　美穂

---

* Fremdsprache は，fremd（よその，見知らぬ，外国の）という形容詞と Sprache（言語）という名詞からなり「外国語」を意味します。それに対して「母語」は Muttersprache で Mutter は「母」を意味します。

目 次

快速マスタードイツ語　発音編

快速マスタードイツ語　文法編

快速マスタードイツ語　語彙編

ネイティブチェック：後藤コリンナ・ヴェレナ

装丁：神田 昇和（フォーマット＝早瀬 芳文）

吹き込み：Jan Hillesheim

    Nadine Kaczmarek

写真：©DZT, Foto: Francesco Carovillano（p.7 フランクフルト）（p.59 ブレーメン）（p.91 ダルムシュタット）（p.153 ディンケルスビュール）（p.162 デュッセルドルフ）（p.189 シュヴェリーン）（p.225 リューデスハイム），Jens Wegener（p.65 ポツダム），Florian Trykowski（p.204 シュヴァンガウ），Jan Lauer（p.205 ガルミッシュ＝パルテンキルヒェン），Christof Herdt（p.219 ライプチヒ），Anita Brechbühl（p.221 クネーデル），Deutschland abgelichtet Medienproduktion（p.242 ドナウ）

©Landeshauptstadt Mainz（p.15 マインツ）

©KölnTourismus GmbH, Foto: Axel Schulten（p.188 ケルン）

©Deutsches Weininstitut GmbH(DWI)（p.213 モーゼル）

©visitberlin, Foto: Philip Koschel（p.237 ベルリン）

©DZT e.V., Foto: Florian Trykowski（p.241 ヴィースバーデン）

本書の特長と使い方

特長

その1　学習者が選択できる4部構成

　本書は，学習速度などに合わせて学習順や項目を選択できるように発音編・文法編・会話編・語彙編の4部構成になっています。段階的に着実に学べるように，あるいは，忘れた項目を集中的に復習できるように，必要な表現や語彙だけをマスターできるように，それぞれの目的に応じて学習できる教材となっています。

発音編　アルファベットの読み方からつづりと発音の規則，外来語などの例外的な発音まで丁寧に解説しています。独学でも規則を理解しながら発音練習ができるように，読み方をカタカナで併記しています。各課の最後にある　発音しながら単語を復習しよう！　では発音をマスターしながら，ドイツ語の単語にも慣れていきましょう。

文法編　文法の基礎から発展的な項目に至るまでしっかり学べるように，学習順を工夫し，**復習しよう！**で学習した項目を常に思い出せるようになっています。また文法用語を正しく理解すると言語のしくみがより理解できるようになります。重要な文法用語は太字で強調していますので，ひとつずつ整理していきましょう。

会話編　まずはひと言でも話したいというときのために，会話文にはカタカナの読み方を併記しています。また解説を参考にして表現を状況別に使い分けてみましょう。

語彙編　テーマ別に語彙をまとめていますので，状況や場面に応じて，必要な語彙を効率的に探し出すことができます。また，身の回りの，日常的によく使用する語彙を選びました。

その2　シンプルな解説に見やすいレイアウト

　本書はできるだけシンプルな解説を心がけています。一覧表や図を使って，例文を赤枠□で囲んだりして，見やすくしています。

　またポイントとなる解説や文法用語を**太字**で強調し，　　　　　にはミスをしがちな，注意するポイントが書かれているので，斜め読みでの復習にも使いやすくなっています。

その3　手元において，ずっと使える教材

　本書は，ページを開くと重要な文のかたちやポイントが一目で確認できるようになっています。ちょっと自信がないなと思ったときにはすぐに見返すことができるよう付箋などを活用してください。巻末には，**文法表**や**よく使われる不規則動詞の変化表**の一覧がまとめてあり，初級文法をマスターした後もずっと使えるように工夫しています。

使い方

　生まれたときから母語の日本語をどのように習得したか，覚えている人はいないでしょう。しかし，外国語として日本語を初めて学ぶ人は，「お母さん」は「母親を呼ぶときの表現」であり，「母親は母とも言い換えることができる」といったようにひとつずつ学習していくのです。当然私たちが外国語を学ぶときにも同じことをしなければなりません。なんとも気が遠くなる話です。とはいえ，私たちは赤ちゃんと違って，自分で考えて，選択した項目だけを学習することができます。なぜこの言語を学ぶのか，自分に必要な項目はなにか，効率的に学ぶにはどうすればよいのか，まずはみなさんの目的に合った学習方法を考えましょう。

◇本書を使用するすべての方へ

　外国語を学ぶことはとても地道な作業です。しかしその分，得られるものは大きいということ。忙しい人も1日15分から最大60分，しっかり時間をとることができる人は1日1課を目標にしましょう。継続は力なり。続けることが大切です。そして繰り返し復習することは何よりも効果的です。太字で強調された解説や文法用語を中心に何度も復習しましょう。発音編と文法編の各課の最後にある　単語を復習しよう！　でしっかり語彙力もつけていきましょう。

◇文法・会話ともにモノにしてビジネスや長期の留学を目指す方へ

　まずは発音編でドイツ語を読む力をつけましょう。音声を活用して　発音しながら単語を復習しよう！　で繰り返し練習をしてください。ドイツ語の単語をうまく発音できるようになったら，文法編に進みましょう。基礎的な項目を読み，理解できているか練習問題で確認してみてください。余裕がでてきたら**もうワンステップ！**でさらに上を目指しましょう。太字で強調されたポイントを繰り返し斜め読みして，文法用語もマスターすれば，より効率的に文法を学んでいくことができます。文法編を終えたら，会話編で実践力をつけていきましょう。語彙編では覚えた単語をひとつずつチェック☑しましょう。

◇簡単な会話ができるようになりたいという方へ

　会話編からはじめましょう。最初はカタカナを見ながら，音声を聴いて一緒に読んでみるとよいでしょう。簡単な表現が話せるようになったら，語彙編でテーマ別に自分に必要な単語を覚えていきましょう。マスターした表現を使って単語を置き換えていけば，いろいろなことが話せるようになります。ドイツ語が面白いと感じたら，是非，発音編と文法編に戻って，基礎から学んでください。

ドイツ語ってどんな言語？

　ドイツ語と英語が似ているという話を聞いたことがある人もいるでしょう。英語で「リンゴ」は apple ですが，ドイツ語では Apfel です。音からはわかりにくいかもしれませんが，文字でみると似ているということがわかりますね。他にも数字の「10」は英語で ten，ドイツ語では zehn，英語の動詞 make と同じように使われるドイツ語の動詞は machen です。

言語の家族

　インドから西，中央アジアを通り，ヨーロッパの国々に至るまで，そこで話されている言語は，ハンガリー語とフィンランド語をのぞいて，インド・ヨーロッパ語族と呼ばれる言語の家族とされています。つまり，それらの言語に共通するひとつの言語（ご先祖様）が存在するという考え方です。その中でもノルウェー語やスウェーデン語，英語，ドイツ語，そしてオランダ語は，ゲルマン語派と呼ばれる同じ言語グループに属し，さらに英語とドイツ語とオランダ語は西ゲルマン語派というグループに属します。英語とオランダ語，そしてドイツ語が分離していったのは，5 〜 8 世紀頃とされています。

ドイツ語という言語グループ

　ドイツ語という言語もまた，ひとつの言語グループの総称なのです。現在の標準的なドイツ語とは，スイス北西部で話されているアレマン語やドイツ南部とオーストリアで話されているバイエルン語，ドイツ西部を中心に話されているフランケン語など，いろいろな国と地域で話されてきた言語が，人や物の移動などによって接触し，相互に影響を与えながら，平準化されてできた言語です。ドイツ語が国境を越えて話されているのはこのためです。

ドイツ語が話されている国と地域

　オーストリアやスイスの一部がドイツ語圏であることはよく知られていますが，ルクセンブルクやベルギーのワロン地方，フランス・アルザス地方，イタリア・南チロル地方でもドイツ語が話されています。それぞれの国と地域においては，それぞれのドイツ語が話され，教科書で学ぶ標準的なドイツ語とは異なる語彙や表現が使われ

ていることもあります。独和辞書などに＜ドイツ南部・オーストリアで＞や＜スイスで＞といった注意書きがされているのはこのためです。最初にドイツ語で「こんにちは」は Guten Tag! と学びますが，ドイツ南部のバイエルン州やオーストリアでは

Grüß Gott!, スイスでは Grüezi! といった表現が使われています。まずは標準語から，慣れてきたらいろいろな地域のドイツ語に触れてみましょう。

2 ドイツ語のつづり方？

　現代のドイツ語のつづり方は，正書法という規則によって定められています。しかし，この正書法が成立するまでには長いプロセスがありました。

文字記録の始まり

　まずドイツ語が文字として記録され始めたのは，8 世紀にさかのぼります。現存する最古のドイツ語の文献は，ラテン語・ドイツ語の語彙集です。その後，キリスト教関連の文書がドイツ語によって書かれるようになりますが，統一的なつづり方はなく，書き手によって，それぞれつづり方が異なっていました。

　15 世紀にヨハネス・グーテンベルク（1398?-1468）が活版印刷術を発明すると，大量の書物が印刷所で作成される時代へと変わります。各地域に印刷所が置かれ，次第にドイツ語の印刷物が普及していきますが，特に宗教改革者のマルティン・ルター（1483-1546）のドイツ語訳聖書やドイツ語の著作物は，広い地域で多くの人々が手にしたといわれています。そのためルターのドイツ語は，現代のドイツ語の語彙や慣用表現となって残っています。しかし，つづり方にはあまり影響を与えませんでした。というのも当時のつづり方は，各地域の印刷所で活字を並べる植字工と呼ばれる職人たちによって決定されていたからです。ルターは生涯「文字をどうつづるか」と頭を悩ませていたとか。

規則化の試み

　それから 19 世紀になってようやくつづりを規則化しようとする試みが始まります。教育制度などが整備されていく時代に入ると「学校教育においてつづり方がばらばらでは困る」と立ち上がったのがギムナジウム（中高一貫校）の校長であったコンラート・ドゥーデン（1829-1911）でした。彼によって，1880 年につづり方の規則をまとめた正書法辞典が出版されます。しかしそれは統一的な規則というにはほど遠いものでした。そのため，その後も正書法会議と呼ばれる会議が繰り返し開かれ，つづり方に関する議論がおこなわれました。例えば，名詞の最初の文字を大文字（例 Apfel）とするか，小文字（例 apfel）とするか，といった議論もされましたが，結果として，ドイツ語はヨーロッパ言語の中で唯一，名詞を大文字書きで始める言語となったのでした。

新正書法の成立

　こうした議論の中で規則化されていったつづり方ですが，1996年には改めて正書法改革が開始されます。さらにさまざまな議論がなされた結果，2006年にようやく新正書法が施行されました。「たかがつづり方，されどつづり方」といったところでしょうか。

　現在，出版されているドイツ語の教材や独和辞書は，この新正書法に対応しています。古書店で独和辞書を探そうと考えている方も，これからドイツ語を学ぶなら＜新正書法対応＞と書かれた辞書を手にされることをお勧めします。

Würzburg　Alte Mainbrücke

快速マスター
ドイツ語

発音編

① ドイツ語のアルファベット

　ドイツ語のアルファベットは**英語と同じ 26 文字**と**ドイツ語特有の 4 つの文字**からなります。**F，L，M，N，S は英語と同じ読み方**ですが，それ以外は異なりますので，注意してください。　　　　　　　　　　　　　　　　　　　　🔊 **001**

大文字	小文字	読み方	
A	a	[a:]	［アー］
B	b	[be:]	［ベー］
C	c	[tse:]	［ツェー］
D	d	[de:]	［デー］
E	e	[e:]	［エー］
F	f	[ɛf]	［エフ］
G	g	[ge:]	［ゲー］
H	h	[ha:]	［ハー］
I	i	[i:]	［イー］
J	j	[jɔt]	［ヨット］
K	k	[ka:]	［カー］
L	l	[ɛl]	［エル］
M	m	[ɛm]	［エム］
N	n	[ɛn]	［エヌ］
O	o	[o:]	［オー］
P	p	[pe:]	［ペー］
Q	q	[ku:]	［クー］
R	r	[ɛr]	［エル］
S	s	[ɛs]	［エス］
T	t	[te:]	［テー］
U	u	[u:]	［ウー］
V	v	[faʊ]	［ファオ］
W	w	[ve:]	［ヴェー］
X	x	[ɪks]	［イクス］
Y	y	[ˈʏpsilɔn]	［イプスィロン］
Z	z	[tsɛt]	［ツェット］

> [:] は「長い」をあらわす。この記号の直前にある母音を伸ばして発音しよう！

Lは，[ル] の音のときに，**舌先を前歯の後ろあたりに置きましょう**。Rは，**のどびこを震わせて** [ルルル] と発音してみましょう。このとき舌は口の奥にしまうとよいでしょう。

> 日本語で発音するときよりも意識して，お腹の中から強く息をはいて発音してみましょう！

練習問題 1　　　　　　　　　　　　　　🔊 002

次のアルファベットを読みなさい。

(1) EU ヨーロッパ連合　　　　　　　　　(2) VW フォルクスワーゲン

(3) BMW バイエルン発動機製造株式会社　(4) ICE ドイツの都市間特急列車

(5) あなたの名前　例）HANAKO YAMADA

解答は 190 ページ

2 ドイツ語特有の文字

　ドイツ語には英語にはない**4つの特有の文字 ä, ö, ü, ß があります。a, o, u の文字の上に ¨ をつけた文字は，ウムラオト**と読みます。これらは **ae, ue, oe** と記述されていましたが，e の文字が小さくなり，それぞれの上につけられるようになりました。現代では，¨ で表記されます。それぞれ発音は，**a [aː][アー] から口を少し閉じ，舌を前に移動させて ä [ɛː][エー]，o [oː][オー] の音から舌を前に移動させて ö [øː][エー]，同じく u [uː][ウー] の音から舌を前に移動させて ü [yː][ユー]** となります。

> ウムラオトの発音は，第2課 ドイツ語の母音，2 ウムラオトを参照！

　もうひとつのドイツ語の特有な文字 ß（エスツェット）は，**アルファベットの s (= ʃ) と z (=ʒ) を合わせた文字です。読み方は [ɛs ˈtsɛt][エスツェット] ですが，発音は [s] [ス]** となります。

> ß（エスツェット）の発音は，第3課 ドイツ語の子音を参照！

🔊 003

大文字	小文字	読み方		発音	
Ä	ä	[aːˈʊmlaʊt]	[アーウムラオト]	[ɛː]	[エー]
Ö	ö	[oːˈʊmlaʊt]	[オーウムラオト]	[øː]	[エー]
Ü	ü	[uːˈʊmlaʊt]	[ウーウムラオト]	[yː]	[ユー]
ß		[ɛs ˈtsɛt]	[エスツェット]	[s]	[ス]

③ 基本的なつづりと発音

ドイツ語の大文字書きと小文字書きの規則は，英語と少し異なります。**ドイツ語の名詞の最初の文字は大文字**です。また**文の最初の文字も大文字**になります。

🟦 基本的にローマ字を読むように

母音 a, i, u, e, o は「ア，イ，ウ，エ，オ」とそのまま読み，子音と母音も ka, ki, ku, ke, ko「カ，キ，ク，ケ，コ」と読みます。次のつづりはローマ字読みとは異なるので注意しましょう。

🔊 **004**

つづり		発音	
j	[j]	ja, ji, ju, je, jo	ヤ，イ，ユ，イェ，ヨ
s	[z]	sa, si, su, se, so	ザ，ジ（ズィ），ズ，ゼ，ゾ
v	[f]	va, vi, vu, ve, vo	ファ，フィ，フゥ，フェ，フォ
w	[v]	wa, wi, wu, we, wo	ヴァ，ヴィ，ヴゥ，ヴェ，ヴォ
z	[ts]	za, zi, zu, ze, zo	ツァ，ツィ，ツゥ，ツェ，ツォ

日本語では，か = ka，き = ki，く = ku，け = ke，こ = ko といったように子音の後に必ず母音が続きますが，ドイツ語では子音で終わる語もあります。例えば，Kant は日本語では「カント（kann・to）」と読まれますが，ドイツ語の子音 t の後ろには母音の o がありません。ここではこうした読み方を［カンﾄ］と表記していますので，**小さく表記されている文字は，日本語の「ト（to）」のように o の母音を強く発音しないように**注意してください。

bl, br, kn, kl, kr, kt といったように**異なる子音が重ねられている場合**，それぞれ 2 つの音は続けて発音しましょう。

> 発音に注意する子音は，複子音を参照！

🔊 **005**

つづり	発音	
bl	[bl]	［ブﾙ］
br	[br]	［ブﾙ］
kn	[kn]	［クﾇ］
kl	[kl]	［クﾙ］
kr	[kr]	［クﾙ］
kt	[kt]	［クﾄ］
fl	[fl]	［フﾙ］
fr	[fr]	［フﾙ］

つづり	発音	
ft	[ft]	［フﾄ］
gl	[gl]	［グﾙ］
gr	[gr]	［グﾙ］
pl	[pl]	［プﾙ］
pr	[pr]	［プﾙ］
pt	[pt]	［プﾄ］
rt	[rt]	［ﾙﾄ］
tr	[tr]	［トﾙ］

また**同じ子音が重ねられる場合**は，そのまま発音しましょう。s は，2 つ続く場合には，[z]［ズ］ではなく [s]［ス］の音になるので注意してください。

🔊 006

つづり	発音	
mm	[m]	［ム］
nn	[n]	［ン］
pp	[p]	［プ］
rr	[r]	［ル］

つづり	発音	
ss	[s]	［ス］
tt	[t]	［ト］
ll	[l]	［ル］
zz	[ts]	［ツ］

ß も ss と同じ [s]［ス］の発音になります。

練習問題 2　　　　　　　　　　　　　🔊 007

次の単語を発音しなさい。

(1) Bonn（都市名）　　(2) Grimm（人名）　　(3) Frankfurt（都市名）

(4) Ball ボール　　　　(5) Wolf 狼

解答は 190 ページ

🔹 アクセントの位置

アクセント（強勢）は原則的に語の中のひとつ目の母音に置かれます。つまり**第 1 音節にある母音**を強く発音します。都市名や人名，外来語などには例外がありますので注意してください。

外来語のアクセントを参照！

ここでは，アクセントが置かれる母音の下に . と ＿ をつけています。**. は短く発音する母音，＿ は長く発音する母音**です。日本語の発音表記では，太字にしている文字を強く発音してください。

短く発音する母音にアクセントを置く
🔊 008

Bonn	[bɔn]	［**ボ**ン］
Grimm	[grɪm]	［グ**リ**ム］
Frankfurt	[ˈfraŋkfʊrt]	［フ**ラ**ンクフルト］

長く発音する母音にアクセントを置く
🔊 009

Graz	[graːts]	［グ**ラ**ーツ］	（都市名）グラーツ
Bremen	[ˈbreːmən]	［ブ**レ**ーメン］	（都市名）ブレーメン
Berlin	[bɛrˈliːn]	［ベル**リ**ーン］	（都市名）ベルリン

後ろの音節にある i にアクセント！

Ball	[bal]	[バル]	名詞	ボール
Berlin	[bɛrˈliːn]	[ベルリーン]	名詞	(都市名) ベルリン
BMW	[beːɛmˈveː]	[ベーエムヴェー]	名詞	バイエルン発動機製造株式会社 (**B**yerische **M**otoren **W**erke AG の略語)
Bonn	[bɔn]	[ボン]	名詞	(都市名) ボン
Bremen	[ˈbreːmən]	[ブレーメン]	名詞	(都市名) ブレーメン
EU	[eːˈuː]	[エーウー]	名詞	ヨーロッパ連合 (**E**uropäische **U**nion の略語)
Frankfurt	[ˈfraŋkfʊrt]	[フランクフルト]	名詞	(都市名) フランクフルト
Graz	[graːts]	[グラーツ]	名詞	(都市名) グラーツ
Grimm	[grɪm]	[グリム]	名詞	(人名) グリム
ICE	[iːtseˈeː]	[イーツェーエー]	名詞	ドイツの都市間特急列車 (**I**nter **C**ity **E**xpress の略語)
VW	[fauˈveː]	[ファオヴェー]	名詞	フォルクスワーゲン (**V**olks**w**agen の略語)
Wolf	[vɔlf]	[ヴォルフ]	名詞	狼

Frankfurt am Main   Aussicht auf den Main und die Skyline

1 長母音と短母音

ドイツ語には a, e, i, o, u の 5 つの母音があります。**長く発音される母音は長母音，短く発音される母音は短母音**と呼ばれます。

🔊 011

	長母音	短母音
a	[aː]　[アー]	[a]　[ア]
e	[eː]　[エー]	[ɛ]　[エ]
i	[iː]　[イー]	[ɪ]　[イ]
o	[oː]　[オー]	[ɔ]　[オ]
u	[uː]　[ウー]	[ʊ]　[ウ]

日本語で話すときよりも，意識して口を大きく開けてみる！

① 長母音

次のつづりの条件においては，母音は長く発音します。

後ろに続く子音の文字がひとつ

🔊 012

Name	[ˈnaːmə]	[**ナー**メ]	名前
Leben	[ˈleːbən]	[**レー**ベン]	生命，生活
Ofen	[ˈoːfən]	[**オー**フェン]	オーブン

2 つの母音の文字が重なる

🔊 013

Aal	[ˈaːl]	[**アー**ル]	うなぎ
Tee	[teː]	[**テー**]	茶
Boot	[boːt]	[**ボー**ト]	ボート

h が母音の後ろに置かれる

🔊 014

Bahn	[ˈbaːn]	[**バー**ン]	鉄道
Mehl	[meːl]	[**メー**ル]	小麦粉
ihnen	[ˈiːnən]	[**イー**ネン]	(代名詞) 彼らに

母音の後ろの h は，長母音の目印。発音しないよ！

ß の前に置かれる

🔊 015

Maß	[maːs]	[**マー**ス]	物差し
Fuß	[fuːs]	[**フー**ス]	足

② 短母音

後ろに子音の文字が 2 つ以上続く場合には，母音は短く発音します。

同じ文字が連続する

● 016

La̱mm	[lam]	[ラᐤ]	子羊
Te̱nnis	[ˈtɛnɪs]	[テニˢ]	テニス
Wi̱lle	[ˈvɪlə]	[ヴィレ]	意志

異なる子音の文字が連続する

● 017

Ba̱nk	[baŋk]	[バンᵏ]	銀行
He̱lm	[ˈhɛlm]	[ヘルᐤ]	ヘルメット
Hi̱lfe	[ˈhɪlfə]	[ヒルフェ]	助け，援助

ss の前に置かれる

● 018

Ha̱ss	[has]	[ハˢ]	憎しみ
Nu̱ss	[nʊs]	[ヌˢ]	ナッツ
Flu̱ss	[flʊs]	[フルˢ]	川

> 同じ [s] [ス] の発音でも，
> ß の前の母音は長母音！

練習問題 1

● 019

次の語を発音し，波線部の母音を長く発音するものと，短く発音するものに分けなさい。

(1) Affe 猿　　　(2) Bohne 豆　　　(3) Suppe スープ

(4) Hose ズボン　(5) Lampe ランプ

✿ 解答は 190 ページ

 ウムラオト

ウムラオトは，日本語では「変母音」と呼ばれます。**a, o, u の音が，それぞれ e に近い音に変わったもの**です。a, o, u を発音するときと，e を発音するときの舌の位置に注意してみてください。

　a, o, u を発音するときは，口の中で舌が後ろに下がるのに対し，**e を発音するときには，前に出ている**でしょう。ウムラオト ä, ö, ü は，a, o, u と発音するときに**口の中で舌を前に移動させ，a, o, u の口のかたちで e と発音してみる**といいでしょう。

9

ä ［ア］の口で［エ］

[ɛː]	[エー]	Käse	[ˈkɛːzə]	**[ケーゼ]**	チーズ	🔊 020
[ɛ]	[エ]	März	[mɛrts]	**[メルツ]**	(月名)3月	

ö ［オ］の口で［エ］

[øː]	[エー]	Öfen	[ˈøːfən]	**[エーフェン]**	オーブン(複数)	🔊 021
[œ]	[エ]	Löffel	[ˈlœfəl]	**[レッフェル]**	スプーン	

ü ［ウ］の口で［エ］

[yː]	[ユー]	Bühne	[ˈbyːnə]	**[ビューネ]**	舞台	🔊 022
[ʏ]	[ユ]	Müll	[mʏl]	**[ミュル]**	ごみ	

3 複母音

2つの異なる母音の文字が連続する複母音では，それぞれ次のような発音になります。**つづりが異なっていても同じ発音となるもの**がありますので，注意してください。

🔊 023

つづり	発音				
ai	[aɪ] [アイ]	Mai	[maɪ]	**[マイ]**	(月名)5月
		Mainz	[ˈmaɪnts]	**[マインツ]**	(都市名)マインツ
ei	[aɪ] [アイ]	Ei	[aɪ]	**[アイ]**	卵
		Arbeit	[ˈarbaɪt]	**[アルバイト]**	仕事
		Wein	[vaɪn]	**[ヴァイン]**	ワイン
ey	[aɪ] [アイ]	Meysel	[ˈmaɪzəl]	**[マイゼル]**	(人名)マイゼル
ay	[aɪ] [アイ]	Bayer	[ˈbaɪɐ]	**[バイアー]**	バイエルンの人

> バイエルンは州の名前

> ‿で結ばれている2つの
> 音は一息に発音しよう！

- 日本語の「アルバイト」の語源 Arbeit。ドイツ語では最初の a に アクセントが置かれるので注意！
- ei はよく出てくるつづり！ ［エイ］と読まないように注意！

> -er は「母音化する r」を参照！
> (⇒第3課 もうワンステップ！)

つづり	発音				
au	[aʊ] ［アオ］	Auge	[ˈaʊgə]	［アオゲ］	目
		Baum	[baʊm]	［バオ△］	木
		blau	[blaʊ]	［ブラオ］	青い

> 日本語のバームクーヘンは,
> ドイツ語ではバオ△クーヘン！

つづり	発音				
eu	[ɔy] ［オイ］	heute	[ˈhɔytə]	［ホイテ］	今日
		neu	[nɔy]	［ノイ］	新しい
		Beutel	[ˈbɔytəl]	［ボイテル］	袋
äu	[ɔy] ［オイ］	Bäume	[ˈbɔymə]	［ボイメ］	木（複数）

> ä は e[ɛ]［エ］と同じ音なので,
> äu = eu[ɔy]［オイ］となる！

つづり	発音				
ie	[iː] ［イー］	Brief	[ˈbriːf]	［ブリー７］	手紙
		Liebe	[ˈliːbə]	［リーベ］	愛
		Ziege	[ˈtsiːgə]	［ツィーゲ］	ヤギ

練習問題 2

次の語を発音し，波線部の発音が**同じもの**を組み合わせなさい。

(1) Bau 建築　　(2) Main（川の名前）　　(3) Träume 夢（複数）

(4) Preußen（地域名）　　(5) Seite ページ　　(6) Pause 休憩

❀ 解答は 190 ページ

11

アクセントが置かれないeは，ゆっくりとはっきり発音する際には [ə] [エ] と発音しますが，そうでない場合には，調音器官である口や舌を緊張させずに [ə] [エ] の音を弱めて発音する，あるいは全く発音しないときがあります。

　　このような母音は**曖昧母音**と呼ばれ，**アクセントが置かれる音節の前後の音節**にあります。曖昧母音の発音は，下の発音記号の違いで確認することができます。曖昧母音がマスターできれば，ドイツ語の自然な発音に近づくでしょう。

Funken	[ˈfʊŋkən]	[フンケン]	⇒ [ˈfʊŋk*ə*n]	火花（複数）	🎧 028
Haken	[ˈhaːkən]	[ハーケン]	⇒ [ˈhaːk*ə*n]	鉤	
Nebel	[ˈneːbəl]	[ネーベ^ル]	⇒ [ˈneːb*ə*l]	霧	
Himmel	[ˈhɪməl]	[ヒンメ^ル]	⇒ [ˈhɪm*ə*l]	天国	

> アクセントが置かれる母音とそうでない母音を区別しよう！

　　特にドイツ語の動詞は，語尾に曖昧母音をもつものが多いので，注意して発音しましょう。

> 文法編　第1課　動詞の現在人称変化を参照！

bitten	[ˈbɪtən]	[ビッテン]	お願いする	🎧 029
leben	[ˈleːbən]	[レーベン]	生きている	
liegen	[ˈliːgən]	[リーゲン]	横になっている	
lesen	[ˈleːzən]	[レーゼン]	読む	

> イタリック体 [*ə*] は曖昧母音！

　　ただし，次のような動詞の語尾は，はっきり [ən] [エン] と発音するので注意しましょう。

◆m, n, r の後に続く場合

nehmen	[ˈneːmən]	[ネーメン]	取る	🎧 030
kennen	[ˈkɛnən]	[ケネン]	知っている	
hören	[ˈhøːrən]	[ヘーレン]	聞く，聞こえる	

◆母音の後に続く場合

> 母音の後ろの h は，長母音の目印。発音しないように！

| gehen | [ˈgeːən] | [ゲーエン] | 行く | 🎧 031 |
| freuen | [ˈfrɔyən] | [フロイエン] | 喜ぶ | |

　　曖昧母音の e [ə] [エ] がある単語には☆をつけています。また**曖昧母音は発音記号の中でイタリック体 [ə]** になっています。曖昧母音 e [ə] [エ] を入れずに発音したり，e [ə] [エ] を入れてゆっくり発音したり，繰り返し練習してみましょう。

Aal	[ˈaːl]	[アール]	名詞	うなぎ
Affe	[ˈafə]	[アッフェ]	名詞	猿
Arbeit	[ˈarbaɪt]	[アルバイト]	名詞	仕事
Auge	[ˈaʊgə]	[アオゲ]	名詞	目
Bahn	[ˈbaːn]	[バーン]	名詞	鉄道
Bank	[baŋk]	[バンク]	名詞	銀行
Bau	[baʊ]	[バオ]	名詞	建築
Baum	[baʊm]	[バオム]	名詞	木
Bäume	[bɔymə]	[ボイメ]	名詞	木（複数）
Bayer	[ˈbaɪɐ]	[バイアー]	名詞	バイエルンの人
☆Beutel	[ˈbɔytəl]	[ボイテル]	名詞	袋
☆bitten	[ˈbɪtən]	[ビッテン]	動詞	頼む
blau	[blaʊ]	[ブラオ]	形容詞	青い
Bohne	[ˈboːnə]	[ボーネ]	名詞	豆
Boot	[boːt]	[ボート]	名詞	ボート
Brief	[ˈbriːf]	[ブリーフ]	名詞	手紙
Bühne	[ˈbyːnə]	[ビューネ]	名詞	舞台
Ei	[aɪ]	[アイ]	名詞	卵
Fluss	[flʊs]	[フルス]	名詞	川
freuen	[ˈfrɔyən]	[フロイエン]	動詞	喜ぶ
☆Funken	[ˈfʊŋkən]	[フンケン]	名詞	火花（複数）
Fuß	[fuːs]	[フース]	名詞	足
gehen	[ˈgeːən]	[ゲーエン]	動詞	行く
☆Haken	[ˈhaːkən]	[ハーケン]	名詞	鉤
Hass	[has]	[ハス]	名詞	憎しみ
Helm	[ˈhɛlm]	[ヘルム]	名詞	ヘルメット
heute	[ˈhɔytə]	[ホイテ]	副詞	今日
Hilfe	[ˈhɪlfə]	[ヒルフェ]	名詞	助け，援助
☆Himmel	[ˈhɪməl]	[ヒンメル]	名詞	天国
hören	[ˈhøːrən]	[ヘーレン]	動詞	聞く，聞こえる
Hose	[ˈhoːzə]	[ホーゼ]	名詞	ズボン
ihnen	[ˈiːnən]	[イーネン]	代名詞	彼らに

Käse	[ˈkɛːzə]	[ケーゼ]	名詞	チーズ
kennen	[kɛnən]	[ケネン]	動詞	知っている
Lamm	[lam]	[ラ厶]	名詞	子羊
Lampe	[ˈlampə]	[ランペ]	名詞	ランプ
☆leben	[ˈleːbən]	[レーベン]	動詞	生きている
☆Leben	[ˈleːbən]	[レーベン]	名詞	生命，生活
☆lesen	[ˈleːzən]	[レーゼン]	動詞	読む，読書する
Liebe	[ˈliːbə]	[リーベ]	名詞	愛
☆liegen	[ˈliːgən]	[リーゲン]	動詞	横になっている
☆Löffel	[ˈlœfəl]	[レッフェ^ル]	名詞	スプーン
Mai	[maj]	[マイ]	名詞	(月名) 5月
Main	[majn]	[マイン]	名詞	(川の名前) マイン
Mainz	[ˈmajnts]	[マインツ]	名詞	(都市名) マインツ
März	[ˈmɛrts]	[メルツ]	名詞	(月名) 3月
Maß	[maːs]	[マース]	名詞	物差し
Mehl	[meːl]	[メー^ル]	名詞	小麦粉
☆Meysel	[ˈmajzəl]	[マイゼ^ル]	名詞	(人名) マイゼル
Müll	[mʏl]	[ミュ^ル]	名詞	ごみ
Name	[ˈnaːmə]	[ナーメ]	名詞	名前
☆Nebel	[ˈneːbəl]	[ネーベ^ル]	名詞	霧
nehmen	[neːmən]	[ネーメン]	動詞	取る
neu	[nɔy]	[ノイ]	形容詞	新しい
Nuss	[nʊs]	[ヌス]	名詞	ナッツ
☆Ofen	[ˈɔːfən]	[オーフェン]	名詞	オーブン
☆Öfen	[ˈøːfən]	[エーフェン]	名詞	オーブン (複数)
Pause	[ˈpauzə]	[パオゼ]	名詞	休憩
☆Preußen	[ˈprɔysən]	[プロイセン]	名詞	(地域名) プロイセン
Seite	[ˈzajtə]	[ザイテ]	名詞	ページ
Suppe	[ˈzʊpə]	[ズッペ]	名詞	スープ
Tee	[teː]	[テー]	名詞	茶
Tennis	[ˈtɛnɪs]	[テニス]	名詞	テニス
Träume	[ˈtrɔymə]	[トロイメ]	名詞	夢 (複数)
Wein	[vajn]	[ヴァイン]	名詞	ワイン
Wille	[ˈvɪlə]	[ヴィレ]	名詞	意志
Ziege	[ˈtsiːgə]	[ツィーゲ]	名詞	ヤギ

14

Mainz   Gutenbergdenkmal im Hintergrund der Dom

① 英語と異なる子音の発音

子音のつづり文字 **j, s, v, w, z はローマ字読みとは異なる発音**になります。

つづり	発音				🔊 033
j	[j]	J̲apan	[ˈjaːpan]	[**ヤー**パン]	（国名）日本
		J̲unge	[ˈjʊŋə]	[**ユ**ンゲ]	若者，少年
s	[z]	S̲ee	[zeː]	[**ゼー**]	海
		S̲onne	[ˈzɔnə]	[**ゾ**ンネ]	太陽
v	[f]	v̲iel	[fiːl]	[**フィー**ᴸ]	多い
		V̲olk	[fɔlk]	[**フォ**ル꜀]	民族
w	[v]	W̲agen	[ˈvaːgən]	[**ヴァー**ゲン]	車
		W̲ette	[ˈvɛtə]	[**ヴェ**ッテ]	賭け
z	[ts]	Z̲ahn	[tsaːn]	[**ツァー**ン]	歯
		Z̲ettel	[tsɛtəl]	[**ツェ**ッテᴸ]	紙片

> イタリック体 [ə] は
> 曖昧母音！

🧊 [z] [ズ] と [s] [ス]

　つづり文字 s は [z] [ズ] と [s] [ス] で発音されます。日本語では，濁音と清音といって区分しますが，ドイツ語では**有声音と無声音**と呼ばれます。**s は母音の前に置かれるとき，有声音のザ，ジ（ズィ），ズ，ゼ，ゾ**となります。

> sie は，[ジー] ではなく，ズの口のかたち
> から始めて，[ズィー] と発音してみよう！
> sie [ziː] [ズィー]（代名詞）彼女

後ろに母音が置かれない語末または音節末の s は無声音の [s] [ˢ] となります。

つづり	発音				🔊 034
-s	[s] [ˢ]	B̲us	[bʊs]	[**ブ**ˢ]	バス
		H̲aus	[haus]	[**ハオ**ˢ]	家
		H̲ausmann	[ˈhausman]	[**ハオ**ˢマン]	家事をする夫

> Haus（家）と Mann（夫）
> の2つの語からなる語。

> 同じ語でも，複数形などで s の後ろに母
> 音がつくと音が変わる！
> Vers [fɛrs] [フェルˢ] 詩行
> ⇒ Verse [ˈfɛrzə] [フェルゼ] 詩行（複数）

ss と ß は常に **[s] [ス]** となります。**後ろに母音が続いても [z] [ズ] とはならない**ので、注意してください。

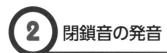035

つづり	発音				
ss	[s] [ス]	Kassel	[ˈkasəl]	[**カッセ**ル]	(都市名)カッセル
ß	[s] [ス]	Meißen	[ˈmaɪsən]	[**マイセン**]	(都市名)マイセン

② 閉鎖音の発音

つづり文字 p (pp)、t (tt)、k と b、d、g は、閉鎖音と呼ばれる音 **[p] [プ], [t] [ト], [k] [ク]** と **[b] [ブ], [d] [ド], [g] [グ]** と発音されます。これらは**無声閉鎖音と有声閉鎖音**に区分されます。

🔊 無声閉鎖音 [p] [プ], [t] [ト], [k] [ク]

036

つづり	発音				
p	[p] [プ]	Panne	[ˈpanə]	[**パンネ**]	パンク
pp		Lippe	[ˈlɪpə]	[**リッペ**]	唇
t	[t] [ト]	Tanz	[tants]	[**タン**ツ]	踊り
tt		Hütte	[ˈhʏtə]	[**ヒュッテ**]	小屋
k	[k] [ク]	Karte	[ˈkartə]	[**カルテ**]	カード
		Werk	[vɛrk]	[**ヴェル**ク]	作品

🔊 有声閉鎖音 [b] [ブ], [d] [ド], [g] [グ]

037

つづり	発音				
b	[b] [ブ]	Bett	[bɛt]	[**ベッ**ト]	ベッド
		Kürbis	[ˈkʏrbɪs]	[**キュルビス**]	かぼちゃ
d	[d] [ド]	Doppel	[ˈdɔpəl]	[**ドッペ**ル]	写し
		Nudel	[ˈnuːdəl]	[**ヌーデ**ル]	麺
g	[g] [グ]	Gabel	[ˈgaːbəl]	[**ガーベ**ル]	フォーク
		Nagel	[ˈnaːgəl]	[**ナーゲ**ル]	釘

⬥b, d, g が語末に来るとき

ただし **b, d, g が語末に来るときは，[p]［プ］，[t]［ト］，[k]［ク］という無声音**になります。

後ろに子音が続く場合には，語末でなくとも [b]［ブ］ではなく[p]［プ］となる！
O̱bst [o:pst]［オープスˢ］ 果物

つづり				発音		
b	[b]［ブ］	li̱eb	[li:p]	［リープ］	愛する	🔊 038
		Ko̱rb	[kɔrp]	［コルブ］	かご	
d	[t]［ト］	He̱md	[hɛmt]	［ヘムト］	シャツ	
		Ki̱nd	[kɪnt]	［キント］	子供	
g	[k]［ク］	Be̱rg	[bɛrk]	［ベルク］	山	
		Zu̱g	[tsu:k]	［ツーク］	列車	

複数形など，語尾が変化して，後ろに母音が置かれる場合には，有声音になる！
Berge ['bɛrgə]［ベルゲ］山（複数）

g が語尾に来る場合であっても，**前に n があるときには，-ng [ŋ]［ング］という発音**になります。この場合の［グ］の音はできるだけ短く発音しましょう。

					🔊 039
Di̱ng	[dɪŋ]	［ディング］	物		
Ze̱itung	[tsaitʊŋ]	［ツァイトゥング］	新聞		

練習問題 1　🔊 040

次の語を発音し，波線部の発音が**異なるもの**を選びなさい。

(1) a. Alpen アルプス山脈　b. halb 半分の　c. Alben アルバム（複数）

(2) a. Ende 終わり　b. Wald 森　c. Ente 鴨

(3) a. Gleis …番線ホーム　b. Weg 道　c. Garten 庭

✿解答は 190 ページ

③ 複子音の発音

2つ以上の異なる子音の文字が連続する**複子音**の場合は，**組み合わせによってローマ字読みとは異なる発音**となります。**語の中での位置（語頭または語末）によっても異なる**ことがありますので，注意してください。

◆ s が摩擦音 [ʃ] [シュ] になるときの複子音

s が ch，p，t などの他の子音を伴うと，口を広げずに息を大きくはき出しながら発音する**摩擦音 [ʃ][シュ]という音**になります。ただし**語頭以外に置かれる場合には [s] [ス] の音になることもあります**から，注意してください。

🔊 041

つづり	発音				
sch	[ʃ] [シュ]	Schule	[ˈʃuːlə]	[シューレ]	学校
		Mensch	[mɛnʃ]	[メンシュ]	人間
		schön	[ʃøːn]	[シェーン]	美しい
sp	[ʃp] [シュプ]	Spiel	[ʃpiːl]	[シュピール]	遊び
		Sport	[ˈʃpɔrt]	[シュポルト]	スポーツ
		Spinne	[ˈʃpɪnə]	[シュピネ]	蜘蛛

> 後に子音が続いてもそのまま発音しよう！
> Sprung [ʃprʊŋ] [シュプルング] ジャンプ

つづり	発音				
st- (語頭)	[ʃt] [シュト]	Student	[ʃtuˈdɛnt]	[シュトゥデント]	男子学生
		Stempel	[ˈʃtɛmpəl]	[シュテンペル]	スタンプ
		Strom	[ʃtroːm]	[シュトローム]	電気

> 英語の student とアクセントが異なるので注意！

語頭以外に置かれる st は [st] [スト] となります。

🔊 042

つづり	発音				
-st	[st] [スト]	Post	[pɔst]	[ポスト]	郵便
		Wurst	[vʊrst]	[ヴルスト]	ソーセージ
		Kasten	[ˈkastən]	[カステン]	箱

◆ 無声閉鎖音 [t] [ト] と発音する複子音

> つづり文字 t, tt と同じ音！ 🔊 043

つづり	発音				
th	[t] [ト]	Theke	[ˈteːkə]	[テーケ]	カウンター
		Thomas	[ˈtoːmas]	[トーマス]	（人名）トーマス
dt	[t] [ト]	Stadt	[ʃtat]	[シュタット]	都市

🔊 無声閉鎖音 [k] [ク] と発音する複子音

つづり文字 k と同じ音！

リュックサックは
ドイツ語！

つづり	発音				
ck	[k] [ク]	Sack	[zak]	[**ザック**]	袋
		Rock	[rɔk]	[**ロック**]	スカート
		Jacke	[ˈjakə]	[**ヤッケ**]	上着

🔊 [ts] [ツ] と発音する複子音

つづり文字 z と同じ音！

つづり	発音				
-ts	[ts] [ツ]	Tests	[tɛsts]	[**テスツ**]	テスト（複数）
-ds	[ts] [ツ]	abends	[ˈaːbənts]	[**アーベンツ**]	夕方に
tz	[ts] [ツ]	Katze	[ˈkatsə]	[**カッツェ**]	猫
		Satz	[zats]	[**ザッツ**]	文
		jetzt	[jɛtst]	[**イェッツ**ト]	今

🔊 閉鎖音 p, t に f, sch が続いて，発音が [pf] [プ^フ], [tʃ] [チュ] となる複子音

英語では Apple！

つづり	発音				
pf	[pf] [プ^フ]	Apfel	[ˈapfəl]	[**アプ**フ**ェル**]	リンゴ
		Kopf	[kɔpf]	[**コプ**フ]	頭
		Pfanne	[ˈpfanə]	[**プ**フ**ァンネ**]	フライパン
tsch	[tʃ] [チュ]	deutsch	[dɔytʃ]	[**ドイチュ**]	ドイツの
		tschüss	[tʃʏs]	[**チュ**ス]	（別れの言葉）バイバイ

🔊 前に置かれている母音によって音が変わる複子音 -ch

-ch は前に母音が置かれる場合，その母音の口かたちで，喉の奥から息をはいて発
音します。

	つづり	発音				
a	ach	[ax] [アハ]	Bach	[bax]	[**バッ**ハ]	小川
			Nacht	[naxt]	[**ナ**ハト]	夜
o	och	[ɔx] [オホ]	Koch	[kɔx]	[**コッ**ホ]	料理人
		[oːx] [オーホ]	hoch	[hoːx]	[**ホー**ホ]	高い
u	uch	[uːx] [ウーフ]	Buch	[buːx]	[**ブー**フ]	本
			Tuch	[tuːx]	[**トゥー**フ]	布

au	auch	[aʊx]	⌊アオホ⌋	Bauch	[baʊx]	⌊ハオ^ホ⌋	腹
				Rauch	[raʊx]	［ラオ^ホ］	煙
e または ä	ech	[εç] ［エヒ］		Recht	[rεçt]	［レヒ^ト］	権利
	äch			Bäche	[ˈbεçə]	［ベッヒェ］	小川(複数)
i	ich	[ɪç] ［イヒ］		Licht	[lɪçt]	［リヒ^ト］	光
				gleich	[glaɪç]	［グライ^ヒ］	同じ
eu	euch	[ɔʏç] ［オイヒ］		feucht	[fɔʏçt]	［フォイヒ^ト］	湿った
ü	üch	[ʏç] ［ユヒ］		Küche	[ˈkʏçə]	［キュッヒェ］	台所

ch の前に子音が置かれている場合には，[ç]［ヒ］の発音になります。

🔊 048

-lch	Milch	[mɪlç]	［ミル^ヒ］	牛乳
-rch	Kirche	[ˈkɪrçə]	［キルヒェ］	教会
	Furcht	[fʊrçt]	［フルヒ^ト］	恐怖
-dch	Mädchen	[ˈmεtçən]	［メートヒェン］	少女

語頭の ch は **[ç]［ヒ］** の発音になります。

🔊 049

つづり	発音				
Ch-	[ç]［ヒ］	China	[ˈçiːna]	［ヒーナ］	(国名)中国
		Chemie	[çemiː]	［ヒェミー］	化学

> China [kiːna]［キーナ］，Chemie [kemiː]［ケミー］と発音
> される地域もある！ まずは標準的な発音をマスターしよう！

　語頭に ch がある語の多くは外来語を起源とするので，語によってアクセントや発音が異なるので注意しましょう。 第4課 外来語のアクセントと発音を参照！

🔷 ch（[ç]［ヒ］）と同じ発音になる語末の -ig

　語末の -ig は，ch（[ç]［ヒ］）と同じ発音になります。地域によっては「イック」と発音されることもありますが，まずは標準的な発音をマスターしましょう。

🔊 050

Essig	[ˈεsɪç]	［エスィ^ヒ］	酢
Honig	[ˈhoːnɪç]	［ホーニ^ヒ］	はちみつ
wenig	[ˈweːnɪç]	［ヴェーニ^ヒ］	わずかな

> -ig の後に母音が続く場合には，
> [g]［グ］の音になる！ Königin
> [ˈkøːnɪgɪn]［ケーニギン］女王

ch の後ろに **s** が続く場合，**[ks]［クス］という発音**になります。

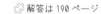

つづり	発音				
chs	[ks]［クス］	Fuchs	[fʊks]	**フク^ス**	きつね
		Sạchsen	[ˈzaksən]	**ザクセン**	（州の名前）ザクセン

練習問題 2

次の語を発音し，波線部の発音が**同じもの**を組み合わせなさい。

(1) Grieche ギリシア人　　(2) Hachse （子牛などの）すね肉

(3) billig 安い　　　　　　(4) Zucht 飼育　　　　(5) Keks ビスケット

(6) Suche 探すこと

解答は 190 ページ

解答のヒント

(1) ie [iː] の後に続く。

(2) chs は [ks]［クス］の発音になる。

発音に注意するその他の子音

つづり	発音				
x	[ks]［クス］	Text	[tɛkst]	**テクス^ト**	テキスト
		Hexe	[ˈhɛksə]	**ヘクセ**	魔女
		Exạmen	[ɛˈksaːmən]	**エクサーメン**	試験
qu	[kv]［クヴ］	Qual	[kvaːl]	**クヴァール**	苦しみ
		Quẹlle	[ˈkvɛlə]	**クヴェレ**	泉

母音化する r

長母音の後に続く -r，または，2 つ以上の音節からなる語の語末 -er のかたちで置かれる r は，**母音化して [ɐ̯] または [ɐ]［ア］と発音します。**

長母音の後に続く -r

Bier	[biːɐ̯]	［ビーア］	ビール
Tür	[tyːɐ̯]	［トゥーア］	ドア
Ohr	[oːɐ̯]	［オーア］	耳
Uhr	[uːɐ̯]	**［ウーア］**	時計

̯ のつく語は音節副音。アクセントのある語よりも弱く発音する！

22

2 つ以上の音節からなる語の語末に来る -er

🔊 055

Koffer	[ˈkɔfɐ]	[コッファー]	旅行かばん
Hunger	[ˈhʊŋɐ]	[フンガー]	空腹
Lehrer	[ˈleːrɐ]	[レーラー]	男性の教師

もうワンステップ 略語の読み方

ドイツ語では語の一部が略されて 1 文字であらわされることがあります。このような文字はアルファベットの読み方になります。

🔊 056

S-Bahn	[ˈɛsbaːn]	[エスバーン]	Schnellbahn 高速鉄道，または Stadtbahn 都市鉄道の略語
D-Zug	[ˈdeːʦuːk]	[デーツーク]	Durchgangszug 急行列車の略語
U-Bahn	[ˈuːbaːn]	[ウーバーン]	Untergrundbahn 地下鉄

発音しながら単語を復習しよう！
🔊 057

☆印の単語は曖昧母音に注意して発音しよう！

☆abends	[aːbənts]	[アーベンツ]	副詞	夕方に
☆Alben	[ˈalbən]	[アルベン]	名詞	アルバム（複数）（→ Album 単数）
☆Alpen	[ˈalpən]	[アルペン]	名詞	アルプス山脈
☆Apfel	[ˈapfəl]	[アプフェル]	名詞	リンゴ
Bach	[bax]	[バッハ]	名詞	小川
Bäche	[ˈbɛçə]	[ベッヒェ]	名詞	小川（複数）（→ Bach 単数）
Bauch	[baux]	[バオホ]	名詞	腹
Berg	[bɛrk]	[ベルク]	名詞	山
Berge	[bɛrgə]	[ベルゲ]	名詞	山（複数）
Bett	[bɛt]	[ベット]	名詞	ベッド
Bier	[biːɐ]	[ビーア]	名詞	ビール
billig	[ˈbɪlɪç]	[ビリヒ]	形容詞	安い
Buch	[buːx]	[ブーフ]	名詞	本
Bus	[bʊs]	[ブス]	名詞	バス
Chemie	[çemiː]	[ヒェミー]	名詞	化学
China	[ˈçiːna]	[ヒーナ]	名詞	（国名）中国
deutsch	[dɔytʃ]	[ドイチュ]	形容詞	ドイツの
Ding	[dɪŋ]	[ディング]	名詞	物
☆Doppel	[ˈdɔpəl]	[ドッペル]	名詞	写し

D-Zug	[ˈdeːʦuːk]	[デーツーク]	名詞	**D**urchgangszug 急行列車の略語
Ende	[ˈɛndə]	[エンデ]	名詞	終わり
Ente	[ˈɛntə]	[エンテ]	名詞	鴨
Essig	[ˈɛsɪç]	[エスィヒ]	名詞	酢
Examen	[ɛˈksaːmən]	[エクサーメン]	名詞	試験
feucht	[fɔyçt]	[フォイヒト]	形容詞	湿った
Fuchs	[fʊks]	[フクス]	名詞	きつね
Furcht	[fʊrçt]	[フルヒト]	名詞	恐怖
☆Gabel	[ˈgaːbəl]	[ガーベル]	名詞	フォーク
☆Garten	[ˈgartən]	[ガルテン]	名詞	庭
gleich	[glaɪç]	[グライヒ]	形容詞	同じ
Gleis	[glaɪs]	[グライス]	名詞	…番線ホーム
Grieche	[ˈgriːçə]	[グリーヒェ]	名詞	ギリシア人
Hachse	[ˈhaksə]	[ハクセ]	名詞	(子牛などの) すね肉
halb	[halp]	[ハルプ]	形容詞	半分の
Haus	[haʊs]	[ハオス]	名詞	家
Hausmann	[ˈhaʊsman]	[ハオスマン]	名詞	家事をする夫
Hemd	[hɛmt]	[ヘムト]	名詞	シャツ
Hexe	[ˈhɛksə]	[ヘクセ]	名詞	魔女
hoch	[hoːx]	[ホーホ]	形容詞	高い
Honig	[ˈhoːnɪç]	[ホーニヒ]	名詞	はちみつ
Hunger	[ˈhʊŋɐ]	[フンガー]	名詞	空腹
Hütte	[ˈhʏtə]	[ヒュッテ]	名詞	小屋
Jacke	[ˈjakə]	[ヤッケ]	名詞	上着
Japan	[ˈjaːpan]	[ヤーパン]	名詞	(国名) 日本
jetzt	[jɛʦt]	[イェッツト]	副詞	今
Junge	[ˈjʊŋə]	[ユンゲ]	名詞	若者，少年
Karte	[ˈkartə]	[カルテ]	名詞	カード
☆Kassel	[ˈkasəl]	[カッセル]	名詞	(都市名) カッセル
☆Kasten	[ˈkastən]	[カステン]	名詞	箱
Katze	[ˈkaʦə]	[カッツェ]	名詞	猫
Keks	[keːks]	[ケークス]	名詞	ビスケット
Kind	[kɪnt]	[キント]	名詞	子供
Kirche	[ˈkɪrçə]	[キルヒェ]	名詞	教会
Koch	[kɔx]	[コッホ]	名詞	料理人
Koffer	[ˈkɔfɐ]	[コッファー]	名詞	旅行かばん
Königin	[ˈkøːnɪgɪn]	[ケーニギン]	名詞	女王
Kopf	[kɔpf]	[コプフ]	名詞	頭
Korb	[kɔrp]	[コルプ]	名詞	かご

Küche	[ˈkʏçə]	⌊キュッヒェ⌋	名詞	台所
Kürbis	[ˈkʏrbɪs]	[キュルビス]	名詞	かぼちゃ
Lehrer	[ˈleːrɐ]	[レーラー]	名詞	男性の教師
Licht	[lɪçt]	[リヒト]	名詞	光
lieb	[liːp]	[リープ]	形容詞	愛する
Lippe	[ˈlɪpə]	[リッペ]	名詞	唇
Mädchen	[ˈmɛtçən]	[メートヒェン]	名詞	少女
Mann	[man]	[マン]	名詞	夫
☆Meißen	[ˈmaisən]	[マイセン]	名詞	(都市名)マイセン
Mensch	[mɛnʃ]	[メンシュ]	名詞	人間
Milch	[mɪlç]	[ミルヒ]	名詞	牛乳
Nacht	[naxt]	[ナハト]	名詞	夜
☆Nagel	[ˈnaːgəl]	[ナーゲル]	名詞	釘
☆Nudel	[ˈnuːdəl]	[ヌーデル]	名詞	麺
Obst	[oːpst]	[オープスト]	名詞	果物
Ohr	[oːɐ]	[オーア]	名詞	耳
Panne	[ˈpanə]	[パンネ]	名詞	パンク
Pfanne	[ˈpfanə]	[プファンネ]	名詞	フライパン
Post	[pɔst]	[ポスト]	名詞	郵便
Qual	[kvaːl]	[クヴァール]	名詞	苦しみ
Quelle	[ˈkvɛlə]	[クヴェレ]	名詞	泉
Rauch	[raux]	[ラオホ]	名詞	煙
Recht	[rɛçt]	[レヒト]	名詞	権利
Rock	[rɔk]	[ロック]	名詞	スカート
☆Sachsen	[ˈzaksən]	[ザクセン]	名詞	(州の名前)ザクセン
Sack	[zak]	[ザック]	名詞	袋
Satz	[zats]	[ザッツ]	名詞	文
S-Bahn	[ˈɛsbaːn]	⌊エスバーン⌋	名詞	**S**chnellbahn 高速鉄道，または **S**tadtbahn 都市鉄道の略語
schön	[ʃøːn]	[シェーン]	形容詞	美しい
Schule	[ˈʃuːlə]	[シューレ]	名詞	学校
See	[zeː]	[ゼー]	名詞	海
sie	[ziː]	[ズィー]	代名詞	彼女
Sonne	[ˈzɔnə]	[ゾンネ]	名詞	太陽
Spiel	[ʃpiːl]	[シュピール]	名詞	遊び
Spinne	[ˈʃpɪnə]	[シュピネ]	名詞	蜘蛛
Sport	[ˈʃpɔrt]	[シュポルト]	名詞	スポーツ
Sprung	[ʃprʊŋ]	[シュプルング]	名詞	ジャンプ
Stadt	[ʃtat]	[シュタット]	名詞	都市

☆Stempel	[ˈʃtɛmpəl]	[シュテンペル]	名詞	スタンプ
Strom	[ʃtroːm]	[シュトローム]	名詞	電気
Student	[ʃtuˈdɛnt]	[シュトゥデント]	名詞	男子学生
Suche	[ˈzuːxə]	[ズーヘ]	名詞	探すこと
Tanz	[tants]	[タンツ]	名詞	踊り
Tests	[tɛsts]	[テスツ]	名詞	テスト（複数）（→ Test 単数）
Text	[tɛkst]	[テクスト]	名詞	テキスト
Theke	[ˈteːkə]	[テーケ]	名詞	カウンター
Thomas	[ˈtoːmas]	[トーマス]	名詞	（人名）トーマス
tschüss	[tʃʏs]	[チュス]	間投詞	（別れの言葉）バイバイ
Tuch	[tuːx]	[トゥーフ]	名詞	布
Tür	[tyːɐ̯]	[テューア]	名詞	ドア
U-Bahn	[ˈuːbaːn]	[ウーバーン]	名詞	**U**ntergrundbahn 地下鉄
Uhr	[uːɐ̯]	[ウーア]	名詞	時計
Vers	[fɛrs]	[フェルス]	名詞	詩行
Verse	[ˈfɛrzə]	[フェルゼ]	名詞	詩行（複数）
viel	[fiːl]	[フィール]	形容詞	多い
Volk	[fɔlk]	[フォルク]	名詞	民族
☆Wagen	[ˈvaːgən]	[ヴァーゲン]	名詞	車
Wald	[valt]	[ヴァルト]	名詞	森
Weg	[veːk]	[ヴェーク]	名詞	道
wenig	[ˈveːnɪç]	[ヴェーニヒ]	形容詞	わずかな
Werk	[vɛrk]	[ヴェルク]	名詞	作品
Wette	[ˈvɛtə]	[ヴェッテ]	名詞	賭け
Wurst	[vʊrst]	[ヴルスト]	名詞	ソーセージ
Zahn	[tsaːn]	[ツァーン]	名詞	歯
Zeitung	[ˈtsaitʊŋ]	[ツァイトゥング]	名詞	新聞
☆Zettel	[ˈtsɛtəl]	[ツェッテル]	名詞	紙片
Zucht	[tsʊxt]	[ツフト]	名詞	飼育
Zug	[tsuːk]	[ツーク]	名詞	列車

Meißen   Albrechtsburg und Dom

① 外来語のアクセント

　発音の規則には例外があります。特に**外国語からドイツ語に流入した外来語は，アクセントの位置が異なる**ので注意しましょう。

　ドイツ語の単語は，**原則として第1音節にある母音にアクセントを置く**とマスターしました。例えば Antwort（答え）は，Ant- と -wort の2つの音節からなる語です。この場合，第1音節の Ant- の中にある母音，最初の A にアクセントを置きます。Antwort は [ˈantvɔrt]［アントヴォルト］と発音します。

　これに対して**外来語は，第2音節や最後の音節にアクセントが置かれる**ことがあります。例えば，**科目名など学問に関する学術用語は，ギリシア語やラテン語を起源とする語が多く**，それらはアクセントの位置が後ろの音節にある母音に置かれます。

Bibliothek	[biblioˈteːk]	［ビブリオテーク］	図書館	🔊 058
Institut	[instiˈtuːt]	［インスティトゥート］	研究所	
Literatur	[lɪtəraˈtuːɐ]	［リテラトゥーア］	文学	
Medizin	[mediˈʦiːn]	［メディツィーン］	医学	

　また近年，日本語のカタカナ語のようにドイツ語においても日常的に外来語が使われるようになっています。そのほとんどが，第1音節にはアクセントが置かれません。アクセントの位置に迷ったときには，辞書を使って確認しましょう。

Büro	[byˈroː]	［ビュロー］	オフィス	🔊 059
Café	[kaˈfeː]	［カフェー］	カフェ	
Computer	[kɔmˈpjuːtɐ]	［コンピューター］	コンピューター	

🔖 外国語起源の語尾をもつ語

　語そのものではなく，語尾だけがドイツ語に取り入れられたものもあります。例えば，**語尾が -ei で終わる語**です。この語尾をもつ語は，**最後の音節にある母音 -ei にアクセント**が置かれます。

-ei

Bäckerei	[bɛkə'raj]	［ベッカ**ライ**］	パン屋
Konditorei	[kɔndito'raj]	［コンディト**ライ**］	ケーキ屋
Polizei	[poli'ʦaj]	［ポリ**ツァイ**］	警察

同じように，フランス語の動詞の語尾 -er を取り入れた **-ieren を語尾とする動詞もアクセントは後ろに置きます**。

-ieren 🔊 061

studieren	[ʃtu'diːrən]	［シュトゥ**ディー**レン］	（大学で）勉強する
interessieren	[ɪntəre'siːrən]	［インテレ**スィー**レン］	興味をもつ
klassifizieren	[klasifi'ʦiːrən]	［クラスィフィ**ツィー**レン］	分類する

その他，外国語起源の**語尾の音節にアクセントが置かれる**ものに次のような語があります。

-anz/-enz

🔊 062

Arroganz	[aro'ganʦ]	［アロ**ガン**ツ］	ごう慢
Konferenz	[kɔnfe'rɛnʦ]	［コンフェ**レン**ツ］	会議
Residenz	[rezi'dɛnʦ]	［レズィ**デン**ツ］	居城

-ik

🔊 063

Musik	[mu'ziːk]	［ムズィー^ク］	音楽
Fabrik	[fa'briːk]	［ファブリー^ク］	工場
Politik	[poli'tiːk]	［ポリティー^ク］	政治

-tät

🔊 064

Aktualität	[aktuali'tɛt]	［アクトゥアリ**テー**ト］	現実性
Stabilität	[ʃtabili'tɛːt]	［シュタビリ**テー**ト］	安定性
Religiosität	[religiozi'tɛːt]	［レリギオズィ**テー**ト］	宗教性

他にも **-esse**（Interesse [ɪntə'rɛsə]［インテ**レッ**セ］興味），**-ie**（Ironie [iro'niː]［イロ**ニー**］皮肉），**-ose**（Tuberkulose [tuberku'loːzə]［トゥベルク**ロー**ゼ］結核）といった語尾もその音節にアクセントが置かれます。

同じように**外国語起源の語尾をもつ形容詞**も，語尾の音節にアクセントが置かれます。

-abel

🔊 065

akzeptabel	[aktsɛpˈtaːbəl]	［アクツェプ**タ**ーベル］	許容できる
diskutabel	[dɪskuˈtaːbəl]	［ディスク**タ**ーベル］	討論するに値する
praktikabel	[praktiˈkaːbəl]	［プラクティ**カ**ーベル］	実際に使える

-al

🔊 066

formal	[fɔrˈmaːl]	［フォル**マ**ール］	形式の
genial	[geˈniaːl]	［ゲニ**ア**ール］	天才的な
zentral	[tsɛnˈtraːl]	［ツェント**ラ**ール］	中心の

-iv

🔊 067

attraktiv	[atrakˈtiːf]	［アトラク**ティ**ーフ］	魅力的な
aggressiv	[agrɛˈsiːf]	［アグレ**スィ**ーフ］	攻撃的な
effektiv	[ɛfɛkˈtiːf]	［エフェク**ティ**ーフ］	効果的な

練習問題 1　　　　🔊 068

波線部に**アクセントがないもの**をひとつ選びなさい。

(1) a. Antwort 答え　　b. Japan（国名）日本　　c. Natur 自然

(2) a. nobel 高貴な　　b. normal 普通の　　c. Norm 規範

(3) a. Interesse 興味　　b. Polizist 警官　　c. informativ 情報に富んだ

解答は 190-191 ページ

2 ドイツ語とは異なる外来語のつづりと発音

ドイツ語とは異なる発音をするつづりがあります。

🔷 ドイツ語とは異なる発音をする複母音

🔊 069

つづり	発音				
au	[o]	Restaurant	[rɛstoˈrãː]	[レストラーン]	レストラン
eu	[ø:]	Friseur	[friˈzø:ɐ̯]	[フリゼーア]	理髪師
	[eːʊ]	Museum	[muˈzeːʊm]	[ムゼーウᴍ]	博物館
ie	[iə]	Familie	[faˈmiːliə]	[ファミーリエ]	家族
ou	[u]	Tourist	[tuˈrɪst]	[トゥリスﾄ]	観光客
	[ʊ]	moussieren	[mʊˈsiːrən]	[ムスィーレン]	泡立つ
oi	[oa]	Toilette	[to̯aˈlɛtə]	[トアレッテ]	トイレ

🔷 ドイツ語とは異なる発音をする子音

　外来語がそのままのつづりと発音でドイツ語に入っていることもあります。そのため，ドイツ語とは異なる発音をする子音の文字があります。

🔊 070

つづり	発音				
ch	[ʃ] [シェ]	Chance	[ˈʃaŋsə]	[**シャンセ**]	チャンス
		Chef	[ʃɛf]	[**シェ**ﾌ]	上司
	[k] [ク]	Charakter	[kaˈraktɐ]	[**カラクター**]	性格
		Christ	[ˈkrɪst]	[**クリス**ﾄ]	キリスト教徒
g	[ʒ] [ジュ]	Ingenieur	[ɪnʒeˈni̯ø:ɐ̯]	[**インジュニエ**ーア]	エンジニア
		Passagier	[pasaˈʒiːɐ̯]	[**パサジー**ア]	（船や飛行機などの）乗客
		Garage	[gaˈraːʒə]	[**ガラージェ**]	ガレージ
		Orange	[oˈraŋʒə]	[**オランジェ**]	オレンジ
		Genie	[ʒeˈniː]	[**ジェニー**]	天才

> 形容詞 genial [geˈni̯aːl]［ᴳᴱニアーᴸ］
> とは発音が異なるので注意！

j	[dʒ] [ジュ]	Job	[dʒɔp]	[**ジョ**ッﾌ]	一時的な仕事
	[ʒ] [ジュ]	Journalist	[ʒʊrnaˈlɪst]	[**ジュルナリス**ﾄ]	ジャーナリスト

| ti | [ts̩i] [ツィ] | Patient | [paˈtsi̯ɛnt] | [パツィエン゙ト] | 患者 |
| | | Nation | [naˈtsi̯oːn] | [ナツィオーン] | 国家 |

> 英語の nation [ˈneɪʃən] [ネイション] とはアクセントの位置も発音も異なるので注意！

ph	[f] [フ]	Physik	[fyˈziːk]	[フィズィーク゚]	物理学
		Philosophie	[filozoˈfiː]	[フィロゾフィー]	哲学
v	[v] [ヴ]	Vase	[ˈvaːzə]	[**ヴァ**ーゼ]	花瓶
		Violine	[vi̯oˈliːnə]	[ヴィオリーネ]	ヴァイオリン

練習問題 2 🔊 **071**

波線部の発音が他と**異なるもの**を選びなさい。

(1) a. Genf（都市名）ジュネーブ　b. Gitarre ギター　　c. Gentleman 紳士
(2) a. Vetter 従兄弟　　b. Universität 大学　　c. vertikal 垂直の
(3) a. Chor 合唱団　　b. Chinese 男性の中国人　c. Christus キリスト

🧩 解答は 191 ページ

③ ドイツ語の中にある英語の発音

　日本語と同じように，ドイツ語にも英語の単語がそのままのつづりと発音で入ってきています。特に E-mail，Software，download といったコンピューター技術に関する単語など，国際的に使用されている語や商品名などは，そのままのかたちでドイツ語に取り入れられています。

　すでに日常的に使用されるようになって久しい語でも，**ドイツ語の発音ではなく，英語の読み方で発音されるもの**があります。特に母音の発音には注意しましょう。

a　[a] ではなく [e]

🔊 **072**

Aids	[eːts]	[エーッ]	エイズ
Baby	[ˈbeːbi]	[ベービ]	赤ちゃん
Baseball	[ˈbeːsbɔːl]	[ベースボール]	野球

o [o] ではなく [u]

🔊 **073**

| Boom | [bu:m] | [ブーム] | ブーム |
| cool | [ku:l] | [クール] | クールな，格好いい |

u [u] ではなく [a]

🔊 **074**

| Lunch | [lantʃ] | [ランチ] | ランチ |
| Pub | [pap] | [パッブ] | パブ |

また英語にドイツ語の語尾をつけて，ドイツ語の動詞として使用されている語もあります。ドイツ語の動詞には語尾に -en がつくかたちが基本形となりますが，**英語の動詞を基本に語尾 -en をつけて**，同じ意味で使用されます。

🔊 **075**

英語	ドイツ語			意味
box	boxen	[ˈbɔksən]	[ボクセン]	ボクシングする
check	checken	[ˈtʃɛkən]	[チェッケン]	チェックする
download	downloaden	[ˈdaʊnloːdən]	[ダウンローデン]	ダウンロードする
jog	joggen	[ˈdʒɔgən]	[ジョッゲン]	ジョギングする
shop	shoppen	[ˈʃɔpən]	[ショッペン]	買い物をする

| 発音しながら単語を復習しよう！ | 🔊 076 |

☆印の単語は
曖昧母音に注意
して発音しよう！

Aids	[eːts]	[エーッ]	名詞	エイズ
Aktualität	[aktuˈaliˈtɛt]	[アクトゥアリテート]	名詞	現実性
☆akzeptabel	[aktsɛpˈtaːbəl]	[アクツェプターベル]	形容詞	許容できる
aggressiv	[agrɛˈsiːf]	[アグレスィーフ]	形容詞	攻撃的な
Antwort	[ˈantvɔrt]	[アントヴォルト]	名詞	答え
Arroganz	[aroˈgants]	[アロガンツ]	名詞	ごう慢
attraktiv	[atrakˈtiːf]	[アトラクティーフ]	形容詞	魅力的な
Baby	[ˈbeːbi]	[ベービ]	名詞	赤ちゃん
Bäckerei	[bɛkəˈraɪ]	[ベッカライ]	名詞	パン屋
Baseball	[ˈbeːsbɔːl]	[ベースボール]	名詞	野球
Bibliothek	[biblioˈteːk]	[ビブリオテーク]	名詞	図書館
Boom	[bu:m]	[ブーム]	名詞	ブーム
☆boxen	[ˈbɔksən]	[ボクセン]	動詞	ボクシングする

33

Büro	[byˈroː]	[ビュロー]	名詞	オフィス
Café	[kaˈfeː]	[カフェー]	名詞	カフェ
Chance	[ˈʃaŋsə]	[シャンセ]	名詞	チャンス
Charakter	[kaˈraktɐ]	[カラクター]	名詞	性格
☆checken	[ˈtʃɛkən]	[チェッケン]	動詞	チェックする
Chef	[ʃɛf]	[シェフ]	名詞	上司
Chinese	[çiˈneːzə]	[ヒネーゼ]	名詞	男性の中国人
Chor	[koːɐ̯]	[コーア]	名詞	合唱団
Christ	[ˈkrɪst]	[クリスト]	名詞	キリスト教徒
Christus	[ˈkrɪstus]	[クリストゥス]	名詞	キリスト
Computer	[kɔmˈpjuːtɐ]	[コンピューター]	名詞	コンピューター
cool	[kuːl]	[クール]	形容詞	クールな，格好いい
☆diskutabel	[dɪskuˈtaːbəl]	[ディスクターベル]	形容詞	討論するに値する
☆downloaden	[ˈdau̯nloːdən]	[ダウンローデン]	動詞	ダウンロードする
effektiv	[ɛfɛkˈtiːf]	[エフェクティーフ]	形容詞	効果的な
Fabrik	[fabˈriːk]	[ファブリーク]	名詞	工場
Familie	[faˈmiːli̯ə]	[ファミーリエ]	名詞	家族
formal	[fɔrˈmaːl]	[フォルマール]	形容詞	形式の
Friseur	[friˈzøːɐ̯]	[フリゼーア]	名詞	理髪師
Garage	[gaˈraːʒə]	[ガラージェ]	名詞	ガレージ
Genf	[ˈgɛnf]	[ゲンフ]	名詞	(都市名) ジュネーブ
genial	[geˈni̯aːl]	[ゲニアール]	形容詞	天才的な
Genie	[ʒeˈniː]	[ジェニー]	名詞	天才
Gentleman	[ˈdʒɛntlˈmɛn]	[ジェントルマン]	名詞	紳士
Gitarre	[giˈtarə]	[ギタレ]	名詞	ギター
informativ	[infɔrmaˈtiːf]	[インフォルマティーフ]	形容詞	情報に富んだ
Ingenieur	[ɪnʒeˈni̯øːɐ̯]	[インジュニエーア]	名詞	エンジニア
Institut	[instiˈtuːt]	[インスティトゥート]	名詞	研究所
Interesse	[ɪntəˈrɛsə]	[インテレッセ]	名詞	興味
interessieren	[ɪntərɛˈsiːrən]	[インテレスィーレン]	動詞	興味をもつ
Ironie	[iroˈniː]	[イロニー]	名詞	皮肉
Job	[dʒɔp]	[ジョップ]	名詞	一時的な仕事
☆joggen	[ˈdʒɔgən]	[ジョッゲン]	動詞	ジョギングする
Journalist	[ʒʊrnaˈlɪst]	[ジュルナリスト]	名詞	ジャーナリスト
klassifizieren	[klasifiˈt͡siːrən]	[クラスィフィツィーレン]	動詞	分類する
Konditorei	[kɔnditoˈrai̯]	[コンディトライ]	名詞	ケーキ屋
Konferenz	[kɔnfeˈrɛnt͡s]	[コンフェレンツ]	名詞	会議
Literatur	[lɪtəraˈtuːɐ̯]	[リテラトゥーア]	名詞	文学
Lunch	[lantʃ]	[ランチ]	名詞	ランチ
Medizin	[mediˈt͡siːn]	[メディツィーン]	名詞	医学

moussieren	[mʊˈsiːrən]	[ムスィーレン]	動詞	泡立つ
Museum	[muˈzeːʊm]	[ムゼーウᴬ]	名詞	博物館
Musik	[muˈziːk]	[ムズィーᵍ]	名詞	音楽
Nation	[naˈtsjoːn]	[ナツィオーン]	名詞	国家
Natur	[naˈtuːɐ]	[ナトゥーア]	名詞	自然
☆nobel	[ˈnoːbəl]	[ノーベᴸ]	形容詞	高貴な
Norm	[nɔrm]	[ノルᴬ]	名詞	規範
normal	[nɔrˈmaːl]	[ノルマールᴸ]	形容詞	普通の
Orange	[oˈraŋʒə]	[オランジェ]	名詞	オレンジ
Passagier	[pasaˈʒiːɐ]	[パサジーア]	名詞	(船や飛行機などの)乗客
Patient	[paˈtsjɛnt]	[パツィエンᵗ]	名詞	患者
Philosophie	[filozoˈfiː]	[フィロゾフィー]	名詞	哲学
Physik	[fyˈziːk]	[フィズィーᵍ]	名詞	物理学
Politik	[poliˈtiːk]	[ポリティーᵍ]	名詞	政治
Polizei	[poliˈtsaj]	[ポリツァイ]	名詞	警察
Polizist	[poliˈtsɪst]	[ポリツィスᵗ]	名詞	警官
☆praktikabel	[praktiˈkaːbəl]	[プラクティカーベᴸ]	形容詞	実際に使える
Pub	[pap]	[パッᵖ]	名詞	パブ
Religiosität	[religioziˈtɛːt]	[レリギオズィテーᵗ]	名詞	宗教性
Residenz	[reziˈdɛnts]	[レズィデンᵗˢ]	名詞	居城
Restaurant	[rɛstoˈrãː]	[レストラーン]	名詞	レストラン
☆shoppen	[ˈʃɔpən]	[ショッペン]	動詞	買い物をする
Stabilität	[ʃtabiliˈtɛːt]	[シュタビリテーᵗ]	名詞	安定性
studieren	[ʃtuˈdiːrən]	[シュトゥディーレン]	動詞	(大学で)勉強する
Toilette	[tɔaˈlɛtə]	[トアレッテ]	名詞	トイレ
Tourist	[tuˈrɪst]	[トゥリスᵗ]	名詞	観光客
Tuberkulose	[tubɛrkuˈloːzə]	[トゥベルクローゼ]	名詞	結核
Universität	[univɛrziˈtɛːt]	[ウニヴェルズィテーᵗ]	名詞	大学
Vase	[ˈvaːzə]	[ヴァーゼ]	名詞	花瓶
vertikal	[vɛrtiˈkaːl]	[ヴェルティカールᴸ]	形容詞	垂直の
Vetter	[fɛtɐ]	[フェッター]	名詞	従兄弟
Violine	[vjoˈliːnə]	[ヴィオリーネ]	名詞	ヴァイオリン
zentral	[tsɛnˈtraːl]	[ツェントラールᴸ]	形容詞	中心の

　発音練習をしながらドイツ語の数字を読んでみましょう。ドイツ語の数字は，0～12までは，それぞれの数字を読み，**13～19 は，【数字＋ -zehn（10）[ʦeːn]［ツェーン】**と読んでいきます。

 077

0	null	[nʊl]	［ヌ^ル］
1	eins	[aɪns]	［アイン^ス］
2	zwei	[ʦvaɪ]	［ツヴァイ］
3	drei	[draɪ]	［ドライ］
4	vier	[fiːɐ̯]	［フィーア］
5	fünf	[fynf]	［フュン^フ］
6	sechs	[zɛks]	［ゼク^ス］── chs の読み方！
7	sieben	[ˈziːbən]	［ズィーベン］── 曖昧母音の e に注意！
8	acht	[axt]	［アハ^ト］── 息を大きくはいて ach の発音！
9	neun	[nɔyn]	［ノイン］── 複母音 eu の発音！
10	zehn	[ʦeːn]	［ツェーン］
11	elf	[ɛlf]	［エル^フ］
12	zwölf	[ʦvœlf]	［ツヴェル^フ］
13	drei**zehn**	[ˈdraɪʦeːn]	［ドライツェーン］
14	vier**zehn**	[ˈfɪrʦeːn]	［フィルツェーン］
15	fünf**zehn**	[ˈfynfʦeːn]	［フュン^フツェーン］
16	sech**zehn**	[ˈzɛçʦeːn]	［ゼヒツェーン］
17	sieb**zehn**	[ˈziːpʦeːn]	［ズィープツェーン］
18	acht**zehn**	[ˈaxʦeːn]	［アハツェーン］
19	neun**zehn**	[ˈnɔynʦeːn]	［ノインツェーン］

> sechs の s を発音しないで，sech [zɛç]［ゼヒ］と発音！

> sieb- で音節が区切れるので［プ］！

> -t- は読まない！

> 最初に読む数字のアクセントを一番強く発音する！

36

20, 30, 40, 50…はそれぞれの数字に **-zig [ʦɪç]**［ツィ゙ ゚］ **（30 は -ßig [sɪç]** ［スィ゙ ゚]）
をつけます。

20	zwanzig	['ʦvantsɪç]	［ツヴァンツィ゙ ゚]—	zwei ではなく zwan!
30	dreißig	['draɪsɪç]	［ドライスィ゙ ゚]—	-zig にならないように！
40	vierzig	['fɪrʦɪç]	［フィルツィ゙ ゚]	
50	fünfzig	['fʏnfʦɪç]	［フュンフツィ゙ ゚]	
60	sechzig	['zɛçʦɪç]	［ゼヒツィ゙ ゚]—	sech-[zɛç]［ゼヒ］！
70	siebzig	['ziːpʦɪç]	［ズィープツィ゙ ゚]—	sieb-[ziːp]［ズィープ］！
80	achtzig	['axʦɪç]	［アハツィ゙ ゚]—	-t- は読まない！
90	neunzig	['nɔynʦɪç]	［ノインツィ゙ ゚]	

21, 22, 23…は，「1 と 20」，「2 と 20」，「3 と 30」といったように 1 の位を先に
読んでいきます。「～と～」は英語の **and** と同じ接続詞の **und [ʊnt]**［ウン゙］を数字
と数字の間に挟みます。

eins [aɪns]［アインズ］
にはならない！

21	ein**und**zwanzig	[aɪnʊntʦvantsɪç]	［アインウン゙ツヴァンツィ゙ ゚]
22	zwei**und**zwanzig	[ʦvaɪʊntʦvantsɪç]	［ツヴァイウン゙ツヴァンツィ゙ ゚]
23	drei**und**zwanzig	[draɪʊntʦvantsɪç]	［ドライウン゙ツヴァンツィ゙ ゚]
24	vier**und**zwanzig	[fɪrʊntʦvantsɪç]	［フィルウン゙ツヴァンツィ゙ ゚]
25	fünf**und**zwanzig	[fʏnfʊntʦvantsɪç]	［フュン゚ウン゙ツヴァンツィ゙ ゚]
26	sechs**und**zwanzig	[zɛksʊntʦvantsɪç]	［ゼクズウン゙ツヴァンツィ゙ ゚]
27	sieben**und**zwanzig	[ziːbənʊntʦvantsɪç]	［ズィーベンウン゙ツヴァンツィ゙ ゚]
28	acht**und**zwanzig	[axtʊntʦvantsɪç]	［アバウン゙ツヴァンツィ゙ ゚]
29	neun**und**zwanzig	[nɔynʊntʦvantsɪç]	［ノインウン゙ツヴァンツィ゙ ゚]

最初に読む数字のアクセン
トを一番強く発音する！

練習問題

080

次の数字をドイツ語で読みなさい。

(1) 34　　(2) 67　　(3) 82　　(4) 75　　(5) 91

解答は 191 ページ

100 以上の読み方

081

母音化のｒ！

100	(e̯in)hundert	[(ai̯n)ˈhʊndɐt]	[(アイン)フンダーㇳ]
101	hụnderteins	[ˈhʊndɐtai̯ns]	[フンダーㇳアインㇲ]
110	hụndertzehn	[ˈhʊndɐtt͜seːn]	[フンダーㇳツェーン]
1000	(e̯in)tau̯send	[(ai̯n)ˈtau̯zənt]	[(アイン)タオゼンㇳ]
10 000	ze̲hntau̯send	[ˈt͜seːnˈtau̯zənt]	[ツェーンタオゼンㇳ]
100 000	(e̯in)hunderttau̯send	[(ai̯n)ˈhʊndɐtˈtau̯zənt]	[(アイン)フンダーㇳタオゼンㇳ]
1000 000	e̯ine Millio̲n	[ˈai̯nə mɪˈli̯oːn]	[アイネ ミリオーン] 100 万
1000 000 000	e̯ine Milliạrde	[ˈai̯nə mɪˈli̯ardə]	[アイネ ミリアルデ] 10 億

曖昧母音のｅに注意！

快速マスター
ドイツ語

文法編

基本的な文を作る

①主語を決める

ドイツ語の文を作るときには，まず主語を決めなければなりません。主語は，**3つ の人称**（1人称，2人称，3人称）と**2つの数**（単数，複数）で区分されます。

🎤 082

	単数		複数	
1人称	私	ich	私たち	wir
2人称	君	du	君たち	ihr
3人称	彼	er	彼ら／それら	sie
	彼女	sie		
	それ	es		

②動詞のかたちを変化させる

主語が決まったら動詞のかたちを変化させます。ドイツ語の動詞は**語幹**と**語尾**の2 つの部分からなります。文を作るときには，語尾を変化させます。

lern|en	lern-	+	-en
学ぶ	**語幹**	+	**語尾**

変化させる前の動詞は**不定詞**，主語の人称と数に応じて変化した動詞は**定動詞**と呼 ばれます。

> それぞれの動詞のかたちを**不定形**，**定形**と呼ぶこともある。

こうした動詞のかたちの変化を**動詞の人称変化**と呼びます。また現在の事柄を表現 する場合の変化を**動詞の現在人称変化**と呼びます。まずは基本的な動詞の人称変化形 をマスターしましょう。

🎤 083

				語尾
単数	1人称	ich	lerne	**-e**
	2人称	du	lernst	**-st**
	3人称	er/sie/es	lernt	**-t**
複数	1人称	wir	lernen	**-en**
	2人称	ihr	lernt	**-t**
	3人称	sie	lernen	**-en**

- 語尾を上から読むとエストテン テンになる！
- 語尾が -en になる場合は不定 詞と同じかたち！
- 3人称の主語は er, sie, es などの代名詞だけでなく，人 や物が主語になることもある！

③定動詞は 2 番目に置く

文の最初は大文字書きで始めるのは英語と同じです。語順は，基本的な文の場合，**定動詞を 2 番目に置きます。文を作る語や句のことを文成分と呼びますが，定動詞は常に 2 つ目の文成分となります。**

文成分 1	2	3	
Ich	lerne	Deutsch.	私はドイツ語を学びます。
Du	lernst	Deutsch.	君はドイツ語を学びます。
Er	lernt	Deutsch.	彼はドイツ語を学びます。
Wir	lernen	Deutsch.	私たちはドイツ語を学びます。
Ihr	lernt	Deutsch.	君たちはドイツ語を学びます。
Sie	lernen	Deutsch.	彼らはドイツ語を学びます。

定動詞を 2 番目に置く規則さえ守れば，あとの語順は比較的自由です。ニュアンスは異なりますが，次のような語順に言い換えることもできます。

085

文成分 1	2	3	
Deutsch	lerne	ich.	ドイツ語を私は学びます。

> 英語の I と違って文の中では ich は小文字書き！

練習問題 1

086

それぞれの動詞を人称変化させて，（　　）の中に入れなさい。

(1) spielen 遊ぶ　　　　　　Du (　　　　) Tennis.　君はテニスをします。

(2) arbeiten 働く　　　　　　Ihr (　　　　) fleißig.　君たちは一生懸命働きます。

(3) heißen 〜という名前である　Ich (　　　　) Eri.　私はエリといいます。

(4) lieben 好む　　　　　　　Anna (　　　　) Marmelade.　アンナはジャムが好きです。

(5) sitzen 座っている　　　　Hier (　　　　) wir.　ここに私たちは座っています。

解答は 191 ページ

解答のヒント

(1) spielen は英語の play にあたる動詞です。テニスやサッカーなどの競技名と一緒に「（スポーツ競技などを）する」という意味や「（楽器などを）演奏する」という意味をあらわします。

(2) arbeiten は日本語のアルバイトの語源ですが，意味は異なります。「勉強する」や「仕事をする」といった意味をあらわします。語幹は arbeit- となりますので，**語尾 -t, -st をつけるときには，間に e を入れましょう。***arbeitt では発音できませ

んね。語幹が -t や -d で終わる warten（待つ）や reden（話す）といった動詞も du wartest, er wartet, ihr wartet となります。

(3) heißen は名前などを伝えるときに使う動詞です。**語幹が -s, -ß, -tz で終わる動詞** reisen（旅行する），heißen（〜という名前である），sitzen（座っている）は，du が主語のときには du reist, du heißt, du sitzt となります。

(5) wir が主語のとき定動詞は，不定詞と同じかたちです。

② 疑問文

①動詞を1番目に置く

「はい」，「いいえ」の答えを尋ねる疑問文は，**定動詞を文の1番目**に置きます。「はい」の場合には ja，「いいえ」の場合には nein で答えましょう。

> 「はい」，「いいえ」の答えを尋ねる疑問文は**決定疑問文**と呼ばれる！

🔊 087

文成分	1	2	3	
	Lernst	du	Deutsch?	— Ja, ich lerne Deutsch.
	君はドイツ語を学んでいますか。			— はい，私はドイツ語を学んでいます。
	Lernt	Takashi	Deutsch?	— Nein, er lernt Spanisch.
	たかしはドイツ語を学んでいますか。			— いいえ，彼はスペイン語を学んでいます。

> 「たかし」は「彼」なので er を使って答えましょう！

②疑問詞があれば動詞の前に置く

具体的に何かを尋ねるときには，疑問詞を使いましょう。**疑問詞は文の1番目に置き**ますので，定動詞は2番目になります。

> 疑問詞を使った疑問文は，**補足疑問文**と呼ばれる！

🔊 088

文成分	1	2	3	
	Was	lernst	du?	— Ich lerne Deutsch.
	君は何を学んでいますか。			— 私はドイツ語を学んでいます。
	Wer	lernt	Spanisch?	— Takashi lernt Spanisch.
	誰がスペイン語を学んでいますか。			— たかしがスペイン語を学んでいます。

日常的によく使う疑問詞には次のような語があります。

🔊 089

何	**was**
誰	**wer**
いつ	**wann**
どこ	**wo**
なぜ	**warum**
どのように	**wie**

✨★ 初対面の人に du はとっても失礼！

　英語では 2 人称はすべて代名詞 you ですが，ドイツ語では親しい間柄とそうではない間柄で代名詞を使い分けます。**親しい間柄では，du（単数），ihr（複数）**となりますが，**初対面の人やあまり親しい間柄ではない人に対しては，代名詞 Sie（単数，複数）**を使いましょう。この代名詞は，文の始まりはもちろん，**文中で使うときにも大文字書き**にして区別します。人称変化のかたちは，**3 人称複数 sie と同じかたち**になります。

🔊 090

> Lernen Sie Deutsch? — Ja, ich lerne Deutsch.
> 　あなたはドイツ語を学んでいますか。 — はい，私はドイツ語を学んでいます。
>
> Lernen Anna und Paul Spanisch? — Nein, sie lernen Japanisch.
> 　アンナとパウルはスペイン語を学んでいますか。 — いいえ，彼らは日本語を学んでいます。

　du と ihr は親称，Sie は敬称と呼ばれます。子供や学生たちの間では，初対面でも du を使って話をすることがありますが，お店の店員さんやまだ知り合って間もない人には Sie を使って話しかけましょう。「いつ du と呼び合えるか」は個人の感覚や世代，その人の出身地にもよるでしょうから，くれぐれも慎重に。

不規則な変化をする動詞

①不規則な人称変化をする動詞

　主語が 2 人称と 3 人称の単数のときに，**語幹にある母音（幹母音）が変化する**動詞があります。母音変化は次の 4 つの変化型があります。

● 091

			essen 食べる	
e → i 型	単数	1 人称	ich	esse
		2 人称	du	isst
		3 人称	er/sie/es	isst
	複数	1 人称	wir	essen
		2 人称	ihr	esst
		3 人称	sie	essen
	敬称	2 人称	Sie	essen
			sehen 見る	
e → ie 型	単数	1 人称	ich	sehe
		2 人称	du	siehst
		3 人称	er/sie/es	sieht
	複数	1 人称	wir	sehen
		2 人称	ihr	seht
		3 人称	sie	sehen
	敬称	2 人称	Sie	sehen
			fahren （乗り物で）行く	
a → ä 型	単数	1 人称	ich	fahre
		2 人称	du	fährst
		3 人称	er/sie/es	fährt
	複数	1 人称	wir	fahren
		2 人称	ihr	fahrt
		3 人称	sie	fahren
	敬称	2 人称	Sie	fahren
			stoßen 突く	
o → ö 型	単数	1 人称	ich	stoße
		2 人称	du	stößt
		3 人称	er/sie/es	stößt
	複数	1 人称	wir	stoßen
		2 人称	ihr	stoßt
		3 人称	sie	stoßen
	敬称	2 人称	Sie	stoßen

母音が変わるのは単数
2 人称と 3 人称だけ！

こうした不規則な人称変化をする動詞を**強変化動詞**と呼びます。この変化型以外にも次のような変化をする動詞があります。日常的にとてもよく使う動詞なので，マスターしましょう。

強変化動詞の反対は弱変化動詞！

🎧 092

			nehmen 取る	wissen 知っている
単数	1人称	ich	nehme	weiß
	2人称	du	nimmst	weißt
	3人称	er/sie/es	nimmt	weiß
複数	1人称	wir	nehmen	wissen
	2人称	ihr	nehmt	wisst
	3人称	sie	nehmen	wissen
敬称	2人称	Sie	nehmen	wissen

その他の不規則動詞も一覧表で確認しよう！

②重要な動詞はマスターしよう

　英語の be 動詞にあたるドイツ語の動詞は **sein**（～である）です。**sein** と同じくらい重要な動詞は **haben**（～を持っている）ですが，これは**英語の have にあたります**。これらは助動詞としても使われることがある重要な動詞です。また**同じく助動詞として使われることが多い動詞 werden**（～になる）**も重要な動詞**で，不規則な変化をします。

🎧 093

			sein	haben	werden
単数	1人称	ich	bin	habe	werde
	2人称	du	bist	hast	wirst
	3人称	er/sie/es	ist	hat	wird
複数	1人称	wir	sind	haben	werden
	2人称	ihr	seid	habt	werdet
	3人称	sie	sind	haben	werden
敬称	2人称	Sie	sind	haben	werden

それぞれの動詞を人称変化させて，（　　）の中に入れなさい。

(1) sprechen 話す　　（　　）du Japanisch? ─ Ja, ich（　　）Japanisch.

　　　　　　　　　　君は日本語を話しますか。─ はい，私は日本語を話します。

(2) lesen 読む　　　Anna（　　）gern.　アンナは読書することが好きです。

(3) laufen 走る　　　Paul（　　）gern.　パウルは走ることが好きです。

(4) schlafen 寝る　　Du（　　）immer.　君はいつも寝ています。

(5) haben
　　〜を持っている　（　　）du Geld? ─ Ja, ich（　　）Geld.

　　　　　　　　　　君はお金を持っていますか。─ はい，私はお金を持っています。

(6) sein 〜である　　Wo（　　）du denn jetzt?

　　　　　　　　　　君はいったい今どこにいますか。

(7) nehmen 取る　　Was（　　）Sie?　何になさいますか。　　　　🧩解答は191ページ

🗯️ 解答のヒント

(1) **sprechen は e → i 型**の強変化動詞です。

(2) **副詞 gern は動詞と一緒に使うことで「〜することが好きだ」という意味**になります。好みを伝えるときに便利な表現です。

(4) immer は「いつも」という意味をあらわす副詞です。

(6) denn は疑問文の中で「いったいぜんたい」という話し手の気持ちをあらわします。

(7) レストランなどで店員さんが注文を取るときの表現です。

---

arbeiten	動詞	働く
denn	副詞	(話者の気持ちをあらわして) いったいぜんたい
Deutsch	名詞	(言語名) ドイツ語
du	代名詞	君
er	代名詞	彼
es	代名詞	それ
essen	動詞	〜を食べる
fahren	動詞	(乗り物で) 行く
fleißig	副詞	一生懸命に，勤勉に
Geld	名詞	お金
gern	副詞	好んで (動詞と共に：〜することが好きだ)
haben	動詞	〜を持っている (英語の have にあたる)
heißen	動詞	〜という名前である

hier	副詞	ここ	
ich	代名詞	私	
ihr	代名詞	君たち	
immer	副詞	いつも	
ja	副詞	はい	
Japanisch	名詞	(言語名) 日本語	
laufen	動詞	走る	
lernen	動詞	〜を学ぶ	
lieben	動詞	〜を好む	
Marmelade	名詞	ジャム	
nein	副詞	いいえ	
reden	動詞	話す	
reisen	動詞	旅行する	
schlafen	動詞	寝る	
sehen	動詞	〜を見る	
sein	動詞	〜である (英語の be 動詞にあたる)	
Sie	代名詞	あなた，あなた方	
sie	代名詞	彼ら／それら	
sitzen	動詞	座っている	
Spanisch	名詞	(言語名) スペイン語	
spielen	動詞	遊ぶ，(スポーツ競技などを) する，(楽器などを) 演奏する	
sprechen	動詞	〜を話す	
stoßen	動詞	突く	
und	接続詞	〜と〜，そして	
wann	疑問副詞	いつ	
warten	動詞	待つ	
warum	疑問副詞	なぜ	
was	疑問副詞	何	
wer	疑問副詞	誰	
werden	動詞	〜になる	
wie	疑問代名詞	どのように	
wir	代名詞	私たち	
wissen	動詞	〜を知っている	
wo	疑問代名詞	どこ	

 名詞の性

①名詞の3つの性

ドイツ語の名詞には**3つの文法上の性**があり，それぞれ**男性名詞，女性名詞，中性名詞**と呼ばれます。

🔊 **096**

男性名詞	女性名詞	中性名詞
Vater　父	Mutter　母	Kind　子供
Mann　男性	Frau　　女性	Baby　赤ちゃん

> 3人称単数の人称代名詞には er（男性名詞），sie（女性名詞），es（中性名詞）があり，この3種類は名詞の3つの性に対応する！

②名詞の性を判断する？

Mann（男性）＝男性名詞，Frau（女性）＝女性名詞といったように，名詞があらわす人など自然の性と一致する場合を除いては，それぞれの名詞が意味する物や事柄と文法上の性との間には関係性がありません。**名詞の性は多くの場合，辞書で確認しなければなりません。**

それぞれの名詞には次のような特徴があります。

◆**季節や月・曜日，自然現象**をあらわす名詞は男性名詞である。

🔊 **097**

季節
Frühling 春	Sommer 夏	Herbst 秋	Winter 冬

🔊 **098**

月
Januar 1月	Februar 2月	März 3月	April 4月
Mai 5月	Juni 6月	Juli 7月	August 8月
September 9月	Oktober 10月	November 11月	Dezember 12月

🔊 **099**

曜日
Montag 月曜日	Dienstag 火曜日	Mittwoch 水曜日	Donnerstag 木曜日
Freitag 金曜日	Samstag 土曜日	Sonntag 日曜日	

> ドイツ北部と中部では，土曜日は Sonnabend が使われることもある！

自然現象 ─────────────────────────────── 🔊 100

> Regen 雨　　Schnee 雪　　Donner 雷　　Wind 風

◆**植物名**は女性名詞であることが多い。

> Rose バラ　　Tulpe チューリップ　　Tanne もみ

🔊 101

◆**小さいもの**は中性名詞。

> Baby 赤ちゃん　　Kind 子供

🔊 102

◆**名詞化した不定詞**は中性名詞。

> Essen 食事（＜essen ～を食べる）
> Lesen 読書（＜lesen ～を読む，読書する）

🔊 103

◆**語尾のかたち**で判断できる名詞もある。

男性名詞 ─────────────────────────────── 🔊 104

> -er, -ler, -ner
> 　Lehrer 男性の教師　　　　　Apotheker 男性の薬剤師
> 　Künstler 男性の芸術家　　　Kellner 男性の給仕，ウェイター
> -ismus
> 　Realismus 現実主義　　　　 Sozialismus 社会主義

女性名詞 ─────────────────────────────── 🔊 105

> -in
> 　Lehrerin 女性の教師　　　　Apothekerin 女性の薬剤師
> 　Künstlerin 女性の芸術家　　Kellnerin 女性の給仕，ウェイトレス
> -ei, -heit, -keit, -ung, -schaft
> 　Bäckerei パン屋　　　　　　Gesundheit 健康
> 　Möglichkeit 可能なこと　　 Wohnung 住居　　　Landschaft 景色
> -e で終わる多くの名詞
> 　Liebe 愛　　　　　　　　　 Straße 道路，通り

> 同じ**職業**の人でも男性か女性
> かで，名詞のかたちが変わる！

中性名詞 ─────────────────────────────── 🔊 106

> -chen
> 　Mädchen 少女　　　　Märchen 童話

次の名詞を3つの性に分けなさい。

Küche	Auto	Lampe	Tasche	Koffer
台所	車	ランプ	かばん	旅行かばん

Zeitung	Geld	Sonne	Rasierer	Taxi
新聞	お金	太陽	ひげそり	タクシー

解答は 191 ページ

② 名詞の複数形

名詞の複数形には主として5つのかたちがあります。さらに**幹母音が変音できる母音（a, o, u, au）である場合には，母音を変化（ウムラオト）させる**ものもあります。

🔊 107

	単数形	複数形	
語形変化なし （母音が変化する）	Zimmer	Zimmer	部屋
	Vogel	Vögel	鳥
語尾 -e をつける （母音が変化する）	Tag	Tage	日
	Nacht	Nächte	夜
語尾 -er をつける （母音が変化する）	Kind	Kinder	子供たち
	Haus	Häuser	家
語尾 -n または -en をつける	Hose	Hosen	ズボン
	Ohr	Ohren	耳
語尾 -s がつく	Auto	Autos	車

語幹の母音の変化型
a → ä, o → ö, u → ü, au → äu

◆ その他の複数形

	単数形		複数形
-in で終わる女性名詞	Studentin	女子学生	Studentinnen
-um で終わる中性名詞	Museum	博物館	Museen
-a で終わる名詞	Thema	主題	Themen

🔊 108

名詞の性は冠詞によって明示されます。冠詞には**定冠詞**と**不定冠詞**の 2 つの種類があります。ただし不定冠詞には「ひとつの」という意味が含まれているため複数形には不定冠詞がありません。

	男性名詞	女性名詞	中性名詞	複数
定冠詞	der Mann	die Frau	das Kind	die Kinder
不定冠詞	ein Mann	eine Frau	ein Kind	Kinder

🔊 109

名詞の内容が**会話の状況の中でまだ知られておらず，これから話題になる名詞の前には不定冠詞**が置かれます。それに対して，名詞の内容が**会話の状況の中ですでに知られている場合には定冠詞**を名詞の前に置きます。

Ein Mann kommt.	ある男性が来ます。（あの男性は…）
Der Mann kommt.	（さっき話題になった）あの男性が来ます。

🔊 110

🔊 **冠詞は変化する**

名詞は文の中では主語となったり，目的語となったりします。文の中でのこうした役割は，**格**によってあらわされます。ドイツ語の名詞には**4 つの格**があり，それぞれ**冠詞などのかたちを変化させる**ことによって区別されます。この変化は**名詞の格変化**と呼ばれます。

Der Zug kommt.	列車 (=主語) が来ます。
Ich nehme den Zug.	私はその列車 (=目的語) を利用します。

🔊 111

4 つの格はそれぞれ**1 格，2 格，3 格，4 格**と呼ばれます。**1 格は主語**となる場合，**3 格は英語の間接目的語，4 格は直接目的語**となる場合とまずは理解するとよいでしょう。2 格は，現代のドイツ語においては，目的語としてはほとんど使われなくなっています。

◆定冠詞の格変化

	男性名詞	女性名詞	中性名詞	複数
1格	der Mann	die Frau	das Kind	die Kinder
2格	des Mann(e)s	der Frau	des Kind(e)s	der Kinder
3格	dem Mann	der Frau	dem Kind	den Kinder**n**
4格	den Mann	die Frau	das Kind	die Kinder

🔊 **112**

- 男性名詞と中性名詞の2格は名詞に語尾 -es または -s をつける！
- 複数の3格では，名詞に語尾 -en または -n をつける！
- 最初は繰り返し音読してマスターしよう！

◆不定冠詞の格変化

	男性名詞	女性名詞	中性名詞
1格	ein■ Mann	eine Frau	ein■ Kind
2格	eines Mann(e)s	einer Frau	eines Kind(e)s
3格	einem Mann	einer Frau	einem Kind
4格	einen Mann	eine Frau	ein■ Kind

🔊 **113**

■＝語尾がないかたちは
男性1格と中性の1・4格！

　文の中で**どの格の目的語が使われるかは動詞によって決まっています**。例えば，helfen（〜を手伝う）は3格の目的語と，nehmen（〜を取る）は4格の目的語と一緒に使います。

🔊 **114**

Ich helfe einer Kollegin.　　　私は（ある）1人の女性の同僚を手伝います。
　　　　　女性・3格

Ich nehme eine Tablette.　　　私は1錠の薬を飲みます。
　　　　　女性・4格

日本語訳では同じ「を」と
なってしまうことに注意！

　2格は他の名詞の後ろに置いて，その持ち主などをあらわします。

🔊 **115**

Die Tasche des Mannes liegt hier.　　　あの男性のかばんがここにあります。
　　↑かばん　　　　　男性の
　　　　　男性・2格

男性名詞の2格なので語尾
-es をつけることを忘れない！

　2格は前に置かれている名詞と共に文の中で**ひとつの文成分**を作ります。この文では，「あの男性のかばん」が主語となりますので，その後に**2つ目の文成分である定動詞**が置かれます。

文成分▷　　1　　　　　　　　　　2
　　　　（Die Tasche des Mannes）liegt hier.

辞書で名詞を調べると，辞書によって書き方は異なりますが，通常は**文法上の性**と**単数2格形**そして**複数形**が記されています。

Arzt	der	男性	-es/Ärzte	医者
	定冠詞	文法上の性	2格形／複数形	意味

また動詞の項目では，**どの格の目的語と使われるのか**が記されています。例えば，動詞 geben（渡す，差し出す）を辞書で引くと次のように記されています。

geben	他	3格＋4格	〔～³に～⁴を〕渡す，差し出す

ここでは「geben は他動詞で，3格と4格目的語と共に「～³に～⁴を渡す」という意味をあらわす」ということが説明されています。

動詞がこのように特定の格を目的語とすることを**動詞の格支配**と呼びます。

🔊 116

2格支配の動詞	bedürfen	～²を必要とする
3格支配の動詞	helfen	～³を手伝う
	gefallen	～³の気に入る
4格支配の動詞	haben	～⁴を持っている
	hören	～⁴を耳にする，～⁴が聞こえる
	nehmen	～⁴を取る
	kennen	～⁴を知っている
3格・4格支配の動詞	bringen	～³のところに～⁴を持ってくる
	geben	～³に～⁴を渡す，差し出す
	schenken	～³に～⁴を贈る
4格・4格支配の動詞	nennen	～⁴を～⁴と呼ぶ
	lehren	～⁴に～⁴を教える

他動詞は4格を目的語とする動詞，それ以外は自動詞！

辞書には語の意味の他にいろいろと書かれている。じっくり読むこと！

（　）の中に入れる適当なものを選びなさい。

(1) Ich brauche（　）Auto.（中性名詞）　　私は車を必要としています。
　　1. ein　　2. eines　　3. eine　　4. einem

(2) Trägst du（　）Tasche?（女性名詞）　　君はあのかばんを持っていますか。
　　1. der　　2. die　　3. das　　4. den

(3) Hält hier（　）Bus?（男性名詞）　　あのバスはここに停まりますか。
　　1. der　　2. die　　3. das　　4. den

(4) Haben Sie（　）Stadtplan?（男性名詞）　あなたは地図を持っていますか。
　　1. ein　　2. eine　　3. einen　　4. einem

(5) Heute packe ich（　）Koffer.（複数）　今日，私は荷造りをします。
　　1. der　　2. die　　3. den　　4. das

解答は 192 ページ

解答のヒント

(1) brauchen は「〜⁴ を必要とする」という 4 格支配の動詞です。

(2) tragen は「（荷物など）〜⁴ を持つ」という意味の 4 格支配の動詞です。他に，eine Brille tragen（眼鏡をかける）といったように「（衣類など）〜⁴ を身につける」という意味もあります。

(3) この場合の halten は自動詞で「（車など）〜¹ が止まる」という意味をあらわします。

(4) Stadtplan は，**2 つの名詞 Stadt（都市）と Plan（地図）からなる複合名詞です。複合名詞は，語の最後にある名詞の性となります**から，Stadt は女性名詞ですが，Stadtplan は男性名詞です。

(5) packen は「（かばんなど）〜⁴ に荷物を詰める」という意味をあらわします。ここでは Koffer の複数形を 4 格目的語とする慣用的な表現です。Koffer は男性名詞で，複数形もかたちが変化しません。

男性弱変化名詞

　男性名詞の中で，**単数 1 格以外すべて語尾 -(e)n をつける**ものがあります。このような格変化をする男性名詞は，**男性弱変化名詞**と呼ばれます。男性弱変化名詞には次のようなものがあります。

◆特定の語尾で終わる男性名詞　🔊118

-ent	Stud**ent** 学生	Präsid**ent** 大統領	
-ant	Praktik**ant** 実習生	Musik**ant** 楽士	
-ist	Poliz**ist** 警官	Sozial**ist** 社会主義者	Jur**ist** 法律家
-oge	Biol**oge** 生物学者	Geol**oge** 地質学者	Soziol**oge** 社会学者
-at	Demokr**at** 民主主義者	Diplom**at** 外交官	Sold**at** 兵士

◆国籍であらわされる男性　🔊119

Franzose フランス人	Pole ポーランド人	Tscheche チェコ人	
Grieche ギリシア人	Türke トルコ人	Russe ロシア人	など

◆その他　🔊120

Bauer 農民　Junge 若者，少年　Kollege 同僚　Mensch 人間　Affe 猿

◆語尾 -n がつく男性弱変化名詞　🔊121

		Kollege 男性の同僚	Löwe ライオン
単数	1 格	der Kollege	der Löwe
	2 格	des Kollegen	des Löwen
	3 格	dem Kollegen	dem Löwen
	4 格	den Kollegen	den Löwen
複数	1 格	die Kollegen	die Löwen
	2 格	der Kollegen	der Löwen
	3 格	den Kollegen	den Löwen
	4 格	die Kollegen	die Löwen

◆語尾 -en がつく男性弱変化名詞

🔊 122

		Student 男子学生	Mensch 人間
単数	1格	der Student	der Mensch
	2格	des Studenten	des Menschen
	3格	dem Studenten	dem Menschen
	4格	den Studenten	den Menschen
複数	1格	die Studenten	die Menschen
	2格	der Studenten	der Menschen
	3格	den Studenten	den Menschen
	4格	die Studenten	die Menschen

　男性弱変化名詞を辞書で引くと2格形と複数形としてそれぞれ，**-n** または **-en** の語尾が記述されています。

他にも特殊な格変化をする名詞があります。

🔊 123

		Herr 紳士，主人	Name 名前	Herz 心，心臓
単数	1格	der Herr	der Name	das Herz
	2格	des Herrn	des Namens	des Herzens
	3格	dem Herrn	dem Namen	dem Herzen
	4格	den Herrn	den Namen	das Herz
複数	1格	die Herren	die Namen	die Herzen
	2格	der Herren	der Namen	der Herzen
	3格	den Herren	den Namen	den Herzen
	4格	die Herren	die Namen	die Herzen

Herz は中性名詞！

同じく，それぞれ辞書には，次のように記述されています。

Herr	男性名詞	-n/-en
Name	男性名詞	-ns/-n
Herz	中性名詞	-ens/-en

辞書はよく読む！

ここからは，名詞は冠詞と一緒に，
動詞は支配する格と一緒にマスター！

der Apotheker	男性名詞	男性の薬剤師
die Apothekerin	女性名詞	女性の薬剤師
der April	男性名詞	4月
der Arzt	男性名詞	医者
der August	男性名詞	8月
das Auto	中性名詞	車
der Bauer	男性名詞	男性の農民
bedürfen	動詞	～²を必要とする
der Biologe	男性名詞	男性の生物学者
brauchen	動詞	～⁴を必要とする
bringen	動詞	～³のところに～⁴を持ってくる
der Demokrat	男性名詞	男性の民主主義者
der Dezember	男性名詞	12月
der Dienstag	男性名詞	火曜日
der Diplomat	男性名詞	男性の外交官
der Donner	男性名詞	雷
der Donnerstag	男性名詞	木曜日
das Essen	中性名詞	食事
der Februar	男性名詞	2月
der Franzose	男性名詞	男性のフランス人
die Frau	女性名詞	女性
der Freitag	男性名詞	金曜日
der Frühling	男性名詞	春
geben	動詞	～³に～⁴を渡す，差し出す
gefallen	動詞	～³の気に入る
der Geologe	男性名詞	男性の地質学者
die Gesundheit	女性名詞	健康
halten	動詞	立ち止まる
helfen	動詞	～³を手伝う
der Herbst	男性名詞	秋
der Herr	男性名詞	紳士，主人
das Herz	中性名詞	心，心臓
der Januar	男性名詞	1月
der Juli	男性名詞	7月
der Juni	男性名詞	6月
der Jurist	男性名詞	法律家
der Kellner	男性名詞	男性の給仕，ウェイター
die Kellnerin	女性名詞	女性の給仕，ウェイトレス
kennen	動詞	～⁴を知っている
der Kollege	男性名詞	男性の同僚

die Kollegin	女性名詞	女性の同僚
kommen	動詞	来る
der Künstler	男性名詞	男性の芸術家
die Künstlerin	女性名詞	女性の芸術家
die Landschaft	女性名詞	景色
lehren	動詞	～⁴ に～⁴ を教える
die Lehrerin	女性名詞	女性の教師
das Lesen	中性名詞	読書
liegen	動詞	(場所に) ある
der Löwe	男性名詞	ライオン
der Mann	男性名詞	男性
das Märchen	中性名詞	童話
der Mittwoch	男性名詞	水曜日
die Möglichkeit	女性名詞	可能なこと
der Montag	男性名詞	月曜日
der Musikant	男性名詞	男性の楽士
die Mutter	女性名詞	母
nehmen	動詞	(乗り物) ～⁴ を利用する, (薬など) ～⁴ を飲む
nennen	動詞	～⁴ を～⁴ と呼ぶ
der November	男性名詞	11 月
der Oktober	男性名詞	10 月
packen	動詞	～⁴ を詰める (die Koffer packen　荷造りをする)
der Plan	男性名詞	地図
der Pole	男性名詞	男性のポーランド人
der Praktikant	男性名詞	男性の実習生
der Präsident	男性名詞	男性の大統領
der Rasierer	男性名詞	ひげそり
der Realismus	男性名詞	現実主義
der Regen	男性名詞	雨
die Rose	女性名詞	バラ
der Russe	男性名詞	男性のロシア人
der Samstag	男性名詞	土曜日
schenken	動詞	～³ に～⁴ を贈る
der Schnee	男性名詞	雪
der September	男性名詞	9 月
der Soldat	男性名詞	男性の兵士
der Sommer	男性名詞	夏
der Sonnabend	男性名詞	土曜日 (主に北ドイツで)
der Sonntag	男性名詞	日曜日
der Sozialismus	男性名詞	社会主義
der Sozialist	男性名詞	男性の社会主義者
der Soziologe	男性名詞	男性の社会学者

der Stadtplan	男性名詞	(都市の)地図
die Straße	女性名詞	道路，通り
die Studentin	女性名詞	女子学生
die Tablette	女性名詞	錠剤
der Tag	男性名詞	(年月日の)日，(午前 0 時から午後 12 時までの)日
die Tanne	女性名詞	もみ
die Tasche	女性名詞	かばん
das Taxi	中性名詞	タクシー
das Thema	中性名詞	主題，テーマ
tragen	動詞	(荷物など)〜⁴を持つ，(衣類など)〜⁴を身につける
der Tscheche	男性名詞	男性のチェコ人
die Tulpe	女性名詞	チューリップ
der Türke	男性名詞	男性のトルコ人
der Vater	男性名詞	父
der Vogel	男性名詞	鳥
der Wind	男性名詞	風
der Winter	男性名詞	冬
die Wohnung	女性名詞	住居
das Zimmer	中性名詞	部屋

Bremen　Schiff 〟Alexander von Humboldt〝 mit Liebenfrauenkirche

① 人称代名詞の格変化

人称代名詞も名詞のひとつなので4つの格に応じて，4つのかたちに変化します。
2格のかたちは現代のドイツ語では目的語としてはほとんど使われなくなっています。
主に所有代名詞として名詞の前に置かれ，冠詞と同じように使われます。

🔊 125

	単数				
1格	ich	du	er	sie	es
2格	meiner	deiner	seiner	ihrer	seiner
3格	mir	dir	ihm	ihr	ihm
4格	mich	dich	ihn	sie	ihn

🔊 126

	複数			敬称
1格	wir	ihr	sie	Sie
2格	unser	euer	ihrer	Ihrer
3格	uns	euch	ihnen	Ihnen
4格	uns	euch	sie	Sie

> 敬称 Sie は複数 sie と同じかたち！

　3人称単数 er, sie, es，3人称複数 sie はそれぞれ男性名詞，女性名詞，中性名詞，複数を示します。

> 常に「誰か」人を示しているわけではないので，すぐに「彼」，「彼女」，「彼ら」と訳さない！

練習問題 1

🔊 127

〈　　〉内の指示に従って，格変化させた人称代名詞を（　　）の中に入れなさい。

(1) Anna schenkt (　　) ein Buch. 〈ich を3格に〉
　　アンナは私に1冊の本を贈ってくれます。

(2) Wir grüßen (　　) herzlich. 〈du を4格に〉　私たちは君を心から歓迎します。

(3) Du hast einen Bruder. Schreibst du (　　) eine Postkarte? 〈er を3格に〉
　　君には1人兄がいる。君は彼に絵葉書を書きますか。

(4) Die Jacke passt (　　) sehr gut. 〈Sie を3格に〉
　　その上着のサイズはあなたにとてもよく合っています。

(5) Hans trägt immer eine Uhr. Ich finde (　　) sehr schick. 〈sie を4格に〉
　　ハンスはいつも時計を(腕に)はめています。私はその時計をとてもしゃれていると思います。

🧩 解答は 192 ページ

解答のヒント

(1) schenken は「～³ に～⁴ を贈る」という動詞です。

(2) grüßen は「～⁴ に挨拶をする」という意味をあらわします。ここでは「心から」という意味をあらわす副詞 herzlich と共に「心から歓迎する」という意味になっています。

(4) passen は「～³ に（サイズなどが）合う」という意味になります。

(5) finden は「～⁴ を見つける」という意味ですが，何かについて感想などを述べるときにも使います。この文では「～⁴ を～（様子）であると思う」という意味になり，前の文に出てきた女性名詞の eine Uhr（時計）のことを sehr schick（とてもしゃれている）と思っているという表現になっています。

② 不特定の人を指示する代名詞

人称代名詞の中でも不特定の人（びと）をあらわす**代名詞 man は英語の man と同じ使い方**をします。このような代名詞を**不定人称代名詞**と呼びます。ドイツ語では「男性」のことは Mann という名詞を使いますので，混同しないように気をつけましょう。

		🔊 128
Hier spricht man Bayerisch.	ここではバイエルン方言が話される。	
Der Mann spricht Bayerisch.	その男性はバイエルン方言を話す。	

> man は文中では小文字書き！
> Mann は名詞なので常に大文字書き！

また**英語の someone と同じ不特定の「誰かある人」**をあらわすには，人称代名詞 jemand を使います。「誰も～ない」という否定をあらわす人称代名詞には **niemand** があります。英語の no one あるいは nobody と同じです。それぞれ次のように格変化をします。

> 英語と違って，ドイツ語の不定人称代名詞は格変化する！

			🔊 129
1格	jemand	niemand	
2格	jemandes	niemandes	
3格	jemandem	niemandem	
4格	jemanden	niemanden	

		🔊 130
Hat jemand eine Frage?	どなたか質問がありますか。	
Niemand hat eine Frage.	誰も質問がありません。	
Sehen Sie jemanden?	誰か見えますか。	
Ich sehe hier niemanden.	私はここでは誰も見ません。	

（　　　）の中に man あるいは jemand, niemand のいずれか適当な人称代名詞を
入れなさい。必要な場合は正しく格変化させること。

(1) Weiß (　　　　)? Wann kommt Paul?
　　どなたかわかりますか。　パウルはいつ来ますか。

(2) Hier trinkt (　　　　) Bier.　　ここではビールが飲まれます。

(3) Ist schon (　　　　) da?　　すでにそこに誰かいますか。

(4) Ich kenne (　　　　) hier.　　私はここでは誰も知りません。

(5) (　　　　) redet viel.　　たくさん話されています（しゃべっている）。

解答は 192 ページ

解答のヒント

man が主語となる文では，「～される」と受動の表現のように訳すと自然です。

(3) schon は「すでに」という意味をあらわす副詞です。da はここでは場所をあらわ
　　しています。

(4) kennen は「～⁴ を知っている」という動詞です。ここでは，4 格目的語となるので，
　　格変化させましょう。

③ es を使った表現

　中性名詞を指示する**代名詞 es は英語の it** にあたり，特定の動詞の主語や目的語と
して，**天候や時刻，季節の変化などの自然現象，人間の感覚や音，そして，慣用的な
表現**に使用されることがあります。このような es を**非人称代名詞**といい，これと共
に使用される動詞は**非人称動詞**と呼ばれます。

　非人称の es によってあらわされる表現には，次のようなものがあります。

◆天候

Es regnet.	雨が降っています。
Es schneit.	雪が降っています。
Es donnert.	雷が鳴っています。

🔊 132

◆時刻や季節の変化

Es ist Abend.	夕方です。
Es ist dunkel.	（外が）暗いです。
Es wird Sommer.	夏になります。

🔊 133

◆感覚

134

Wie geht es Ihnen?	お元気ですか。
Es ist mir kalt.	(私は)寒いです。
Wo tut es Ihnen weh?	(あなたは)どこが痛いのですか。

この表現では es が省略されることもある。Mir ist kalt.

◆音

135

Es klingelt.　ベルが鳴ります。

◆慣用的な表現

136

Es tut mir sehr leid.	大変申し訳ありません。
Es gibt hier Blumen.	ここに花があります。

もうワンステップ！

先行する名詞や文の内容を受ける es

代名詞の es は，名詞の性や数にかかわりなく先にある名詞を受けることができます。

137

Wer ist die Dame?	あのご婦人はどなたですか。
— Es ist Frau Kurz.	あれはクルツさんです。

- **Frau は女性の呼称**，英語の Ms.，Mrs. にあたる。**男性は Herr**（英語の Mr.）で格変化するので注意（⇒第2課 男性弱変化名詞を参照）！ Herr Kurz クルツ氏
- Sie ist Frau Kurz. 彼女はクルツさんです。とも言える！

138

Wer ist da?　そこにいるのは誰ですか。

— Es sind Frau Kurz und Herr Meier.

あれはクルツさんとマイヤーさんです。

動詞の人称変化は，複数形になる！

また名詞に限らず先の文の内容全体あるいは一部を受けることもあります。

139

Hat Frau Kurz einen Sohn?	クルツさんには息子がいますか。
— Ich weiß es nicht.	私はそれを知りません。

nicht 否定文を作る副詞（⇒第4課　否定の表現を参照！）

この es の用法は，指示代名詞 das で置き換えることもできます。 🔊 140

> Wer ist die Dame?　　　あのご婦人はどなたですか。
> — Das ist Frau Kurz.　　あれはクルツさんです。
>
> Wer ist da?　　あそこにいるのは誰ですか。
> — Das sind Frau Kurz und Herr Meier.　あれはクルツさんとマイヤーさんです。

> • das は英語の that !
> • 指示代名詞（⇒第 15 課 不定関係代名詞を参照！）

4 格目的語となる場合でも das は文の最初に置かれます。 🔊 141

> Hat Frau Kurz einen Sohn?　クルツさんには息子がいますか。
> — Das weiß ich nicht.　　私はそれを知りません。

単語を復習しよう！ 🔊 142

der Abend	男性名詞	夜，夕方
das Bayerisch	中性名詞	バイエルン方言
die Blume	女性名詞	花
der Bruder	男性名詞	兄または弟
da	副詞	そこに，あそこに
die Dame	女性名詞	婦人 (丁寧な表現)
das	指示代名詞	それは，これは，あれは，それらは
donnern	動詞	(非人称の es を主語として) 雷が鳴る
dunkel	形容詞	暗い
finden	動詞	～⁴ を (様子) であると思う，～⁴ を見つける
die Frage	女性名詞	質問
(die) Frau	女性名詞	(冠詞なしで) 女性の呼称
geben	動詞	(非人称の es を主語として) ～⁴ がある，いる
grüßen	動詞	～⁴ に挨拶をする
gut	副詞	よく～
(der) Herr	男性名詞	(冠詞なしで) 男性の呼称
herzlich	副詞	心から
jemand	代名詞	誰かある人
kalt	形容詞	寒い
klingeln	動詞	(非人称の es を主語として) ベルが鳴る
leid	副詞	悲しい (Es tut ～³ leid：～³ にとって悲しい，申し訳なく思わせる)
man	代名詞	(不特定の) 人 (びと)
nicht	副詞	(否定表現を作って) ～ない
niemand	代名詞	誰も～ない

passen	動詞	〜³ に (サイズなどが) 合う
die Postkarte	女性名詞	絵葉書
regnen	動詞	(非人称の es を主語として) 雨が降る
schick	形容詞	しゃれた
schneien	動詞	(非人称の es を主語として) 雪が降る
schon	副詞	すでに
schreiben	動詞	〜⁴ を書く
sehr	副詞	とても
der Sohn	男性名詞	息子
trinken	動詞	〜⁴ を飲む
tun	動詞	〜⁴ をする
viel	副詞	たくさん
weh	副詞	痛み (weh tun で「(体の一部が) 痛い」)

Potsdam　Orangerieschloss des Parks Sanssouci

① 冠詞の種類

　名詞の前に置かれる**冠詞は名詞の性と数と格を表示するために，かたちが変化する**ということを理解しました。冠詞と同じように**名詞の前に置かれて格変化をする語**として，**指示代名詞**や**所有代名詞**，**否定冠詞**といった語があります。これらは**冠詞類**とも呼ばれ，格変化の仕方によって**定冠詞類**と，**不定冠詞類**の２つの種類に分けられます。

①定冠詞と同じような格変化をするもの（定冠詞類）

　定冠詞類には，**dies-（この），solch-（その），jen-（あの），jed-（どの），manch-（たくさんの），all-（すべての），welch-（どの）**といったものがあります。これらは**定冠詞に準じた格変化**をします。

> 英語の every や many は格変化しないけれど，ドイツ語では名詞の前に置かれる冠詞類は必ず格変化するということ！

🔊 **143**

	男性名詞	女性名詞	中性名詞	複数
1格	dieser Mann	diese Frau	dieses Kind	diese Kinder
2格	dieses Mann**(e)s**	dieser Frau	dieses Kind**(e)s**	dieser Kinder
3格	diesem Mann	dieser Frau	diesem Kind	diesen Kinder**n**
4格	diesen Mann	diese Frau	dieses Kind	diese Kinder

> ●男性名詞，中性名詞の２格形では名詞の語尾に -es または -s をつける！
>
> ●複数形の３格でも名詞の語尾に -en または -n をつける！

	男性	女性	中性	複数
1格	-er	-e	-es	-e
2格	-es	-er	-es	-er
3格	-em	-er	-em	-en
4格	-en	-e	-es	-e

> もう一度，定冠詞の格変化語尾を確認してみよう！

〈　　〉内の指示に従って，下線部に格変化語尾を補いなさい。

(1) Ich finde dies＿＿ Buch langweilig. 〈das Buch 中性名詞・4 格で〉

　　　私はこの本は退屈だと思います（面白くない）。

(2) Takashi arbeitet jed＿＿ Samstag hier. 〈der Samstag 男性名詞・4 格で〉

　　　たかしは毎週土曜日にここで働いています。

(3) Manch＿＿ Leute glauben dies＿＿ Nachricht.

　　　〈die Leute 複数形・1 格で，die Nachricht 女性名詞・4 格で〉

　　　多くの人がこの知らせを信じています。

(4) All＿＿ Türen sind zu. 〈die Türen 複数形・1 格で〉

　　　すべてのドアが閉まっています。

解答は 192 ページ

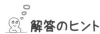

解答のヒント

(1) langweilig は「退屈な」という意味をあらわす形容詞です。反対の意味をあらわ
す形容詞には interessant（面白い）があります。

(2) **曜日や一日の時間帯などを意味する名詞の 4 格は，副詞的に時をあらわします。**
jed- は英語の every と同じく単数の名詞と共に使われます。

(3) Leute は主に複数の「人々」をあらわすので，複数形しかありません。

(4) Türen は Tür（女性名詞）の複数形です。zu は副詞で，ここでは「閉まっている」
様子をあらわします。反対の意味をあらわす副詞には auf（開いている）があります。

②不定冠詞と同じような格変化をするもの（不定冠詞類）

　不定冠詞類には，**kein-（ひとつもない），mein-（私の），dein-（君の），sein-（彼の，
それの），ihr-（彼女の，彼らの，それらの），unser-（私たちの），euer-（君たちの），
Ihr-（あなたの，あなた方の）や irgendein-（なんらかの）**といったものがあります。
これらは不定冠詞に準じた格変化をします。

🔧 145

	男性名詞		女性名詞		中性名詞		複数	
1 格	kein■	Mann	keine	Frau	kein■	Kind	keine	Kinder
2 格	keines	Mann(e)s	keiner	Frau	keines	Kind(e)s	keiner	Kinder
3 格	keinem	Mann	keiner	Frau	keinem	Kind	keinen	Kindern
4 格	keinen	Mann	keine	Frau	kein■	Kind	keine	Kinder

	男性	女性	中性	複数
1 格	■	-e	■	-e
2 格	-es	-er	-es	-er
3 格	-em	-er	-em	-en
4 格	-en	-e	■	-e

② 所有代名詞

所有代名詞には，人称と数によって次のようなものがあります。

単数	1人称	ich	mein-	私の
	2人称	du	dein-	君の
	3人称	er	sein-	彼の
		sie	ihr-	彼女の
		es	sein-	それの
複数	1人称	wir	unser-	私たちの
	2人称	ihr	euer-	君たちの
	3人称	sie	ihr-	彼らの
敬称	2人称	Sie	Ihr-	あなたの／あなた方の

- には，格変化語尾がつく！
- 敬称 Sie は所有代名詞でも大文字書き！
- もう一度，人称代名詞の格変化も復習してみよう！

所有代名詞は，不定冠詞と同じ格変化をします。

英語の my や your は格変化しないけれど，ドイツ語の所有代名詞は格変化する！

🔊 147

	男性名詞	女性名詞	中性名詞	複数
1格	mein■ Mann	meine Frau	mein■ Kind	meine Kinder
2格	meines Mann(e)s	meiner Frau	meines Kind(e)s	meiner Kinder
3格	meinem Mann	meiner Frau	meinem Kind	meinen Kindern
4格	meinen Mann	meine Frau	mein■ Kind	meine Kinder

- mein Mann（私の男性）とは，つまり「夫」のこと，meine Frau（私の女性）は「妻」のこと！
- 他の所有代名詞の変化形は巻末の文法表を参照！

練習問題2

🔊 148

〈　〉内の指示に従って，下線部に所有代名詞の格変化語尾を補いなさい。語尾がつかない場合には，× を入れること。

(1) Wo sind mein___ Schlüssel?〈Schlüssel 複数形・1格で〉
　　私の鍵はどこですか。

(2) Wie geht es dein___ Mutter?〈die Mutter 女性名詞・3格で〉
　　君のお母さんは元気ですか。

(3) Unser___ Auto steht dort.〈das Auto 中性名詞・1格で〉
　　私たちの車はあそこにあります。

(4) Zeigen Sie mir bitte Ihr___ Reisepass?〈der Reisepass 男性名詞・4格で〉
　　どうか私にあなたのパスポートを見せてくれますか。

(5) Habt ihr schon eur___ Taschen?〈Taschen 複数形・4格で〉
　　君たちはもう自分のかばんを持っていますか。

🧩 解答は 192 ページ

(2) Wie geht es 〜³ ? は，体の調子などを尋ねる表現です。日常的にも挨拶の後に交わされます。（非人称代名詞 es ⇒第 3 課 es を使った表現を参照！）

(3) dort（あそこ）は，hier（ここ）に対して遠く離れた場所を示します。

(4) zeigen は「〜³ に〜⁴ を見せる，示す」という動詞です。ここでは，**bitte という間投詞**が入っていますので，丁寧な依頼の表現になっています。

(5) 2 人称複数の euer- は，**語尾がつくときには，eure, eurer, eurem, euren といったように 2 つ目の -e- が落ちます**。これは，発音しやすいように落ちているものです。

③ 否定の表現

否定の表現には，**否定詞 nicht を使った表現と否定冠詞 kein を使った表現**があります。英語の not にあたる **nicht は文の内容の全体または一部を否定する**ときに使います。それに対して，**kein- は名詞の前に置いて，「ひとつも〜ない」という意味をあらわします**。これは英語の no (one) と同じです。

① nicht を使った否定表現

全文否定	Ich esse nicht.	私は食事をしません。	🔊 149
部分否定	Ich esse nicht jetzt.	私は今は食事をしません。	

部分否定は否定する語の直前に nicht を置く！

② kein- を使った否定表現

Ich esse kein Fleisch.	私は一切肉を食べません。	🔊 150
↔ Ich esse Fleisch.	私は肉を食べます。	
Ich habe keinen Hunger.	私はお腹が空いていません。	
↔ Ich habe Hunger.	私はお腹が空いています。	

kein- は不定冠詞と同じ格変化をする！

🎵★ 常に冠詞を置くわけではない！

英語と同じくドイツ語も，名詞の前に冠詞を置かなければならないということを理解してきました。ただ次のような場合には，冠詞を置きません。

◆中性名詞の国名や地名

国名 ──────────────────────────────────── 🔊 151

> Deutschland ist ein Industrieland.
> ドイツは産業国のひとつです。

> 女性名詞や男性名詞の国は冠詞が必要！
> die Schweiz スイス，die Türkei トルコ，
> der Iran イラン，die USA アメリカ合衆国

地名 ──────────────────────────────────── 🔊 152

> Berlin ist sehr groß. ベルリンはとても大きいです。

◆職業的身分や職業

身分や職業 ─────────────────────────────── 🔊 153

> Paul ist Student. パウルは男子学生です。
> Anna ist Apothekerin. アンナは薬剤師です。

◆国籍

🔊 154

> Ich bin Japaner. 私は日本人です。

◆不特定の物質・抽象名詞

🔊 155

> Ich trinke gern Wein. 私はワインを飲むのが好きです。

◆慣用的な表現

🔊 156

> Hunger haben　お腹が空いている
> Ich habe Hunger. 私はお腹が空いています。
>
> Durst haben　喉がかわいている
> Hast du Durst? 君は喉がかわいていますか。
>
> Tennis spielen　テニスをする
> Anna und Paul spielen Tennis. アンナとパウルはテニスをします。

all-	代名詞	(定冠詞類) すべての
auf	副詞	開いている
bitte	間投詞	どうか
dein-	代名詞	(不定冠詞類) 君の
(das) Deutschland	中性名詞	(国名) ドイツ
dies-	代名詞	(定冠詞類) この
dort	副詞	あそこ
der Durst	男性名詞	喉のかわき (Durst haben で「喉がかわいている」)
euer-	代名詞	(不定冠詞類) 君たちの
das Fleisch	中性名詞	肉
glauben	動詞	〜⁴ を信じる
groß	形容詞	大きい
ihr-	代名詞	(不定冠詞類) 彼女の，彼らの
Ihr-	代名詞	(不定冠詞類) あなたの，あなた方の
das Industrieland	中性名詞	産業国
interessant	形容詞	面白い
der Iran	男性名詞	(国名) イラン
irgendein-	代名詞	(不定冠詞類) なんらかの
der Japaner	男性名詞	日本人男性
jed-	代名詞	(定冠詞類) どの
jen-	代名詞	(定冠詞類) あの
kein-	冠詞	(不定冠詞類) ひとつもない
langweilig	形容詞	退屈な
die Leute	名詞 (複数形のみ)	人々
manch-	代名詞	(定冠詞類) たくさんの
mein-	代名詞	(不定冠詞類) 私の
die Nachricht	女性名詞	知らせ
der Reisepass	男性名詞	パスポート
der Schlüssel	男性名詞	鍵
die Schweiz	女性名詞	(国名) スイス
sein-	代名詞	(不定冠詞類) 彼の
solch-	代名詞	(定冠詞類) その
stehen	動詞	〜にある，立っている
die Türkei	女性名詞	(国名) トルコ
unser-	代名詞	(不定冠詞類) 私たちの
die USA	名詞 (複数形)	(略語) アメリカ合衆国
welch-	代名詞	(定冠詞類) どの
zeigen	動詞	〜³ に〜⁴ を見せる，示す
zu	副詞	閉まっている

前置詞の格支配

①前置詞も格を支配する

　英語と同じようにドイツ語も前置詞を使って，時間や空間関係を表現します。英語と異なるのは，**前置詞の後に置かれる名詞を格変化させなければならない**ことです。前置詞によって格が決まっていて，このことを**前置詞の格支配**と呼びます。

> 復習しよう！ 動詞の格支配
> （⇒第2課 辞書はとっても便利！）

◆2 格支配　　　　　　　　　　　　　　　　　　　　　　　　　　　🎧 158

anstatt または statt	〜²の代わりに	trotz	〜²にもかかわらず
während	〜²の間に	wegen	〜²のために，〜²が原因で

◆3 格支配　　　　　　　　　　　　　　　　　　　　　　　　　　　🎧 159

aus	〜³から
bei	〜³(人)のところで，〜³のときに
entgegen	〜³に反して
gegenüber	〜³の向かいに
mit	〜³と一緒に，〜³(道具など)を使って
nach	〜³(方向)へ，〜³の後に，〜³によれば
seit	〜³以来
von	〜³から
zu	〜³(人や建物の場所)へ，〜³のために

◆4 格支配

durch	〜⁴を通って	für	〜⁴のために
gegen	〜⁴に対して	ohne	〜⁴なしで
um	〜⁴の周りに		

🎧 160

> 前置詞は文脈によっていろいろな意味をあらわす。日本語の訳に惑わされないように！

例えば aus は次のような用法があります。

空間的な起点
    Mein Chef kommt aus seinem Büro.   上司が彼のオフィスから出てきます。

出身地
    Ich komme aus Japan.   私は日本から来ました。

時間的な起点
    Dieses Bild ist aus dem Mittelalter.   この絵は中世時代のものです。

素材
    Die Puppe ist aus Holz.   この人形は木製です。

> 不特定の物質名詞は無冠詞（⇒第4課 常に冠詞を置くわけではない）

練習問題 1

（   ）の中に入れる冠詞[類]を 1 ～ 4 の中からひとつ選びなさい。

(1) Anna geht aus (   ) Haus.   アンナは家から出て行きます。
    1. das   2. des   3. dem   4. die

(2) Ich fahre jetzt zu (   ) Freund.   私はボーイフレンドのところへ行きます。
    1. mein   2. meines   3. meinem   4. meinen

(3) Wir gehen durch (   ) Park.   私たちは公園を通って行きます。
    1. der   2. des   3. dem   4. den

(4) Takashi fährt mit (   ) Zug nach Osaka.   たかしは列車で大阪へ行きます。
    1. den   2. dem   3. der   4. des

解答は 192 ページ

 解答のヒント

(1) das Haus 中性名詞 家   (2) der Freund 男性名詞 ボーイフレンド
(3) der Park 男性名詞 公園   (4) der Zug 男性名詞 列車

(1) aus は「～³（建物などの中）から」という意味をあらわします。
(2) zu は「～³（人や建物の場所）へ」という方向をあらわします。mein- は所有代名詞なので，不定冠詞類の格変化語尾をつけましょう。
(3) durch は「～⁴（場所などの中）を通って」という意味をあらわします。
(4) ここでの mit は「～³（道具など）を使って」という手段をあらわします。

🔷 後ろに置かれることもある

gegenüber（～^{3} の向かいに），entgegen（～^{3} に反して），entlang（～^{4} に沿って）は名詞の後ろに置かれることが多いです。これらは**後置詞**とも呼ばれます。

> Dem Bahnhof gegenüber finden Sie eine Bäckerei. 🔊 163
>   駅の向かいにあなたは一軒のパン屋を見つけます。
>
> Den Verkehrsregeln entgegen hält ein Auto hier.
>   交通規則に反してここに車が止まっています。
>
> Wir fahren diese Straße entlang.
>   私たちはこの通りにそって（車で）行きます。

前置詞句はひとつの文成分！

entlang が前置される場合には，3 格支配となります。

> Entlang dieser Straße fahren wir. 🔊 164

また nach が「～^{3} によれば」という意味をあらわす場合には後置されることがあります。

> Meiner Meinung nach passt dieser Plan nicht. 🔊 165
>   私の考えでは，この計画は適当ではありません。

🔷 追加語

前置詞句の後ろに副詞が置かれ，意味を強めることもあります。

> Das Radio stört mich von Anfang an. 🔊 166
>   ラジオが最初からずっと私の気に障っています。
>
> Sie sehen die Berge von diesem Fenster aus.
>   ここの窓から山が見えますよ。

他に vorbei（an ～^{3} vorbei：～^{3} の側を通って），hin（auf ～^{4} hin：～^{4} に向かって），herum（um ～^{4} herum：～^{4} の周りに）などがあります。

②位置関係をあらわす前置詞

　上下，左右，前後，内外といった位置関係をあらわす前置詞は，留まっている場所をあらわす場合と，移動する方向をあらわす場合で，支配する格が異なります。これらの前置詞は，**3・4格支配の前置詞**と呼ばれ，**存在する場所をあらわす場合には3格支配**となり，**動作の方向をあらわす場合には4格支配**となります。

◆auf　　　　　　　　　　　　　　　　　　　　　　　　　　🔊 167

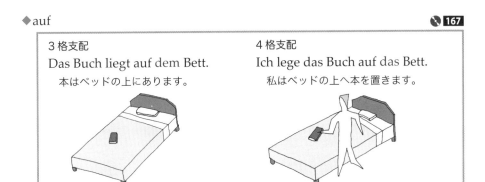

3格支配
Das Buch liegt auf dem Bett.
　本はベッドの上にあります。

4格支配
Ich lege das Buch auf das Bett.
　私はベッドの上へ本を置きます。

◆位置関係をあらわす前置詞　　　　　　　　　　　　　　🔊 168

an そば　　auf 上　　hinter 後ろ　　in 中　　neben 隣り

über 上方　　unter 下　　vor 前　　zwischen 間

（　　）内に入れる冠詞[類]を 1 〜 4 の中からひとつ選びなさい。

(1) Ich sitze auf (　　) Sofa.　私はソファーに座っています。

    1. das　　2. des　　3. dem　　　4. die

(2) Der Kellner stellt das Glas auf (　　) Tisch.

      店員がグラスを机の上へ置きます。

    1. der　　2. des　　3. dem　　　4. den

(3) Ich stelle deinen Koffer hinter (　　) Tür.

      私は君の旅行かばんをドアの後ろへ置きます。

    1. die　　2. der　　3. denen　　4. dem

(4) Wir gehen gern in (　　) Wald.

      私たちは森へ行くのが好きです。

    1. der　　2. des　　3. dem　　　4. den

(5) In (　　) Wohnung ist es sehr kalt.

      私たちの住まいはとても寒いです。

    1. unser　　2. unsere　　3. unserer　　4. unseren

解答は 192 ページ

解答のヒント

(1) das Sofa 中性名詞 ソファー　　(2) der Tisch 男性名詞 机
(3) die Tür 女性名詞 ドア　　　　(4) der Wald 男性名詞 森
(5) die Wohnung 女性名詞 住居，住まい

(1) Sofa（ソファー）は中性名詞で，ここでは場所をあらわしているので3格になります。

(2) テーブルの上への移動があらわされているので，ここでは4格の定冠詞を入れましょう。

(3) hinter では後方への移動があらわされているので4格の定冠詞を入れましょう。

(5) ここでの es は気象などをあらわす非人称代名詞です。場所をあらわすので所有代名詞 unser に女性名詞・3格の語尾をつけます。

② 前置詞の融合形

前置詞は**直後の定冠詞と共にひとつの語であらわす**ことができます。このようなかたちを**前置詞の融合形**と呼びます。融合形には次のようなものがあります。

an dem → am
　Die Kinder sitzen am Tisch.（<an dem Tisch）
　　子供たちは机のそばに座っています。

an das → ans
　Wir fahren ans Meer.（<an das Meer）　私たちは海へ行きます。

bei dem → beim
　Beim Kochen ist das Fenster offen.（<bei dem Kochen）
　　料理のとき，窓は開いています。

> 不定詞 kochen（料理をする）の名詞化したもの！（⇒第２課 名詞の性）

in das → ins
　Wir gehen ins Theater.（<in das Theater）　私たちは劇場に行きます。

in dem → im
　Im Sommer kommt Paul zu mir.（<in dem Sommer）
　　夏にパウルが私のところに来ます。

von dem → vom
　Das Hotel ist weit weg vom Bahnhof.（<von dem Bahnhof）
　　そのホテルは駅から遠いです。

zu der → zur
　Wie komme ich zur Apotheke?（<zu der Apotheke）
　　どうやって薬局へ行けばよいのでしょうか。

zu dem → zum
　Meine Mutter geht heute zum Arzt.（<zu dem Arzt）
　　私の母は今日医者へ行きます。

> ins Theater gehen（劇場に行く），zum Arzt gehen（医者に行く）はよく使う決まった言い回しなので，覚えておこう！

ただし，前置詞の後ろに続く名詞が限定的なものをあらわしているときには，融合形を使うことはできません。

> Wir gehen ins Café.　私たちはカフェに行きます。
>
> Wir gehen in das Café neben dem Bahnhof.
> 　私たちは駅の横にあるカフェに行きます。

🔊 171

🎁 前置詞句の内容を尋ねる疑問文

場所を尋ねる場合には，疑問詞 wo を使いましょう。後ろに -hin をつけると「どこへ」，-her をつけると「どこから」という意味をあらわします。

🔊 172

> Hans wohnt in Berlin.　　ハンスはベルリンに住んでいます。
> 　⇒ Wo wohnt Hans?　　ハンスはどこに住んでいますか。
>
> Hans fährt jeden Tag nach Potsdam.　ハンスは毎日ポツダムへ行きます。
> 　⇒ Wohin fährt Hans jeden Tag?　　ハンスは毎日どこへ行きますか。
>
> Hans kommt aus Leipzig.　ハンスはライプツィヒから来ました（出身です）。
> 　⇒ Woher kommt Hans?　ハンスはどこから来ましたか（出身ですか）。

「誰と一緒に」といったように**前置詞句の中の人について尋ねる場合，疑問詞の前に前置詞**を置きます。

🔊 173

> Anna fährt mit Paul nach Kyoto.　　パウルと一緒にアンナは京都へ行きます。
> 　⇒ Mit wem fährt Anna nach Kyoto?　アンナは誰と京都へ行きますか。

🔊 174

1格	wer
2格	wessen
3格	wem
4格	wen

前置詞句の中の物や事柄について尋ねる場合には【**wo(r)＋前置詞**】を文の最初に置きます。前置詞が母音から始まる場合には，-r- を入れます。

> 母音から始まる前置詞 an, auf, aus, in, über, um, unter では，wo と結びつくときは woran, worauf, woraus, worin, worüber, worum, worunter となる。

🔊 175

Du brauchst ein Auto zum <u>Einkaufen</u>.	君は買い物のために車を必要とします。
⇒ <u>Wozu</u> brauchst du ein Auto?	君は何のために車を必要としますか。

◆ 母音から始まる前置詞の場合　　　**🔊 176**

Du redest immer über <u>Manga</u>.	君はいつも漫画について話します。
⇒ <u>Worüber</u> redest du immer?	君はいつも何について話していますか。

「どの〜」といった種類を尋ねる場合には，名詞の前に welch- を置いて，その前に前置詞を置きましょう。

🔊 177

Mit <u>welchem</u> Zug fährst du nach Dresden?	復習しよう！ welch- は定冠詞類（⇒第4課 定冠詞と同じような格変化をするもの）
君はどの列車でドレスデンへ行きますか。	

決まった動詞や形容詞と使われる前置詞

前置詞は決まった動詞や形容詞と共に用いられ，熟語的な意味をあらわすことがあります。

◆ 動詞　　　**🔊 178**

antworten auf 〜⁴	〜⁴ に答える	beginnen mit 〜³	〜³ から始まる
bestehen aus 〜³	〜³ から成る	danken für 〜⁴	〜⁴ を感謝する
denken an 〜⁴	〜⁴ を思う	fragen nach 〜³	〜³ について尋ねる
lachen über 〜⁴	〜⁴ について笑う	warten auf 〜⁴	〜⁴ を待つ

> 前置詞句は，動詞の目的語のように訳す！

◆ 形容詞　　　**🔊 179**

arm an 〜³	〜³ が乏しい	bekannt mit 〜³	〜³ で知られている
fertig mit 〜³	〜³ を終えている	froh über 〜⁴	〜⁴ について嬉しい
interessant für 〜⁴	〜⁴ にとって興味がある（面白い）		
reich an 〜³	〜³ が豊かである	よく使われる表現はセットで覚えてしまう！	

前頁の例を参考にして，（　　）内に適当な前置詞を入れなさい。

(1) Ich warte hier (　　) meinen Vater.　　　ここで私は父を待っています。

(2) Der Tourist fragt (　　) dem Weg.　　　観光客が道を尋ねます。

(3) Ich danke dir (　　) deine Hilfe.　　　君の助けに感謝しています。

(4) Ich bin (　　) der Arbeit fertig.　　　私は仕事を終えています。

(5) Dieses Buch ist interessant (　　) uns.　　この本は私たちにとって面白いです。

解答は 192 ページ

🗨 解答のヒント

(3) danken は 3 格目的語と共に「（前置詞句の内容について）〜³ に感謝する」という
　　意味をあらわします。

★ 頭の体操！　時間の表現

　時間の表現には，公的な場面と私的な場面で使用される 2 つの種類の表現があります。**公的な場面では，24 時間制で「〜時〜分」とすべて表現するのに対して，私的な場面では，12 時間制で「〜時を〜分過ぎたところ」あるいは「〜時〜分前」といった**表現になります。**「過ぎたところ」という表現には前置詞 nach（〜³ の後に），「〜分前」という表現には前置詞 vor（〜³ の前に）を使います。**

🔊 181

	公的な場面		私的な場面	
14:00	vierzehn Uhr	14 時	zwei (Uhr)	2 時
14:05	vierzehn Uhr fünf	14 時 5 分	fünf nach zwei	2 時 5 分
14:10	vierzehn Uhr zehn	14 時 10 分	zehn nach zwei	2 時 10 分
14:50	vierzehn Uhr fünfzig	14 時 50 分	zehn vor drei	3 時 10 分前
14:55	vierzehn Uhr fünfundfünfzig	14 時 55 分	fünf vor drei	3 時 5 分前

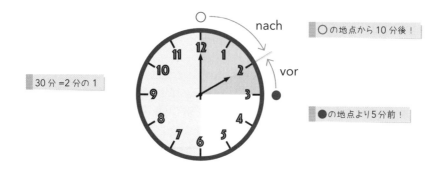

nach

○の地点から 10 分後！

vor

●の地点より 5 分前！

30 分 = 2 分の 1

また私的な表現では，**15 分を「1 時間のうちの 4 分の 1」，30 分を「2 分の 1 ＝半分」**と考えます。例えば，14 時 15 分は「2 時を 4 分の 1 時間過ぎたところ」，14 時 30 分は「3 時まで半時間」といった表現になります。

	公的な場面		私的な場面
14:15	vierzehn Uhr fünfzehn	14 時 15 分	Viertel nach zwei 2 時を 4 分の 1 時間過ぎたところ
14:30	vierzehn Uhr dreißig	14 時 30 分	halb drei　3 時まで半時間
14:45	vierzehn Uhr fünfundvierzig	14 時 45 分	Viertel vor drei 3 時の 4 分の 1 時間前

> 日本語の家族や友達同士の会話では「2 時 5 分前にね！」といった表現を使う感覚と同じ！

「〜時である」という表現には，非人称代名詞の es を主語にします。

Wie viel Uhr ist es jetzt? ／ Wie spät ist es jetzt?　　今何時ですか。 Es ist dreizehn Uhr dreißig. ／ Es ist halb zwei.　　1 時半です。

> 時間を尋ねる表現もひとつじゃない！

　「〜時に」という表現には前置詞 um を，「〜時頃に」という表現には前置詞 gegen を時間表現の前に置きます。「〜時〜分」という表現は，日本語と同じように**【時間の数字－Uhr（時）－分の数字】**の順で読みます。

Der Vortrag beginnt um 13.15 Uhr (= dreizehn Uhr fünfzehn). 　講演は 13 時 15 分に始まります。 Der Chef kommt immer gegen 9 Uhr ins Büro. 　上司はいつも 9 時頃にオフィスにやって来ます。

単語を復習しよう！　　　　🔊 185

an	前置詞	〜³ のそばに，〜⁴ のそばへ
der Anfang	男性名詞	最初
anstatt	前置詞	〜² の代わりに
antworten	動詞	auf 〜⁴ に答える
die Apotheke	女性名詞	薬局
arm	形容詞	an 〜³ が乏しい
auf	前置詞	〜³ の上に，〜⁴ の上へ

aus	前置詞	～³ から
der Bahnhof	男性名詞	駅
beginnen	動詞	mit ～³ から始まる
bei	前置詞	～³ (人) のところで，～³ のときに
bekannt	形容詞	mit ～³ で知られている
bestehen	動詞	aus ～³ から成る
das Bild	中性名詞	絵
danken	動詞	～³ に für ～⁴ を感謝する
denken	動詞	an ～⁴ を思う，考える
(das) Dresden	中性名詞	(都市名) ドレスデン
durch	前置詞	～⁴ を通って
das Einkaufen	中性名詞	買い物
entgegen	後置詞	～³ に反して
entlang	後置詞	～⁴ に沿って
das Fenster	中性名詞	窓
fertig	形容詞	mit ～³ を終えている
fragen	動詞	nach ～³ について尋ねる
der Freund	男性名詞	男性の友だち，ボーイフレンド
froh	形容詞	über ～⁴ について嬉しい
für	前置詞	～⁴ のために，～⁴ にとって
gegen	前置詞	～⁴ に対して，(時間の表現で) ～時頃に
gegenüber	後置詞	～³ の向かいに
das Glas	中性名詞	グラス
herum	副詞	回って，(追加語として um ～⁴ herum で) ～⁴ の周りに
hin	副詞	あちらへ，(追加語として auf ～⁴ hin で) ～⁴ に向かって
hinter	前置詞	～³ の後ろに，～⁴ の後ろへ
das Holz	中性名詞	木
in	前置詞	～³ の中に，～⁴ の中へ
interessant	形容詞	für ～⁴ にとって興味がある (面白い)
das Kochen	中性名詞	料理
kochen	動詞	料理をする
lachen	動詞	über ～⁴ について笑う
legen	動詞	～⁴ を (方向へ) 置く
(das) Leipzig	中性名詞	(都市名) ライプツィヒ
das (der) Manga	中性または男性名詞	漫画
das Meer	中性名詞	海
die Meinung	女性名詞	考え
mit	前置詞	～³ と一緒に，～³ (道具など) を使って
das Mittelalter	中性名詞	中世時代
nach	前置詞	～³ (方向) へ，～³ の後に，～³ によれば
neben	前置詞	～³ の隣りに，～⁴ の隣りへ

前置されるときは 3 格支配

offen	形容詞	開いている
ohne	前置詞	〜⁴ なしで
der Park	男性名詞	公園
passen	動詞	適当である
der Plan	男性名詞	計画
(das) Potsdam	中性名詞	(都市名) ポツダム
die Puppe	女性名詞	人形
das Radio	中性名詞	ラジオ
die Regel	女性名詞	規則
reich	形容詞	an 〜³ が豊かである
seit	前置詞	〜³ 以来
das Sofa	中性名詞	ソファー
spät	形容詞	遅い
statt	前置詞	〜² の代わりに
stören	動詞	〜⁴ の気に障る
stellen	動詞	〜⁴ を (方向) へ置く
das Theater	中性名詞	劇場
der Tisch	男性名詞	机
trotz	前置詞	〜² にもかかわらず
über	前置詞	〜³ の上方に，〜⁴ の上方へ，〜⁴ について
die Uhr	女性名詞	(時間の表現) 〜時
um	前置詞	〜⁴ の周りに，(時間の表現) 〜時に
unter	前置詞	〜³ の下に，〜⁴ の下へ
der Verkehr	男性名詞	交通
die Verkehrsregel	女性名詞	交通規則
das Viertel	中性名詞	4 分の 1
von	前置詞	〜³ から
vor	前置詞	〜³ の前に，〜⁴ の前へ
vorbei	副詞	通り過ぎて，(追加語として an 〜³ vorbei で) 〜³ の側を通って
der Vortrag	男性名詞	講演
während	前置詞	〜² の間に
warten	動詞	auf 〜⁴ を待つ
weg	副詞	離れている
wegen	前置詞	〜² のために，〜² が原因で
weit	形容詞	遠い
woher	疑問副詞	どこから
wohin	疑問副詞	どこへ
wohnen	動詞	住んでいる
zu	前置詞	〜³ (人や建物の場所) へ，〜³ のために
zwischen	前置詞	〜³ の間に，〜⁴ の間へ

動詞の前つづり

ドイツ語の動詞には，前つづりと呼ばれるものがあります。動詞と結びつき，新たな動詞を作り出します。前つづりには，分離するものと，分離しないものがあり，**分離する前つづりと結びついた動詞を分離動詞，分離しない前つづりと結びついた動詞を非分離動詞**と呼びます。

◆分離する前つづり

ab-	an-	auf-	aus-	bei-	ein-	her-	hin-
mit-	nach-	teil-	vor-	weg-	zu-	zurück-	

◆分離動詞

分離動詞を発音するときは，分離前つづりの母音にアクセントを置きます。

🔊 186

aḅ|fahren	出発する	aṇ|kommen	到着する
auf|stehen	立ち上がる，起床する	aus|gehen	外出する
beị|bringen	〜³に〜⁴を教える		

覚えた前置詞と同じものがある？

◆分離しない前つづり

be-	ent-	ge-	ver-	emp-	er-	miss-	zer-

◆非分離動詞

非分離動詞を発音するときは，前つづりは弱く発音し，後ろの動詞の語幹にある母音（幹母音）にアクセントを置きます。

🔊 187

bekọmmen	〜⁴を受け取る	entschụldigen	〜⁴を許す
gefạllen	〜³の気に入る	empfẹhlen	〜³に〜⁴を勧める
erklạ̈ren	〜⁴を説明する		

2 分離動詞を使った文

分離動詞を使って文を作るときは，まずは主語の人称と数に合わせて動詞を変化させましょう。**分離させた前つづりは，文の一番後ろ**に置きます。

復習しよう！ 動詞の現在人称変化
（⇒第1課 動詞のかたちを変化させる）

参照！（⇒第7課 枠構造と
いう文のかたち）

 188

---

ab|fahren 出発する

定動詞は2番目！

文成分▷　　　**1**　　**2**　　文の最後
Der Zug **fährt** bald ab.　列車はまもなく出発します。

an|kommen 到着する

文成分▷　　**1**　　　**2**　　　　　　　　文の最後
Wir **kommen** morgen Abend in Wien an.
私たちは明日の夜ウィーンに到着します。

auf|stehen 起床する

文成分▷　**1**　　**2**　　　　　　　文の最後
Ich **stehe** immer um 7 Uhr auf.　私はいつも7時に起きます。

「はい」，「いいえ」の答えを尋ねる決定疑問文では，定動詞を文の一番前に置き，前つづりは最後に置きましょう。

復習しよう！（⇒第1課 疑問文）　 189

文成分▷　**1**　　　　**2**　　文の最後
Fährt der Zug bald ab?　列車はまもなく出発しますか。

文成分▷　**1**　　**2**　　　　　　　　文の最後
Kommt ihr morgen Abend in Wien an?
君たちは明日の夜ウィーンに到着しますか。

文成分▷　**1**　　**2**　　　　　　文の最後
Stehst du immer um 7 Uhr auf?　君はいつも7時に起きますか。

（　　）の中の語を使って，文を作りなさい。

(1) マリアは子供たちに服を着せます。

　　（Maria マリアは／ ihre Kinder 彼女の子供たちに／ an｜ziehen 〜⁴に服を着せる）

(2) 私は幼稚園で娘をあずけます。

　　（ich 私は／ meine Tochter 私の娘を／ im Kindergarten 幼稚園で／

　　ab｜geben 〜⁴を渡す，あずける）

(3) 叔母がケーキを持ってきます。

　　（meine Tante 私の叔母が／ einen Kuchen ケーキを／ mit｜bringen 〜⁴を持ってくる）

(4) たかしは私たちを車で迎えにきます。

　　（Takashi たかしは／ uns 私たちを／ mit dem Wagen 車で／ ab｜holen 〜⁴を迎えにくる）

(5) 君はいつ席を片付けますか。

　　（wann いつ／ du 君は／ deinen Platz 君の席を／ auf｜räumen 〜⁴を片付ける）

🧩 解答は 192 ページ

💭 解答のヒント

(1) an｜ziehen は人を 4 格目的語として「〜⁴に（服などを）着せる」という意味の他に，
身につけるものを 4 格目的語として「〜⁴を身につける」という意味もあらわします。Ich ziehe die Jacke an. 私は上着を着ます。

(2) **im は，前置詞 in と dem の融合形**です。Kindergarten は男性名詞で，ここでは
場所をあらわすので，3 格となっています。

(3) mit｜bringen は「〜⁴（おみやげなど）を持ってくる」という表現の他に，人を 4 格
目的語として「〜⁴を連れてくる」という表現をすることもできます。Ich bringe
einen Freund zum Essen mit. 私はある友人を食事に連れてきます。

(4) ここでの**前置詞 mit は手段**をあらわし「車で」という意味になります。Wagen（車）
は男性名詞で，mit は 3 格支配の前置詞なので，3 格形 dem になっています。

(5) **疑問詞を使った疑問文では定動詞を 2 番目**に置きます。

③ 非分離動詞を使った文

非分離動詞を使って文を作るときは，他の動詞と同じように，動詞を人称変化させて2番目に置きましょう。

> bekommen　〜⁴を受け取る
>
> 文成分〉　**1**　　　　**2**
> Maria bekommt ein Paket.　　マリアは小包を受け取ります。
>
>
> gefallen　〜³の気に入る
>
> 文成分〉　**1**　　　　**2**
> Der Film gefällt mir sehr.　　私はその映画をとても気に入っています。
>
> > gefallen は物などが主語となって，「〜³（人）の気に入る」という意味になります。
>
> erklären　〜⁴を説明する
>
> 文成分〉　**1**　　　　　　**2**
> Meine Lehrerin erklärt sehr gut.　　私の先生はとても上手に説明します。

練習問題2

〈　　〉内の動詞を適切なかたちにして（　　）の中に入れなさい。非分離動詞の場合は（　　）の中に × を入れること。

(1) Wann (　　　) du immer (　　)?〈aufstehen〉 君はいつも何時に起きますか。

(2) Ich (　　　) ein Flugticket (　　). 〈bestellen〉　私は航空券を予約します。

(3) (　　) du mich (　　)?〈verstehen〉　　君は私のことを理解していますか。

(4) Wann (　　　) Sie nach Deutschland (　　)?〈zurückkommen〉
　　　あなたはいつドイツに戻ってきますか。

(5) Der Alkohol (　　　) seine Gesundheit (　　). 〈zerstören〉
　　　酒が彼の健康を台無しにします。

解答は 192 ページ

解答のヒント

(2) bestellen は「〜⁴を予約する」，「〜⁴を注文する」といった意味をあらわします。
　　ein Glas Bier bestellen グラス一杯のビールを注文する

(3) verstehen は「〜⁴を理解する」の他に，「〜⁴を聞き取ることができる」，「〜⁴がわかる」といった意味をあらわします。

◆ 分離するときと分離しないときがある前つづり

分離動詞と非分離動詞の両方を作ることができる前つづりがあります。

> durch-　hinter-　über-　um-　unter-　voll-　wider-　wieder-

前つづりと動詞が同じ組み合わせであっても，分離動詞と非分離動詞ではあらわされる意味が異なります。またアクセントの位置も異なり，**分離動詞の場合には，前つづりにある母音**に，**非分離動詞の場合には，後ろの動詞の語幹にある母音（幹母音）**にアクセントを置きます。

◆ 前つづり durch　　　　　　　　　　　　　　　　　　　　　　🔊 193

> 分離動詞　　durch|fahren　通過する
> Der Zug **fährt** in Hameln durch.
> 　　この列車はハーメルンを（停車せずに）通過します。
>
> 非分離動詞　durchfahren　〜⁴ を周遊する
> Wir durchfahren ganz Europa.　私たちはヨーロッパ中を旅行して回ります。

練習問題 3　　　　　　　　　　　　　　　　　　　　　　　　🔊 194

次の動詞をアクセントに注意して発音しなさい。

	分離動詞	非分離動詞
(1) über-	über|setzen 〜⁴ を船で対岸に渡す	übersetzen 〜⁴ を訳す
(2) um-	um|fahren （乗り物などをぶつけて）〜⁴ を倒す	umfahren 〜⁴ の周囲を回る
(3) wieder-	wieder|holen 〜⁴ を再び取り戻す	wiederholen 〜⁴ を繰り返す
(4) unter-	unter|nehmen 〜⁴ を脇の下に抱える	unternehmen 〜⁴ を企てる
(5) voll-	voll|packen 〜⁴ をいっぱいに詰め込む	vollenden 〜⁴ を完成する

ab｜fahren	動詞	出発する
ab｜geben	動詞	～⁴を渡す，あずける
ab｜holen	動詞	～⁴を迎えにくる
der Alkohol	男性名詞	酒，アルコール
an｜kommen	動詞	到着する
an｜ziehen	動詞	～⁴に（服などを）着せる，～⁴を身につける
auf｜räumen	動詞	～⁴を片付ける
auf｜stehen	動詞	立ち上がる，起床する
aus｜gehen	動詞	外出する
bald	副詞	まもなく
bei｜bringen	動詞	～³に～⁴を教える
bekommen	動詞	～⁴を受け取る
bestellen	動詞	～⁴を予約する，～⁴を注文する
durch｜fahren	動詞	通過する
durchfahren	動詞	～⁴を周遊する
empfehlen	動詞	～³に～⁴を勧める
entschuldigen	動詞	～⁴を許す
erklären	動詞	～⁴を説明する
das Europa	中性名詞	（地域名）ヨーロッパ
der Film	男性名詞	映画
der Flug	男性名詞	航空便
das Flugticket	中性名詞	航空券
ganz	副詞	全～，全く
gut	副詞	上手に
(das) Hameln	中性名詞	（都市名）ハーメルン
der Kindergarten	男性名詞	幼稚園
der Kuchen	男性名詞	ケーキ
mit｜bringen	動詞	～⁴（おみやげなど）を持ってくる，～⁴を連れてくる
morgen	副詞	明日
das Paket	中性名詞	小包
der Platz	男性名詞	席
die Tante	女性名詞	叔母
das Ticket	中性名詞	券，チケット
die Tochter	女性名詞	娘
über｜setzen	動詞	～⁴を船で対岸に渡す
übersetzen	動詞	～⁴を訳す，～⁴を翻訳する
um｜fahren	動詞	（乗り物などをぶつけて）～⁴を倒す
umfahren	動詞	～⁴の周囲を回る
unter｜nehmen	動詞	～⁴を脇の下に抱える
unternehmen	動詞	～⁴を企てる

verstehen	動詞	〜⁴を理解する，〜⁴を聞き取ることができる，〜⁴がわかる
vollenden	動詞	〜⁴を完成する
voll｜packen	動詞	〜⁴をいっぱいに詰め込む
wieder｜holen	動詞	〜⁴を再び取り戻す
wiederholen	動詞	〜⁴を繰り返す
(das) Wien	中性名詞	(都市名)ウィーン
zerstören	動詞	〜⁴を台無しにする，破壊する
zurück｜kommen	動詞	(場所に)戻ってくる

Wien　Blick vom Stephansdom

Darmstadt   Blick auf die Wohnanlage „Waldspirale" von Hundertwasser

話法の助動詞

　動詞の不定詞と共に，その意味に能力や可能，許可，義務，意志などの意味を加える助動詞のことを**話法の助動詞**と呼びます。ドイツ語には，**können（英語 can），dürfen（英語 may），müssen（英語 must），sollen（英語 shall），wollen（英語 will），mögen（英語 may）の 6 つの種類の話法の助動詞**があります。それぞれ主語の数と人称に応じて，次のような変化をします。

🔊 196

	können	dürfen	müssen	sollen	wollen	mögen
	能力・可能 〜できる	許可 〜してもよい	義務 〜しなければならない	助言(第3者の) 〜すべきである	計画・意志 〜するつもりである	推量 〜かもしれない
ich	**kann**	**darf**	**muss**	**soll**	**will**	**mag**
du	**kannst**	**darfst**	**musst**	**sollst**	**willst**	**magst**
er/sie/es	**kann**	**darf**	**muss**	**soll**	**will**	**mag**
wir	können	dürfen	müssen	sollen	wollen	mögen
ihr	könnt	dürft	müsst	sollt	wollt	mögt
sie	können	dürfen	müssen	sollen	wollen	mögen
Sie	können	dürfen	müssen	sollen	wollen	mögen

> 単数（ich, du, er, sie, es）のかたちだけ注意すれば，他はこれまで習った人称変化形と同じく語尾を変化させるだけ！

 枠構造という文のかたち

　話法の助動詞を使った文では，動詞の不定詞を文の一番後ろに置きます。ドイツ語では，**文の最後には定動詞と結びつきが強い語が置かれる**慣習があります。この語順が**文の中に枠を作っていると考えられ，これを枠構造と呼びます。**

> 助動詞の直後に動詞を置く英語とは異なるので注意！

🔊 197

文成分 **1**　**2**　　　　　　文の最後
Ich〔kann Englisch sprechen〕.　　私は英語を話すことができます。

文成分 **1**　**2**　　　文の最後
Hier〔darf man rauchen〕.　　ここでたばこを吸ってもよいです。

文成分 1　　2　　　　　　　　　　　　文の最後
Du〔musst heute früh ins Bett gehen〕.
　君は今日早く寝ないといけません。

> ins Bett gehen は直訳すると「ベッドの中へ行く」となりますが、「寝る」という意味で慣用的に使われる。

文成分 1　　2　　　　　　　　　　　　文の最後
Man〔soll jeden Tag eine Stunde laufen〕.
　毎日1時間は歩くと良いです（歩くべきだ）。

> ● jeden Tag と eine Stunde は時をあらわす副詞的4格。
> ● laufen は「（レースなどで）走る」という意味以外に「徒歩で行く」という gehen と同じ意味でも使用される。

文成分 1　　　　　2　　　　　　　　　文の最後
Am Sonntag〔will ich ans Meer fahren〕.
　私は日曜日海へ行くつもりです。

> ins < in das, ans < an das 復習しよう！（⇒第5課 前置詞の融合形）

文成分 1　　2　　　　　　　　　　文の最後
Paul〔mag dreißig Jahre alt sein〕.
　パウルは30歳かもしれません。

> ~Jahre alt は英語の years old と同じ。

文成分 1　　2　　　　　　　　　文の最後
Ich möchte nach München fahren.
　（駅の窓口などで）私はミュンヘンへ行きたいのですが。

> mögen は möchten というかたちで「〜したいのですが」というへりくだった丁寧な表現で使われることが多い。日常的によく使われる表現なのでマスターしよう！

◆ möchten の人称変化形

ich	möchte
du	möchtest
er/sie/es	möchte
wir	möchten
ihr	möchtet
sie	möchten
Sie	möchten

参照！⇒第18課 接続法Ⅱ式　　🔊 198

練習問題 1　　🔊 199

〈　　〉内の話法の助動詞を人称変化させて（　　　）の中に入れなさい。

(1) Anna（　　　）auch an diesem Samstag arbeiten.〈müssen〉
　　アンナはこの土曜日も働かなければなりません。

(2) （　　　）ihr Auto fahren?〈können〉　君たちは車を運転することができますか。

(3) Mein Mann（　　　）auch mitkommen.〈wollen〉
　　私の夫も一緒に来るつもりです。

> 分離動詞の不定詞のかたち。前つづりは離して書かない。

(4) （　　　）ich eine Frage stellen?〈dürfen〉　お尋ねしてもいいですか。

(5) Du（　　　）am Schalter fragen.〈sollen〉　君は窓口で尋ねた方がよいです。

🌸 解答は192ページ

⑵ 決定疑問文では定動詞を文の最初に置きましょう。ここでは話法の助動詞を文頭に置きます。

⑷ eine Frage stellen は直訳すると「質問を立てる」となりますが，「質問をする」という表現になります。

⑸ Schalter（駅や役所などの窓口）は男性名詞で，ここでは3格となります。場所をあらわす前置詞 an との融合形 am（< an dem）が使われています。

📦 話法の助動詞の 2 つの用法

話法の助動詞の用法は，**客観的用法と主観的用法**に分類することができます。**主観的用法は，話し手の推測が込められた表現**です。

	客観的用法	主観的用法
können	〜できる	〜かもしれない
müssen	〜しなければならない	〜に違いない
sollen	〜すべきである	〜だそうだ

🔊 200

können	
Hans kann krank sein.	ハンスは病気かもしれません。
müssen	
Paul muss jetzt zu Hause sein.	パウルは今家にいるに違いありません。
sollen	
Hans soll krank sein.	ハンスは病気だそうです。

> zu Hause sein で「家にいる」という慣用的な表現！ Hause の語尾は昔のドイツ語の名残り。昔のドイツ語は中性名詞の3格形に -e をつけた。

📦 不定詞がなくても表現できる

話法の助動詞は不定詞を伴わずに，単独で用いられることもあります。

🔊 201

Ich kann Englisch.	私は英語ができます（英語を話すことができます）。
Darf ich zu dir?	君のところへ行ってもいいですか。
Paul muss heute zum Zahnarzt.	パウルは今日歯医者へ行かなければなりません。
Was soll das?	それはどういうことですか。
Ich will jetzt nicht.	今はいやです。

> 会話の中で，意味が補える場合は，不定詞まで表現しなくてもいい！

> 復習しよう！ 指示代名詞 das（⇒第3課 先行する名詞や文の内容を受ける es）

| Anna mag Kaffee. | アンナはコーヒーが好きです。 | mögen が単独で用いられるときは英語の like と同じ「～⁴を好む」という意味になる。 |

 その他の枠構造

話法の助動詞の他にも，枠構造と同じように動詞と強い結びつきをもつ語は文の一番後ろに置かれます。決まった動詞と結びつく語句など慣用的な表現は枠構造で文が作られます。

🔊 202

Tennis spielen テニスをする

〔文成分〕 1　　2　　　　　　　文の最後
　　Paul〔spielt heute Tennis〕.　　パウルは今日テニスをします。

Klavier spielen ピアノを弾く

〔文成分〕 1　　2　　　　　　　文の最後
　　Anna〔spielt gern Klavier〕.　　アンナはピアノを弾くのが好きです。

ins Theater gehen　劇場に行く

〔文成分〕 1　　2　　　　　　　　　　文の最後
　　Wir〔gehen heute Abend ins Theater〕.　私たちは今日の夜劇場に行きます。

auf ～⁴ warten　～⁴を待つ

〔文成分〕 1　　2　　　　文の最後
　　Sie〔warten hier auf dich〕.　　彼らはここで君を待ちます。

🔷 枠構造の文の否定表現

このような枠構造をもつ文を全文否定するときには，**文の最後に置かれる語句の直前に否定詞 nicht を置きます**。

分離動詞を使った文も枠構造のかたち！

◆ 分離動詞

🔊 203

前つづりの直前
　　Mein Mann kommt heute **nicht** mit.　私の夫は今日一緒に来ません。

復習しよう！ 否定詞 nicht の表現（⇒第4課 否定の表現）

部分否定のときは，否定する語の直前に nicht を置く
　　Mein Mann kommt **nicht** heute mit.　私の夫は今日は一緒に来ません（明日は来る？）。

◆話法の助動詞 204

> **不定詞の直前**
>
> Mein Mann kann heute **nicht** mitkommen.
>
> 私の夫は今日一緒に来ることができません。

◆慣用的表現 204 205

> **目的語の直前**
>
> Paul spielt heute **nicht** Tennis.　パウルは今日テニスをしません。
>
> **前置詞句の直前**
>
> Wir gehen heute Abend **nicht** ins Theater.
>
> 私たちは今日の夜劇場に行きません。
>
> Sie warten hier **nicht** auf dich.　彼らはここで君を待ちません。

練習問題 2 　206

次の文を，nicht を使った全文を否定する文に書き換えなさい。

(1) Hier darf man rauchen.　　　　　　　ここでたばこを吸ってもよいです。

(2) Ich gehe ins Bett.　　　　　　　　　私は寝ます。

(3) Du musst jetzt ins Bett gehen.　　　　君は今寝なければなりません。

(4) Anna fährt mit dem Auto.　　　　　　アンナは車で行きます。

(5) Ich kann morgen mit dem Auto fahren.　私は明日車で行くことができます。

解答は 193 ページ

解答のヒント

(1) dürfen は「〜してもよい」という許可の意味をあらわすので，**否定文になると「〜してはいけない」という禁止の意味**をあらわします。

(2) ins Bett は動詞 gehen と結びついた前置詞句と考えるので，nicht は ins Bett の直前に置きましょう。

(3) 義務の意味をあらわす **müssen の否定表現は「必ずしも〜しなくてよい」**という表現になります。ここでは「君は今寝なくてもよい」という意味になります。

(4),(5) (3) と同じように前置詞句 mit dem Auto は動詞 fahren と結びついていると考えます。

他にも不定詞と共に助動詞として使われる動詞があります。これらは話法の助動詞と同じように不定詞と枠構造を作ります。

①未来・推量の助動詞 werden

　ドイツ語では，**現在の表現に未来の時点をあらわす副詞を加えることで，未来の事柄を表現する**ことができます。　　　　　　　　　　　　　　　　　　🔊 **207**

Wir fahren morgen ab.　私たちは明日旅立ちます。

　しかし，また**助動詞 werden を使って未来の事柄を表現する**こともできます。この表現には**約束や意志，推測の意味がつけ加えられます。**　　　　　　🔊 **208**

約束	Dieses Thema werden wir heute Abend noch einmal besprechen. 　　このテーマについて，私たちは今日の夜もう一度話し合いましょう。
意志	Ich werde dich sicher wieder besuchen. 　　私はきっと再び君を訪ねるつもりです。
推測	Anna wird heute nicht zu uns kommen. 　　アンナは今日我々のところには来ないでしょう。

②使役の助動詞 lassen（英語 let）

　動詞 lassen は 4 格目的語と不定詞と共に「～^{4} に～させる」という使役の意味をあらわします。使役といっても，他者に強制的に動作を強いるものではなく，文脈によっては日本語の「～してもらう」といった訳にあたる場合や，許可や放置といった意味がつけ加えられます。　　　　　　　　　　　　　　　　　　🔊 **209**

使役	4 格目的語　　　　　　　　　　不定詞 Ich lasse die Waschmaschine vom Hausmeister reparieren. 　　私は洗濯機を管理人に修理してもらいます。
許可	4 格目的語　　　　　　　不定詞 Mein Vater lässt mich in Deutschland studieren. 　　私の父は私をドイツで学ばせます。

	4格目的語		不定詞
放置　Maria lässt ihre Kinder draußen spielen.

　　　マリアは子供たちを外で遊ばせています（遊ばせたままにしている）。

ich	lasse
du	lässt
er/sie/es	lässt
wir	lassen
ihr	lasst
sie	lassen
Sie	lassen

▌lassen は不規則な変化をする動詞！　　　　🔊 210

③知覚動詞

lassen と同じように動詞 sehen（～⁴ が見える）や hören（～⁴ が聞こえる）も 4 格目的語と不定詞と共に「～⁴ が～するのが見える／聞こえる」といった意味をあらわします。

🔊 211

　　　　4格目的語　　　　　　　　不定詞
Ich sehe Anna mit dem Fahrrad fahren.

　私はアンナが自転車に乗っていくのが見えます。

　　　　　　　　4格目的語　不定詞
Hier hört man Autos fahren.　ここは車が走る音が聞こえます。

alt	形容詞	年とった，〜歳の，古い
auch	副詞	〜もまた
besprechen	動詞	〜⁴ について話し合う
besuchen	動詞	〜⁴ を訪ねる
draußen	副詞	外で
dürfen	動詞	(許可をあらわす話法の助動詞) 〜してもよい
einmal	副詞	一度
(das) Englisch	中性名詞	(言語名) 英語
das Fahrrad	中性名詞	自転車
früh	副詞	早くに
der Hausmeister	男性名詞	管理人
hören	動詞	(知覚動詞) 〜⁴ が〜するのが聞こえる
das Jahr	中性名詞	年，〜歳
der Kaffee	男性名詞	コーヒー
das Klavier	中性名詞	ピアノ
können	動詞	(能力・可能をあらわす話法の助動詞) 〜できる，(主観的用法で) 〜かもしれない
krank	形容詞	病気である
lassen	動詞	(使役の助動詞) 〜⁴ に〜させる
laufen	動詞	歩く
die Maschine	女性名詞	機械
mit｜kommen	動詞	一緒に来る
möchten	動詞	(丁寧な願望をあらわす話法の助動詞) 〜したいのですが
mögen	動詞	(推測をあらわす話法の助動詞) 〜かもしれない
(das) München	中性名詞	(都市名) ミュンヘン
müssen	動詞	(義務をあらわす話法の助動詞) 〜しなければならない，(主観的用法で) 〜に違いない
noch	副詞	まだ (noch einmal もう一度)
rauchen	動詞	たばこを吸う
reparieren	動詞	〜⁴ を修理する
der Schalter	男性名詞	(役所や駅などの) 窓口
sehen	動詞	(知覚動詞) 〜⁴ が〜するのが見える
sicher	副詞	きっと
sollen	動詞	(助言をあらわす話法の助動詞) 〜すべきである，(主観的用法で) 〜だそうだ
die Stunde	女性名詞	(時間の単位) 時間
die Waschmaschine	女性名詞	洗濯機
werden	動詞	(未来・推量をあらわす助動詞) 〜するつもりだ，〜だろう
wieder	副詞	再び
wollen	動詞	(計画・意志をあらわす話法の助動詞) 〜するつもりである
der Zahnarzt	男性名詞	歯医者

第8課　動詞の過去人称変化

1 過去の事柄を表現する

①動詞の過去基本形

過去の事柄を表現するためには，動詞の過去基本形を使います。過去基本形は**動詞の語幹と語尾 -te** から成ります。

lern|te
学ぶ

lern-	+	-te
語幹	+	**語尾**

🧩 213

不定詞		語幹	過去基本形
lern|en	学ぶ	lern-	lern|te
spiel|en	遊ぶ	spiel-	spiel|te
mach|en	〜⁴をする	mach-	mach|te
arbeit|en	仕事する	arbeit-	arbeite|te
red|en	話す	red-	rede|te
telefonier|en	電話する	telefonier-	telefonier|te

> tとt, dとtの音が
> 重ならないようにe
> を入れましょう!

練習問題 1

🧩 214

次の動詞の過去基本形を作りなさい。

(1) kaufen 買う　　(2) sagen 言う　　(3) suchen 探す

(4) regnen 雨が降る　　(5) probieren 試す

🧩 解答は 193 ページ

🔹語幹の母音が変わる不規則動詞

過去基本形では語幹にある母音（幹母音）が変わる動詞があります。これらの動詞は**不規則動詞**と呼ばれます。

◆過去基本形の語尾に -te がつかない動詞

🧩 215

不定詞		語幹	過去基本形	幹母音の変化型
bitten	〜⁴に頼む	bitt-	bat	i → a
finden	〜⁴を見つける	find-	fand	

schwimmen	泳ぐ	schwimm-	schwamm	i → a
sitzen	座る	sitz-	saß	
trinken	〜⁴を飲む	trink-	trank	
essen	食べる	ess-	aß	e → a
helfen	〜³を助ける	helf-	half	
lesen	読む	les-	las	
sprechen	話す	sprech-	sprach	
gehen	行く	geh-	ging	e → i
schlafen	寝る	schlaf-	schlief	a → ie
fahren	行く	fahr-	fuhr	a → u
schaffen	〜⁴を作り出す	schaff-	schuf	
laufen	走る	lauf-	lief	au → ie
heißen	〜という名前である	heiß-	hieß	ei → ie
rufen	〜⁴を呼ぶ	ruf-	rief	u → ie
tun	〜⁴をする	tu-	tat	u → a
kommen	来る	komm-	kam	o → a

◆ 過去基本形の語尾に -te がつく動詞　

denken	考える	denk-	dachte	e → a
kennen	〜⁴を知っている	kenn-	kannte	
bringen	〜³のところに〜⁴を持ってくる	bring-	brachte	i → a
wissen	〜⁴を知っている	wiss-	wusste	i → u

　すべての不規則動詞のかたちを覚えることは大変です。巻末にある不規則変化表で過去基本形を確認するようにしましょう。

> 不規則動詞の場合，ほぼすべての辞書に過去基本形が記載されている！

　sein, haben, werden などの重要な動詞や話法の助動詞はよく使われるのでマスターしましょう。

🔊 **217**

sein	war
haben	hatte
werden	wurde
können	konnte
dürfen	durfte
müssen	musste
sollen	sollte
wollen	wollte
mögen	mochte

②過去基本形を使って文を作る

　文を作るときには，現在の表現のときと同じように動詞を人称変化させなければなりません。過去基本形に人称語尾をつけることを**動詞の過去人称変化**と呼びます。**過去基本形に人称変化語尾をつけた語が定動詞**となります。

現在人称変化では不定詞が基本形ということ！

🔊 218

		過去基本形	lernte	
単数	1 人称	ich	lernte	-
	2 人称	du	lerntest	-st
	3 人称	er/sie/es	lernte	-
複数	1 人称	wir	lernten	-n
	2 人称	ihr	lerntet	-t
	3 人称	sie	lernten	-n
敬称	2 人称	Sie	lernten	-n

単数1人称と3人称には語尾がつかない！

練習問題2

🔊 219

次の文を過去の表現に書き換えなさい。

過去の表現でも**定動詞2番目の原則**は変わらない！

(1) Es regnet.　　　　　　　雨が降ります。

(2) Du fragst mich.　　　　君は私に質問をします。

(3) Ben arbeitet fleißig.　　ベンは一生懸命に働きます。

(4) Wir kaufen Fahrkarten.　私たちは切符を買います。

(5) Ihr kocht.　　　　　　君たちは料理をします。

解答は 193 ページ

分離動詞と非分離動詞を使った過去の表現

　分離動詞と非分離動詞は，後ろの動詞を過去基本形のかたちにしましょう。分離動詞は，現在の表現と同じように文を作るときには，**前つづりが分離して文の最後**に置かれます。

◆分離動詞

不定詞		過去基本形
ab|fahren	出発する	fuhr...ab
an|kommen	到着する	kam...an
teil|nehmen	参加する	nahm...teil

🔊 220

🔊 221

Der Zug fuhr ab.	列車は出発しました。
Wir kamen in Wien an.	私たちはウィーンに到着しました。
Takashi nahm damals an dem Deutschkurs teil.	
たかしは当時そのドイツ語コースに参加しました。	

◆非分離動詞

不定詞		過去基本形
bekommen	〜⁴を受け取る	bekam
versprechen	〜⁴を約束する	versprach
zerbrechen	〜⁴を割って粉々にする	zerbrach

🔊 222

🔊 223

Jedes Kind bekam ein Buch.	どの子供も 1 冊の本を受け取りました。
Mein Vater versprach mir Hilfe.	父は私に援助を約束しました。
Mein Sohn zerbrach dieses Glas.	息子がこのグラスを割りました。

③ 過去形を使う表現

　英語とは異なり，ドイツ語では**日常的な場面においてあまり過去形は使われません**。過去形は，**小説や物語など現在とは無関係の過去の事柄をあらわすとき**に使われます。しかし **sein や haben, werden, 話法の助動詞**では日常的な場面においても**過去形**が使われる傾向があります。

🔊 224

物語の書き出し
Es war einmal ein Mädchen.　昔々ある女の子がいました。

🔊 225

sein
Ich war schon ein Jahr in Deutschland.　私はすでにドイツに 1 年いました。

haben
Wir hatten nicht genug Geld.　私たちは十分にお金がありませんでした。

werden
Es wurde bald dunkel.　すぐに暗くなりました。

🔊 226

話法の助動詞
Ich musste schnell zum Supermarkt gehen.
　　私は急いでスーパーマーケットに行かなければなりませんでした。

Emma wollte Ski fahren.
　　エマはスキーをしたがりました。

damals	副詞	当時
der Deutschkurs	男性名詞	ドイツ語コース
einmal	副詞	昔（Es war einmal... で物語りの書き出し）
die Fahrkarte	女性名詞	列車の切符
fragen	動詞	～⁴ に尋ねる
genug	副詞	十分に
das Jahr	中性名詞	（年月日の）年
kaufen	動詞	～⁴ を買う
kochen	動詞	料理する
machen	動詞	～⁴ をする
probieren	動詞	～⁴ を試す
rufen	動詞	～⁴ を呼ぶ
sagen	動詞	～⁴ を言う
schaffen	動詞	～⁴ を作り出す
schnell	副詞	急いで，早く
schwimmen	動詞	泳ぐ
der Ski	男性名詞	スキー（Ski fahren でスキーをする）
suchen	動詞	～⁴ を探す
der Supermarkt	男性名詞	スーパーマーケット
telefonieren	動詞	電話する
teil｜nehmen	動詞	an ～³ に参加する
versprechen	動詞	～³ に～⁴ を約束する
zerbrechen	動詞	～⁴ を割って粉々にする

1 過去分詞形

　過去分詞形は，**完了の助動詞 sein や haben と共に**完了の表現を作ります。過去分詞のかたちは，**動詞の語幹の前後に ge- と -t** をつけます。

🔊 **228**

不定詞		語幹	過去分詞
lern|en	学ぶ	lern-	ge|lern|t
spiel|en	遊ぶ	spiel-	ge|spiel|t
mach|en	〜⁴をする	mach-	ge|mach|t
arbeit|en	仕事する	arbeit-	ge|arbeit**e**|t
red|en	話す	red-	ge|red**e**|t

> ● 不定詞と過去基本形と過去分詞形は，**動詞の3基本形**と呼ばれる！
> ● 過去基本形のときと同じく，t-と-t，d-と-tの音が重ならないようにeを入れる！

練習問題 1　　　　　　　　　　　　　　　　　🔊 **229**

次の動詞の過去分詞形を作りなさい。

(1) kaufen 買う　　　(2) sagen 言う　　　(3) suchen 探す

(4) regnen 雨が降る　(5) fragen 尋ねる

　　　　　　　　　　　　　　　　　　🧩 解答は 193 ページ

🔹**ge- がつかない過去分詞形**

　-ieren で終わる動詞や非分離動詞など後ろにアクセントを置く動詞の過去分詞形には ge- がつきません。

🔊 **230**

不定詞		語幹	過去分詞
telefonier|en	電話する	telefonier-	telefonier|t
bearbeit|en	〜⁴を加工する	bearbeit-	bearbeit**e**|t
entdeck|en	〜⁴を発見する	entdeck-	entdeck|t

🔹**分離動詞は前つづりと動詞の間に -ge- を挟む**

　分離動詞の過去分詞形は，前つづりと動詞の間に -ge- を挟みます。

🔊 **231**

不定詞		語幹	過去分詞
aus|arbeiten	〜⁴を仕上げる	arbeit-	aus|ge|arbeit**e**|t
ein|kaufen	〜⁴を買い入れる	kauf-	ein|ge|kauf|t
mit|machen	〜⁴に参加する	mach-	mit|ge|mach|t

> 動詞の過去分詞形に前つづりがついたかたち！

次の動詞の過去分詞形を作りなさい。

(1) probieren 試す　　(2) erlauben 許可する　　(3) auf|räumen 片付ける

(4) verkaufen 売る　　(5) vor|legen 提示する

🧩 解答は 193 ページ

🔹 不規則動詞は過去分詞もかたちが異なる

規則動詞と異なり，不規則動詞は，過去分詞形の**語尾が不定詞と同じ -en（または -n）のかたち**になるものがあります。

不定詞		過去基本形	過去分詞形
bitten	〜⁴に頼む	bat	gebeten
finden	〜⁴を見つける	fand	gefunden
schwimmen	泳ぐ	schwamm	geschwommen
sitzen	座る	saß	gesessen
trinken	〜⁴を飲む	trank	getrunken
essen	食べる	aß	gegessen
helfen	〜³を助ける	half	geholfen
lesen	読む	las	gelesen
sprechen	話す	sprach	gesprochen
gehen	行く	ging	gegangen
schlafen	寝る	schlief	geschlafen
fahren	行く	fuhr	gefahren
schaffen	〜⁴を作り出す	schuf	geschaffen
laufen	走る	lief	gelaufen
heißen	〜という名前である	hieß	geheißen
rufen	〜⁴を呼ぶ	rief	gerufen
tun	〜⁴をする	tat	getan
kommen	来る	kam	gekommen

🔊 233

幹母音の変化に注意して，過去基本形と併せてマスターしよう。

不規則動詞には essen（食べる）や trinken（飲む）といった日常的な動作をあらわす動詞が多い！

これに対して，**規則動詞と同じ基本形で幹母音だけが変化する不規則動詞**もあります。

不定詞		過去基本形	過去分詞形
denken	考える	dachte	gedacht
kennen	〜⁴を知っている	kannte	gekannt
bringen	〜³のところに〜⁴を持ってくる	brachte	gebracht
wissen	〜⁴を知っている	wusste	gewusst

🔊 234

巻末のよく使われる不規則動詞の変化表で確認してみよう！

🔹 sein と haben の 3 基本形はマスターしよう

不定詞	過去基本形	過去分詞形
sein	war	gewesen
haben	hatte	gehabt

🔊 235

🔹 助動詞の過去分詞形

話法の助動詞などは，**助動詞で用いられるとき**と**単独で用いられるとき**で過去分詞のかたちが異なります。

復習しよう！（⇒第7課 話法の助動詞 不定詞がなくても表現できる）

🎵 236

	過去分詞	
不定詞	助動詞として	単独の動詞として
können	können	gekonnt
dürfen	dürfen	gedurft
müssen	müssen	gemusst
sollen	sollen	gesollt
wollen	wollen	gewollt
mögen	mögen	gemocht
werden	worden	geworden
lassen	lassen	gelassen
sehen	sehen	gesehen
hören	hören	gehört

> 話法の助動詞の過去分詞は不定詞と同じかたち！

② 完了の表現

完了の表現を作るには，まずは**完了の助動詞 sein か haben を選択**し，主語に合わせて**人称変化させます**。**完了の助動詞を定動詞の位置**に置き，文の最後に**過去分詞**を置いて枠構造を作ります。

🔹 sein 支配と haben 支配

過去分詞の動詞が**自動詞**で，完了する動作が**移動をあらわしたり**，werden（〜になる）など**状態の変化をあらわしたり，sein や bleiben（留まる）などその他の特殊な自動詞である場合**には，助動詞 sein を使います。助動詞 sein と共に完了の表現をあらわす動詞は，**sein 支配の動詞**と呼ばれます。

過去分詞の動詞が**上記以外の自動詞，または他動詞の場合**には，助動詞 haben を使います。これらの動詞は **haben 支配の動詞**と呼ばれます。

◆ sein 支配の動詞

> gehen 行く　fahren（乗り物に乗って）行く　kommen 来る　sein 〜である
> bleiben 留まる　sterben 死ぬ　wachsen 成長する　werden 〜になる　など

◆haben 支配の動詞

> essen 食べる　　geben 与える　　kaufen 買う　　nehmen 取る
>
> schenken 贈る　　haben 持っている　　辞書で動詞を引くと s（= sein 支配），h（= haben 支配）と書いてあるので，確認してみよう！

例えば，次の文を完了の表現に書き換えると　　🔊 237

> Ich kaufe eine Fahrkarte.　私は 1 枚の切符を買います。

kaufen は他動詞なので haben 支配の動詞です。主語の ich に合わせて人称変化させた haben を定動詞の位置に置き，目的語の eine Fahrkarte の位置は変えずにそのままにします。

文成分⟩ 1　　2

　　　Ich habe eine Fahrkarte ...

最後に kaufen の過去分詞形を文の最後に置きます。　　🔊 238

文成分⟩ 1　　2　　　　　　　　　　文の最後
Ich habe eine Fahrkarte gekauft.　　私は 1 枚の切符を買いました。
　　└──── 枠構造 ────┘

練習問題 3　　🔊 239

次の文を完了の表現に書き換えなさい。

(1) Maria schließt das Buch.　　　　　マリアはその本を閉じます。

(2) Ich komme um 19 Uhr nach Hause.　私は 19 時に家に帰ります。

(3) Der Zug fährt ab.　　　　　　　　列車は発車します。

(4) Rufst du mich an?　　　　　　　　君は私に電話をかけますか。

(5) Wir treffen unseren Chef im Büro.　私たちはオフィスにいる上司と会います。

解答は 193 ページ

解答のヒント

(1) schließen（～⁴ を閉じる）は不規則動詞です。

(2) kommen（来る）は移動の動作なので，sein 支配の動詞です。

(3) ab|fahren（出発する）も移動をあらわすので sein 支配です。分離動詞なので，過去分詞のかたちに気をつけましょう。

(4) 完了の表現でも，疑問文では定動詞（つまり完了の助動詞）を文の最初に置きます。

(5) treffen（（約束などをして）～⁴ と会う）は haben 支配の動詞です。

動詞のかたちと事柄の時点の関係

　過去，現在，未来の３つの時点における事柄は，それぞれの動詞のかたちであらわすことができます。

事柄の時点	過去	現在	未来
動詞のかたち	現在完了形 過去形 過去完了形	現在形	現在形

　ドイツ語の現在形は，英語の現在形と現在進行形にあたり現在に関する事柄をあらわします。また**時間の副詞と共に使うことで少し先の未来の事柄もあらわす**ことができます。

> 復習しよう！ werden の用法（⇒第7課 未来・推量の助動詞 werden）

> 🔊 240
>
> Ich kaufe eine Fahrkarte.　　　　私は１枚の切符を買います。
> Morgen kaufe ich eine Fahrkarte.　私は明日１枚の切符を買います。

　過去完了形は，過去のある時点からみる過去の事柄をあらわします。動詞のかたちは，現在完了形の完了の助動詞を過去形にしたものを定動詞の位置に置きます。

> 🔊 241
>
> 現在完了形
> 　Ich habe eine Fahrkarte gekauft.
> 　　私は１枚の切符を買いました。
>
> 過去完了形
> 　Ich hatte eine Fahrkarte gekauft.
> 　　（あのときすでに）私は１枚の切符を買っていました。

KOLUMNE　自動詞 stehen は sein 支配か haben 支配か

　このことについて，ドイツ語の先生たちで揉めたことがあります。自動詞で「立っている」状態をあらわす動詞ですが皆さん haben だと。オーストリアに滞在していた私ともう一人の先生は「sein だったような」と。結果，辞書には haben 支配と記述されています。しかし「ドイツ南部とオーストリア，スイスでは sein も」と続きます。先生たちも迷う。ことばの規則はあくまでも傾向なのだと改めて。ことばは地域や話者そして状況によって変化するということを理解しておきましょう。

 未来完了形

　助動詞 werden と完了不定詞【過去分詞＋完了の助動詞 sein または haben】を使っ
て未来の時点において完了している事柄をあらわすことができます。このかたちは**未
来完了形**と呼ばれます。

🌑 242

> 　　　　　　werden 　　　　　　　　　　完了不定詞
> In einer Woche werde ich diesen Plan ausgearbeitet haben.
> 　1 週間後には私はこの計画を練り上げているでしょう。

　また助動詞 werden は完了不定詞と共に，すでに完了した事柄を推量する表現を
作ります。

🌑 243

> 　　　　　　werden 　　　　　　　　　　完了不定詞
> Anna und Paul werden schon in Wien angekommen sein.
> 　アンナとパウルはすでにウィーンに到着しているでしょう。

単語を復習しよう！ 🌑 244

an｜rufen	動詞	〜⁴ に電話をかける
aus｜arbeiten	動詞	〜⁴ を仕上げる
bearbeiten	動詞	〜⁴ を加工する
bleiben	動詞	留まる
ein｜kaufen	動詞	〜⁴ を買い入れる，買い物する
entdecken	動詞	〜⁴ を発見する
erlauben	動詞	〜³ に〜⁴ を許可する
machen	動詞	〜⁴ をする
mit｜machen	動詞	〜⁴ に参加する
schließen	動詞	〜⁴ を閉じる
sterben	動詞	死ぬ
treffen	動詞	〜⁴ と会う
wachsen	動詞	成長する
die Woche	女性名詞	週
verkaufen	動詞	〜⁴ を売る
vor｜legen	動詞	(証明書など) 〜⁴ を提示する

zu を伴う不定詞句のかたち

前置詞の zu と共に用いられる不定詞があります。これは **zu 不定詞**と呼ばれます。**英語の to 不定詞と同じ**ですが，ドイツ語では，zu 不定詞句となる場合，**不定詞の目的語や関連する副詞は zu よりも前**に置かれます。

🔊 **245**

---

4 格目的語　zu 不定詞
　Deutsch zu lernen　　　　　　ドイツ語を学ぶ

3 格目的語　zu 不定詞
　meinen Kollegen zu helfen　　私の同僚を手伝う

前置詞句　zu 不定詞
　in die Oper zu gehen　　　　　オペラを観に行く

副詞　前置詞句　不定詞　zu 不定詞 (話法の助動詞)
　morgen nach Tokio fahren zu müssen
　　明日東京へ行かなければならない

> 話法の助動詞と共に使われている
> 不定詞 fahren は zu の直前に置く！

副詞　前置詞句　zu 不定詞 (分離動詞)
　bald in Tokio anzukommen　　まもなく東京に到着する

> 分離動詞は前つづりと動詞の間に
> zu を入れる！ 離して書かない！

---

zu 不定詞句の 3 つの用法

zu 不定詞句には，**名詞的用法**，**形容詞的用法**，**副詞的用法**の 3 つの用法があります。

①名詞的用法

　名詞的用法では，zu 不定詞句が文の中で主語や述語，動詞の目的語といったように名詞と同じような意味をあらわします。文の最初に置かれる場合以外は，**zu 不定詞句はコンマで区切られます**。

◆主語　　　　　　　　　　　　　　　　　　　　　　　🔊 246

> Einmal in der Woche zu laufen ist gut für die Gesundheit.
> 週に一度走ることは健康に良いです。

◆述語　　　　　　　　　　　　　　　　　　　　　　　🔊 247

> Unser Wunsch ist, wieder nach Deutschland zu fahren.
> 私たちの願いは再びドイツに行くことです。

◆目的語　　　　　　　　　　　　　　　　　　　　　　🔊 248

> Die Stadt plant, hier einen Wohnpark zu bauen.
> 市はここに住宅地区を建設することを計画しています。

🔷haben と共に「～しなければならない」

英語の have to と同じようにドイツ語でも **haben と zu 不定詞句で「～しなけれ ばならない」または「～することがある」**という意味をあらわします。

🔊 249

> Sie haben zunächst dieses Formular auszufüllen.
> あなたはまずこの用紙に記入しなければなりません。
> Wir haben noch zu arbeiten.　我々はまだ働かなければなりません（仕事がある）。

②形容詞的用法

　形容詞的用法では，zu 不定詞句は文中にある**名詞の内容を具体的に説明する**ために使用されます。zu 不定詞句はコンマで区切られます。

🔊 250

> 名詞 Zeit（時間）の内容を説明
> 　Paul hat heute keine **Zeit**, mit mir zu sprechen.
> 　　パウルは今日私と話す時間がありません。
> 名詞 Lust（気分）の内容を説明
> 　Hast du **Lust**, heute Abend ins Kino zu gehen?
> 　　君は今夜，映画に行く気がありますか。

③副詞的用法

副詞的用法では，zu 不定詞句は**文の内容に補足的な説明を加える**ために使用されます。zu 不定詞句は常にコンマで区切られます。また副詞的用法では，**zu 不定詞句の最初に um，(an)statt，ohne を置いて，理由や目的など**それぞれ異なる意味があらわされます。

◆um...zu ～するために　　　　　　　　　　　　　　　　　　　🔊 251

> Anna ist in Japan, um ein Praktikum zu machen.
> アンナは実習をするために日本にいます。

◆(an)statt...zu ～する代わりに　　　　　　　　　　　　　　　🔊 252

> Kannst du dein Zimmer aufräumen, anstatt nur fernzusehen?
> ただテレビを観ている代わりに君の部屋を片付けることはできませんか。

◆ohne...zu ～することなしに　　　　　　　　　　　　　　　　🔊 253

> Sie können zu uns kommen, ohne uns vorher anzurufen.
> 前もって電話しなくとも私たちのところに来てください。

練習問題 1　　　　　　　　　　　　　　　　　　　　　　🔊 254

次の zu 不定詞句の用法を答えなさい。

(1) In dieser Stadt ein Zimmer zu finden ist nicht leicht.
　　　この街で部屋を見つけることは簡単ではありません。

(2) Ich habe keine Lust, auch am Sonntag zu arbeiten.
　　　私は日曜日も働く気はありません。

(3) Anna hört morgens immer Radio, um Japanisch zu lernen.
　　　アンナは日本語を勉強するために毎朝ラジオを聴いています。

(4) Wir haben beschlossen, in eine Wohnung zu ziehen.
　　　私たちはある住居に引越しすることを決めました。

(5) Du darfst nicht ins Ausland fahren, ohne eine Krankenversicherung
　　abzuschließen.　君は健康保険に入らずに外国へ行ってはいけません。

解答は 193 ページ

解答のヒント

(1) ここでは zu 不定詞句が文の主語となっています。

(2) zu 不定詞句が名詞 Lust の内容を説明しています。

(3) zu 不定詞句の最初に um が置かれていて，アンナが毎朝ラジオを聴いている目的を説明しています。

(4) beschlossen は beschließen（～⁴を決定する）の過去分詞です。zu 不定詞句は，その目的語となっています。

(5) zu 不定詞句の最初に ohne が置かれており，外国へ行ってはいけない理由あるいは条件が述べられています。許可の意味をあらわす話法の助動詞 dürfen が否定されており，ここでは禁止の意味になっています。abschließen は「～⁴（契約など）を結ぶ」という意味をあらわす分離動詞です。

③ 先取りされる zu 不定詞句

zu 不定詞句は，**代名詞 es が先行する**ことで文の後半に置かれることがあります。

🔊 255

主語

Einmal in der Woche zu laufen ist gut für die Gesundheit.

= Es ist gut für die Gesundheit, einmal in der Woche zu laufen.

週に一度歩くことは健康にとって良い。

同じように zu 不定詞句によってあらわされる内容が前置詞と結びつくときには【**指示詞 da(r)- ＋前置詞**】のかたちで先にあらわされます。

🔊 256

前置詞 mit の内容

Paul rechnet auch damit, finanziell von seinen Eltern abhängig zu sein.

パウルは経済的に両親に依存することも考慮しています。

> • rechnen mit~³ で「～³のことを予想する，考慮する」という意味になります。
> • von~³ abhängig sein : ～³（人）に依存している，やっかいになる

Paul denkt sicher nicht daran, das Formular zurückzugeben.

パウルはきっとその用紙を返却することを考えていません。

> • 母音から始まる前置詞 an, auf, aus, in, über, um, unter が da- と結びつくときは daran, darauf, daraus, darin, darüber, darum, darunter となる。
> • 復習しよう！【wo(r) ＋前置詞】（⇒第5課 前置詞句の内容を尋ねる疑問文）

次の文に続く，zu 不定詞句を作りなさい。(　　　)の中の語と日本語訳を参考にすること。

(1) Paul hofft darauf, ... (die Prüfung, bestehen)

　　　パウルは試験に合格することを望んでいます。

(2) Es ist möglich, ... (morgen früh in Osaka, an｜kommen)

　　　明日の朝早くに大阪に到着することは可能です。

(3) Wir sind dazu bereit, ... (heute Abend, ab｜reisen)

　　　私たちは今夜出発する準備ができています。

(4) Der Arzt hat es mir erlaubt, ... (in einer Woche nach Hause gehen)

　　　医者は私に 1 週間後に帰宅することを許可しました。

(5) Ich bin froh darüber, ... (dich bald wieder｜sehen)

　　　君とまもなく再会することは嬉しいです。

解答は 193 ページ

解答のヒント

(1) bestehen はいろいろな意味をあらわす動詞ですが，ここでは「〜⁴（試験など）に合格する」という意味になります。auf 〜⁴ hoffen で「〜⁴ を望む」という意味になります。期待する内容が後ろの zu 不定詞句であらわされることを darauf というかたちで指示しています。

(2) es が後続の zu 不定詞句を先取りしてあらわしています。

(3) zu 〜³ bereit sein で「〜³ のことに準備ができている」という意味になります。zu は子音から始まる前置詞なので **-r- の入らない dazu というかたち**になっています。

(4) in einer Woche は，期間をあらわし，「（これから先）1 週間で」という意味になります。erlauben は「〜³ に〜⁴ を許す」という意味をあらわし，ここでは zu 不定詞句を先取りする es が 4 格となっています。ひとつの文の中で **3 格と 4 格の目的語があらわれ，共に人称代名詞である場合，4 格・3 格の語順**となります。

(5) über 〜⁴ froh sein で「〜⁴ のことが嬉しい」という意味になります。

zu がつかない不定詞

　zu がつかない不定詞の用法も確認しておきましょう。不定詞は，話法の助動詞や助動詞 werden, lassen, 知覚動詞 sehen, hören などと共に使用されることはすでに学習しました。これらの動詞の他，次のような動詞と共に用いられる用法があります。

◆gehen と共に「〜しに行く」　　　　　　　　　　　　　　　　　　🔊 **258**

| Am Vormittag gehe ich einkaufen. | 私は午前中に買い物に行きます。 |

◆kommen と共に「〜しに来る」　　　　　　　　　　　　　　　　　🔊 **259**

| Meine Eltern kommen Sie begrüßen. | 私の両親があなたに挨拶をしに来ます。 |

◆bleiben と共に「〜したままでいる」　　　　　　　　　　　　　　🔊 **260**

| Die Kinder bleiben sitzen. | 子供たちは座ったままでいます。 |

　また，不定詞のかたちのまま名詞化した語があります。これらは中性名詞となります。

復習しよう！(⇒第2課 名詞の性)

🔊 **261**

不定詞		名詞	
begrüßen	〜⁴ に挨拶をする	das Begrüßen	挨拶
ein|kaufen	買い物をする	das Einkaufen	買い物
denken	考える	das Denken	思考
essen	食べる	das Essen	食事
leben	生きている	das Leben	生命
rauchen	タバコを吸う	das Rauchen	喫煙
wissen	知っている	das Wissen	知識

名詞になると大文字書き！

abhängig	形容詞	von ～³ (人) に依存している，やっかいになる
ab｜reisen	動詞	出発する
ab｜schließen	動詞	～⁴ (契約など) を結ぶ
aus｜füllen	動詞	～⁴ に記入する
das Ausland	中性名詞	外国
bauen	動詞	～⁴ を建設する
begrüßen	動詞	～⁴ に挨拶をする
das Begrüßen	中性名詞	挨拶
bereit	形容詞	zu ～³ のことに準備ができている
beschließen	動詞	～⁴ を決定する
bestehen	動詞	～⁴ に合格する
das Denken	中性名詞	思考
die Eltern	名詞 (複数形のみ)	両親
fern｜sehen	動詞	テレビを観る
finanziell	形容詞	経済的な
das Formular	中性名詞	(申請用の) 用紙
gut	形容詞	良い
hoffen	動詞	auf ～⁴ を望む
das Kino	中性名詞	映画
die Krankenversicherung	女性名詞	健康保険
leicht	形容詞	簡単である
die Lust	女性名詞	気分
möglich	形容詞	可能である
morgens	副詞	朝に
nur	副詞	ただ～だけ
die Oper	女性名詞	オペラ
planen	動詞	～⁴ を計画する
das Praktikum	中性名詞	実習
die Prüfung	女性名詞	試験
das Rauchen	中性名詞	喫煙
rechnen	動詞	mit ～³ のことを予想する，考慮する
um	接続詞	(zu 不定詞句と) ～するために
vorher	副詞	前もって
der Vormittag	男性名詞	午前
wieder｜sehen	動詞	～⁴ に再会する
das Wissen	中性名詞	知識
der Wohnpark	男性名詞	住宅地区
der Wunsch	男性名詞	願い
die Zeit	女性名詞	時間
ziehen	動詞	引っ越す

zunächst	副詞	まずは
zurück | geben	動詞	〜^{4} を返却する

Hamburg　Speicherstadt

接続詞の種類

接続詞は，**並列の接続詞**と**従属の接続詞**の2つの種類に区分することができます。**並列の接続詞は，それぞれ独立した語句や文を結びつける**のに対して，**従属の接続詞は，文と文を意味的な従属関係で結び，ひとつの文を作ります。**

 並列の接続詞

並列の接続詞には次のようなものがあります。

🔊 263

aber しかし (英語 but)	denn というのも (英語 for)	doch しかし (英語 but)
oder あるいは (英語 or)	und そして (英語 and)	

並列の接続詞が文と文を結ぶとき，接続詞は**文の語順に影響を与えません**。つまり後ろに続く文においては，**並列の接続詞をひとつの文成分とは数えません。**

🔊 264

```
            ┌──── 文1 ────┐ ┌─ 接続詞 ─┐ ┌──── 文2 ────┐
文成分  1    2              0    1    2
```
Paul bleibt zu Hause, aber Anna **geht** aus dem Haus.

　パウルは家に留まりますが，しかしアンナは家を出ます。

```
            ┌──── 文1 ────┐ ┌─ 接続詞 ─┐ ┌──── 文2 ────┐
文成分  1    2              0    1    2
```
Wir kommen spät zu dir, denn wir **sind** in einen Stau geraten.

　私たちが君のところに行くのは遅くなります，というのも渋滞に巻き込まれてしまったからです。

> in ～⁴ geraten で「～⁴の状態になる」という意味をあらわす。

```
            ┌──────── 文1 ────────┐ ┌─ 接続詞 ─┐ ┌──── 文2 ────┐
文成分  1    2                      0    1    2
```
Wir sind eine Umleitung gefahren, doch wir **sind** in einen Stau geraten.

　私たちは迂回路を行きましたが，しかし渋滞に巻き込まれてしまいました。

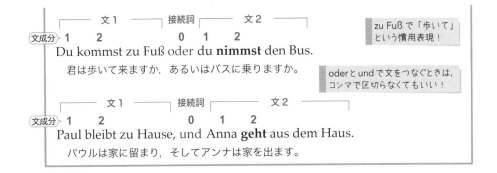

 265

nicht ～, sondern ～	～ではなく～（英語 not ～, but ～）
nicht nur ～, sondern auch ～	～だけではなく～も （英語 not only ～, but also ～）
sowohl ～ als auch ～	～と～も（英語 both ～ and ～）
zwar ～, aber ～	確かに～だが（英語 it's true, but ～）
entweder ～ oder ～	～か～（英語 either ～ or ～）
weder ～ noch ～	～でもなく～でもない（英語 neither ～ nor ～）

266

Das Handy ist nicht kaputt, sondern sein Akku ist leer.
　この携帯電話は壊れているのではなく，その電池がないのです（空である）。

Anna kann nicht nur Japanisch, sondern auch Chinesisch.
　アンナは日本語だけでなく，中国語もできます。

Es gibt sowohl Vor- als auch Nachteile.
　長所だけでなく，短所もあります。

> Vor- は Vorteile を省略した
> かたち。後ろに Nachteile
> と同じ語形の語が続くため。

Wir fahren zwar zusammen ab, aber Paul kommt in einer Stunde an.
　私たちは確かに一緒に出発しますが，パウルは1時間後に到着します。

Im Sommer will ich entweder nach Deutschland oder in die Schweiz fahren.
　夏に私はドイツかスイスへ行くつもりです。

Hans hat weder Zeit noch Lust, über das Thema zu diskutieren.
　ハンスはそのテーマについて議論する時間もその気もありません。

3 従属の接続詞

①副文の定動詞の位置

従属接続詞によって導かれる文は，**主文**に対して**副文**または**従属文**と呼ばれます。**副文では定動詞を文の一番後ろに置きます。このことを定動詞後置と呼びます。主文と副文はコンマで区切ります。**

🔧 267

```
         ┌─── 文1 ───┐  ┌─── 文2 ───┐
              主文            副文
 文成分> 1     2        1      文の最後
                     （接続詞    定動詞）
      Paul bleibt zu Hause, weil er krank ist.  パウルは病気のため家にいます。
```

副文が主文よりも先行する場合には，**副文をひとつの文成分と数える**ため，コンマの直後に主文の定動詞を置きます。

🔧 268

```
         ┌─── 文1 ───┐      ┌─── 文2 ───┐
              副文                主文
 文成分> 1              2    主文の定動詞
      （接続詞       定動詞），主文の定動詞
      Weil Paul krank ist,  bleibt er zu Hause.
```

練習問題 1

🔧 269

理由をあらわす従属接続詞 weil を使って，2 つの文をひとつの文に書き換えなさい。

(1) Paul ist müde. Er kommt heute Abend nicht mit.
　　　パウルは疲れています。彼は今夜一緒に来ません。

(2) Ich kaufe die Handtasche nicht. Sie ist zu teuer.
　　　私はこのハンドバッグは買いません。それは高すぎます。

(3) Wir gehen heute ins Museum. Das Wetter ist schlecht.
　　　私たちは今日博物館に行きます。天気が悪いです。

(4) Anna geht nicht in das Restaurant. Das Essen dort schmeckt ihr nicht.
　　　アンナはそのレストランには行きません。そこの食事は彼女には美味しくないです。

(5) Der Zug kam verspätet in Wien an. Es hatte stark geregnet.
　　　列車は遅れてウィーンに到着しました。雨が激しく降っていました。

解答は 194 ページ

解答のヒント

(2) zu は副詞で「～すぎる」という意味をあらわします。

(4) schmecken は「～[3]（人）にとって味が美味しい」という意味になります。人称代名詞 sie（彼女）の 3 格形 ihr は，文中では，普通名詞よりも前に置かれます。これは，**情報として古い，または重要ではないと考える**からです。dort は場所をあらわす副詞で，先行する Restaurant を指示しています。指示詞があるので，ここでは副文は後ろに置いた方がよいでしょう。

(5) verspätet は verspäten（遅らせる）の過去分詞のかたちで，副詞的に「遅れて」の意味をあらわしています。ここでは副文の「雨が降っていた」時点が, 主文の「列車が到着した」時点よりも過去の事柄なので，過去完了形が使われています。

> 同じく**理由をあらわす従属接続詞 da によって導かれる副文では，周知の理由が述べられます。**そのため，副文が主文の前に置かれることが多いです。
>
> ⇒すでに話題になった事柄や人などの周知の**古い情報は前に置く**傾向がある！
>
> Da es regnet, bleibe ich zu Hause.　雨が降っているので私は家にいます。
> └ 古い情報 ┘
>
> Ich bleibe zu Hause, weil es regnet.　私は家にいます，なぜなら雨が降っているので。
> └ 新しい情報 ┘

②副文の種類

主文と時間的関係で結ばれる副文

◆als（一度だけの過去の時点）～したとき（英語 when）　270

Als Mozart 1791 starb, war er 35 Jahre alt.
モーツァルトが 1791 年に死去したとき，彼は 35 歳でした。

◆(immer) wenn（習慣的な過去）～したとき（いつも）（英語 when）　271

(Immer) wenn wir in Wien ankamen, regnete es.
私たちがウィーンに到着したときは，いつも雨が降っていました。

> 分離動詞を後置するときは，離して書かない！

◆wenn ～するとき（英語 when，if）　272

Wenn die Kinder schwimmen wollen, nehme ich sie an den See mit.
子供たちが泳ぎたいときは，私は彼らを湖へ連れていきます。

> 話法の助動詞は副文の最後！

◆während ～する間（英語 while）　273

Während ich arbeite, höre ich keine Musik.
私は仕事をしている間は，音楽を聴きません。

◆nachdem ～した後（英語 after） 🔊 **274**

> Nachdem Anna ihr Praktikum beendet hat, reist sie in Japan.
>
> アンナは実習を終えた後，日本で旅行をします。 副文と主文の時間関係に注意！ ここでは副文が現在完了で，主文よりもひとつ前の時点をあらわしている。

◆bevor ～する前（英語 before） 🔊 **275**

> Bevor ich aus dem Haus gehe, füttere ich meine Katze.
>
> 私は家を出る前に猫に餌をあげます。

◆seitdem ～して以来（英語 since） 🔊 **276**

> Seitdem Hans geheiratet hat, sieht er glücklich aus.
>
> ハンスは結婚して以来，幸せそうに見えます。 auslsehen：～のようにみえる

◆bis ～するまで（英語 until） 🔊 **277**

> Bis der Zug abfährt, haben wir noch fünf Minuten.
>
> 列車が出発するまで，まだ5分あります。

◆solange ～する間（英語 as long as） 🔊 **278**

> Solange es regnet, sollen Sie hier bleiben.
>
> 雨が降っている間は，あなたはここにいた方がよいです。

◆sobald ～するとすぐに（英語 as soon as） 🔊 **279**

> Sobald ich in München angekommen bin, rufe ich Sie an.
>
> 私はミュンヘンに到着するとすぐにあなたに電話します。

練習問題2

枠内の接続詞から適当なものを選び，（　　　）の中に入れなさい。

(1) （　　　）ich gefrühstückt habe, lese ich die Zeitung.

　　私は朝食を食べた後，新聞を読みます。

(2) Du darfst hier nicht fernsehen, （　　　）du isst.

　　君は食事をしている間はここではテレビを観てはいけません。

(3) （　　　）du mich angerufen hast, war ich nicht zu Hause.

　　君が私に電話をしたとき私は家にいませんでした。

(4) （　　　）meine Eltern in Deutschland reisten, gingen sie immer in die Oper.

　　両親はドイツで旅行したときはいつもオペラを観に行っていました。

(5) （　　　）ihr den Bahnhof erreichtet, fuhr der Zug ab.

　　君たちが駅に到着する前に列車は出発しました。

als	bevor	nachdem	während	wenn

解答は 194 ページ

🧩 解答のヒント

(1) frühstücken（朝食を食べる）は長い動詞ですが，規則動詞なので過去分詞形には ge- をつけます。

(3) 副文は一度きりの過去の時点をあらわしています。

(4) ここでは過去の習慣があらわされています。

(5) erreichen は「～⁴（場所など）に到着する」という意味をあらわす動詞です。

🔷 主文に対して，条件や譲歩，目的をあらわす副文

◆ wenn ～ならば（英語 if）　　　　　　　　　　　　　🔊 281

> Wenn das Wetter schön ist, machen wir einen Ausflug in die Berge.
> 天気が良ければ，山へハイキングに行きましょう。

◆ falls ～の場合には（英語 in the case of）　　　　　🔊 282

> Falls Schnee den Weg versperrt, müssen Sie eine Umleitung fahren.
> 雪がその道を封鎖した場合には，あなたたちは迂回路を行かなければなりません。

◆obwohl ～にもかかわらず（英語 although） 🔊 283

> Obwohl das Radio laut spielt, schlafen die Kinder gut.
> ラジオが大きな音でかかっているのにもかかわらず，子供たちはよく眠っています。

◆damit ～するために（英語 in order that） 🔊 284

> Ich gehe mit zum Schalter, damit du die Fahrkarten nicht allein kaufen musst.　君がひとりで切符を買わなくてもいいように，私は一緒に窓口へ行きます。

🧊 主文の中の主語や目的語となる副文

◆ob ～かどうか（英語 whether） 🔊 285

> 副文が主語となる場合
>
> 文成分　　　　**1**　　　　　　　　　**2**
> ┌─── 副文 =（主語）───┐　┌── 主文 ──┐
> Ob Paul pünktlich kommt oder nicht, ist uns gleich.
> パウルが時間どおりに来るかどうかは，私たちにとって同じです（どちらでもよい）。
>
> > 復習しよう！先行する代名詞 es（⇒
> > 第10課　先取りされる zu 不定詞句）
>
> ⇒ es を使った書き換え
> Es ist uns gleich, ob Paul pünktlich kommt oder nicht.

> 副文が目的語となる場合 🔊 286
> Wir wissen noch nicht, ob Paul pünktlich kommt oder nicht.
> パウルが時間どおりに来るかどうかは，私たちはまだわかりません。

◆dass ～ということ（英語 that）

> 副文が主語となる場合 🔊 287
>
> 文成分　　　　**1**　　　　　　　**2**
> ┌─── 副文 =（主語）───┐　┌── 主文 ──┐
> Dass der Frühling kommt, freut mich.
> 春が来ることは嬉しいです（私を喜ばせる）。

代名詞 es を先行させて，副文を後ろに置くこともできます。

> Es freut mich, dass der Frühling kommt. 🔊 288

126

副文が目的語となる場合

┌─────── 主文 ───────┐ ┌─────────── 副文＝〔目的語〕───────────┐
Paul hat mir geschrieben, dass sein Zug um 15 Uhr in Wien ankommt.

パウルは，私に，彼の列車が 15 時にウィーンに到着すると書きました。

副文が前置詞句の内容をあらわす場合
　　主文において【指示詞 da(r)- ＋前置詞】のかたちで先取りしてあらわします。

Sie sind stolz darauf, dass ihr Sohn das Staatsexamen bestanden hat.

　　彼らは，彼らの息子が国家試験に合格したことを誇りに思っています。

これも zu 不定詞句のときと同じ！

dass 文と zu 不定詞句

　　ある条件の下においては，dass によって導かれる副文（dass 文）を，**zu 不定詞句を使って文を書き換える**ことができます。

主文の主語と副文の主語が一致する場合：
Ich plane, dass ich in den Sommerferien nach Italien fahre.
　　⇒ Ich plane, in den Sommerferien nach Italien zu fahren.
　　私は夏の休暇にイタリアへ行くことを計画しています。

主文の目的語と副文の主語が一致する場合：
Mein Vater hat mir erlaubt, dass ich in den Ferien nach Italien fahre.
　　⇒ Mein Vater hat mir erlaubt, in den Ferien nach Italien zu fahren.
　　私の父は，休暇に私がイタリアに行くことを許可しました。

副文の主語が不定人称代名詞 man であらわされる場合：
Es ist nicht leicht, dass man in Berlin ein Zimmer findet.
　　⇒ Es ist nicht leicht, in Berlin ein Zimmer zu finden.
　　ベルリンで部屋を見つけることは簡単ではありません。

aber	接続詞	しかし
der Akku	男性名詞	電池（Akkumulator の略語）
allein	副詞	ひとりで
als	接続詞	〜したとき
alt	形容詞	歳を取っている
der Ausflug	男性名詞	ハイキング
aus｜sehen	動詞	〜のように見える
beenden	動詞	〜⁴ を終える
bevor	接続詞	〜する前
bis	接続詞	〜するまで
(das) Chinesisch	中性名詞	（言語名）中国語
damit	接続詞	〜するために
dass	接続詞	〜ということ
denn	接続詞	というのも
diskutieren	動詞	über 〜⁴ について議論する
doch	接続詞	しかし
entweder	接続詞	（oder と共に）〜か〜
erreichen	動詞	（場所など）〜⁴ に到着する
falls	接続詞	〜の場合には
die Ferien	名詞（複数形のみ）	休暇
freuen	動詞	〜⁴ を喜ばせる（嬉しい）
frühstücken	動詞	朝食を食べる
füttern	動詞	〜⁴ に餌をあげる
geraten	動詞	in 〜⁴ の状態になる
glücklich	形容詞	幸せな
die Handtasche	女性名詞	ハンドバッグ
das Handy	中性名詞	携帯電話
heiraten	動詞	結婚する
(das) Italien	中性名詞	（国名）イタリア
kaputt	形容詞	壊れている
laut	副詞	大きな音で
leer	形容詞	空である
die Minute	女性名詞	（時間の単位）分
mit｜nehmen	動詞	〜⁴ を連れていく
müde	形容詞	疲れている
nachdem	接続詞	〜した後
der Nachteil	男性名詞	短所
ob	接続詞	〜かどうか
obwohl	接続詞	〜にもかかわらず
oder	接続詞	あるいは

pünktlich	副詞	時間どおりに
schlecht	形容詞	悪い
schmecken	動詞	～³にとって味が美味しい
schön	形容詞	(天気が)良い
der See	男性名詞	湖
seitdem	接続詞	～して以来
sobald	接続詞	～するとすぐに
solange	接続詞	～する間
die Sommerferien	名詞(複数形のみ)	夏の休暇
sondern	接続詞	(nichtと共に)～ではなく～, (nicht nur ～, sondern auch ～の形で)～だけでなく～も
sowohl	接続詞	(als auchと共に)～と～も
das Staatsexamen	中性名詞	国家試験
stark	副詞	激しく
der Stau	男性名詞	渋滞
stolz	形容詞	auf ～⁴を誇りに思っている
teuer	形容詞	(値段などが)高い
die Umleitung	女性名詞	迂回路
verspätet	副詞	遅れて
versperren	動詞	～⁴を封鎖する
der Vorteil	男性名詞	長所
während	接続詞	～する間
weder	接続詞	(nochと共に)～でもなく～でもない
wenn	接続詞	～したとき，～するとき，～ならば
das Wetter	中性名詞	天気
zu	副詞	～すぎる
zusammen	副詞	一緒に
zwar	副詞	確かに

① 再帰代名詞

　文の主語である人や物事を**同じ文の中で再び3格，4格目的語としてあらわす**代名詞を**再帰代名詞**と呼びます。

　例えば，動詞 setzen は他動詞で「〜⁴ を（場所へ）座らせる」という意味をあらわします。「ハンスは彼（＝ハンス）の息子をいすへ座らせる」と表現する場合，次のような文になります。

🔊 295

> 　　　　　4格目的語　　　　　場所
> Hans setzt seinen Sohn auf den Stuhl.
> 　ハンスは彼（＝ハンス）の息子をいすに座らせます。

　文中の seinen Sohn を人称代名詞であらわすと，男性名詞の単数・4格 ihn で置き換えることができます。

🔊 296

> 　　　　4格目的語　　　場所
> Hans setzt ihn auf den Stuhl.　ハンスは彼（＝ハンスの息子）をいすに座らせます。
> 　　　　ihn＝seinen Sohn

　同じ文が再帰代名詞を使ってあらわされると「ハンスは自らをいすへ座らせる」という意味になります。

🔊 297

> 　　　　4格目的語　　　場所
> Hans setzt sich auf den Stuhl.　ハンスは自らをいすに座らせます。
> 　　　　sich＝Hans

　この再帰代名詞 sich は，文の主語である Hans を再びあらわしています。「ハンスは自らをいすに座らせる」とはつまり「ハンスはいすに座る」という意味になります。**他動詞 setzen（座らせる）が再帰代名詞を目的語とすることで「座る」という自動詞のような意味をあらわします。**

再帰代名詞の格変化

　再帰代名詞の格変化形のうち **3 人称単数（er，sie，es）・複数（sie），敬称（Sie）
の 3 格・4 格形は sich** となります。それ以外は，人称代名詞の 3 格・4 格と同じか
たちです。

単数	1 人称	2 人称	3 人称
1 格	ich	du	er/sie/es
3 格	mir	dir	sich
4 格	mich	dich	sich

複数	1 人称	2 人称	3 人称	敬称
1 格	wir	ihr	sie	Sie
3 格	uns	euch	sich	sich
4 格	uns	euch	sich	sich

> 英語の myself,
> yourself, himself,
> herself, oneself
> などと同じ！

📞 298

🔖 3 格の再帰代名詞

　再帰代名詞は，動詞の 4 格目的語として使われることが多いですが，3 格でも使用
されます。**3 格では，利害を受ける対象者や 4 格目的語の所有者**があらわされます。

📞 299

Ich kaufe mir ein Wörterbuch.	私は自分（のため）に 1 冊の辞書を買います。
Die Kinder waschen sich die Hände.	子供たちは（自分たちの）手を洗います。

> ● sich はよく使われる代名詞。かたちが同じでも 3
> 格と 4 格のどちらで使われているか，注意しよう！
> ● 3 格 = sich は 4 格＝手（die Hände）の所有者！

🔖 4 格の再帰代名詞

　4 格の再帰代名詞は**ある特定の動詞と緊密に結びついて，ひとつのまとまった意味
をあらわします**。再帰代名詞と緊密に結びついて使用される動詞は**再帰動詞**と呼ばれ
ます。

📞 300

sich⁴ beeilen　急ぐ
　Ich beeile mich.　私は急いでいます。

sich⁴ erholen　休養する
　Haben Sie sich gut erholt?　　あなたはよく休養しましたか。

sich⁴ erkälten　風邪を引く
　Paul hat sich erkältet.　パウルは風邪を引きました。

> ● setzen と同じように本来
> の他動詞が自動詞のよう
> な意味をあらわしている！
> ● 辞書を読むと再帰動詞は
> 「sich³ と」，「sich⁴ と」と
> 記述されている！

（　　　）の中に 4 格の再帰代名詞を入れなさい。

(1) Wir freuen (　　　) auf das Wochenende.　私たちは週末が楽しみです。

(2) Ich kann (　　　) noch gut an deinen Sohn erinnern.
　　　私は君の息子のことをまだよく覚えています。

(3) Anna interessiert (　　　) für den Lebensstil in Japan.
　　　アンナは日本の生活スタイルに興味があります。

(4) Wunderst du (　　　) nicht über diesen Preis?
　　　君はこの価格を不思議に思わないの？

(5) Sie können (　　　) im Büro da über diesen Job informieren.
　　　あなたはあそこのオフィスでこの仕事について知ることができます。

解答は 194 ページ

💭 解答のヒント

(1) sich⁴ freuen auf ～⁴　　　～⁴ を楽しみにする
(2) sich⁴ erinnern an ～⁴　　　～⁴ を覚えている
(3) sich⁴ interessieren für ～⁴　　～⁴ に興味がある
(4) sich⁴ wundern über ～⁴　　　～⁴ について不思議に思う
(5) sich⁴ informieren über ～⁴　　～⁴ について知る

> 再帰動詞は特定の前置詞
> と共に用いられて熟語的
> に使用されることがある。
> セットでマスターしよう！

③ 相互代名詞

「互いに」,「互いを」という意味をあらわす**代名詞 einander**（英語の **each other**）
は**相互代名詞**と呼ばれます。3 格と 4 格のみで, かたちは変化しません。

◆3 格　　　　　　　　　　　　　　　　　　　　　　　　🔊 302

Anna und Paul helfen einander.　パウルとアンナは互いに手伝います。

◆4 格　　　　　　　　　　　　　　　　　　　　　　　　🔊 303

Wir verstehen einander gut.
　私たちは互いによく理解しています（仲良くしている）。

また主語が複数の場合，再帰代名詞が相互代名詞のように使われることがあります。

◆ 相互代名詞の代わり

> Anna und Paul helfen sich.　アンナとパウルはお互いに助け合います。
> Wir verstehen uns gut.　私たちはお互いによく理解しています。

◆ 相互代名詞的な用法

> Wir treffen uns am Bahnhof.　駅で会いましょう。

単語を復習しよう！ 🔊306

beeilen	動詞	(sich^4 と) 急ぐ
einander	代名詞	互いに，互いを
erholen	動詞	(sich^4 と) 休養する
erinnern	動詞	(sich^4 と) an 〜^{4} を覚えている
erkälten	動詞	(sich^4 と) 風邪を引く
freuen	動詞	(sich^4 と) auf 〜^{4} を楽しみにする
die Hand	女性名詞	手
informieren	動詞	(sich^4 と) über 〜^{4} について知る
interessieren	動詞	(sich^4 と) für 〜^{4} に興味がある
der Lebensstil	男性名詞	生活スタイル
der Preis	男性名詞	価格
setzen	動詞	〜^{4} を (場所へ) 座らせる
der Stil	男性名詞	スタイル
der Stuhl	男性名詞	いす
waschen	動詞	(sich^3 と) (人の) 〜^{4} を洗う
das Wochenende	中性名詞	週末
das Wörterbuch	中性名詞	辞書
wundern	動詞	(sich^4 と) über 〜^{4} について不思議に思う

1 形容詞の３つの用法

形容詞には，**叙述的用法**，**副詞的用法**，**付加語的用法**の３つの用法があります。

◆叙述的用法

Das Auto ist **gut**.	この車は良いです。

🔊 307

◆副詞的用法

Das Auto fährt **gut**.	この車はよく走ります。

🔊 308

◆付加語的用法

Es ist ein **gutes** Auto.	それは良い車です。

🔊 309

叙述的用法では，**主語の性質や状態**をあらわし，副詞的用法では，**動作などの様態**をあらわします。付加語的用法では，**名詞の前に置かれ，その性質や状態**をあらわします。

2 形容詞の格変化

すでに学習したように，**名詞には性・数・格があり，これらは前に置かれる冠詞によって表示**されます。**形容詞が名詞を修飾し，その前に置かれる場合**も同様に，**名詞の性・数・格に応じて格変化**させなければなりません。このことを**形容詞の格変化**と呼びます。

形容詞が名詞の前に置かれる場合，【冠詞[類]－形容詞－名詞】の順で並べられます。形容詞の格変化は，**冠詞[類]があるかないか**，また冠詞類がある場合，**どのような冠詞類と共に用いられるか**によって異なります。

> 復習しよう！　冠詞類
> (⇒第４課　冠詞の種類)

①定冠詞[類]と共に用いられるとき

　定冠詞やそれに準じた変化をする代名詞など（dies-, jed-, all-）が前に置かれる場合，形容詞は**弱変化**と呼ばれる格変化をします。【定冠詞－男性名詞・１格】der

Mantel（コート）に形容詞 neu（新しい）という情報を追加するなら，**形容詞 neu に語尾 -e** をつけて，冠詞と名詞の間に置き，der neu**e** Mantel となります。2格の場合には，des neu**en** Mantels, 3格の場合には，dem neu**en** Mantel, 4格の場合には，den neu**en** Mantel となり，形容詞 neu にそれぞれ**語尾 -e，-en** をつけます。形容詞の弱変化は次のようになります。

🔊 **310**

	男性名詞	女性名詞	中性名詞	複数
	der Mantel コート	die Jacke 上着	das Kleid ワンピース	die Kleider ワンピース
1格	der neue Mantel	die neue Jacke	das neue Kleid	die neuen Kleider
2格	des neuen Mantels	der neuen Jacke	des neuen Kleides	der neuen Kleider
3格	dem neuen Mantel	der neuen Jacke	dem neuen Kleid	den neuen Kleidern
4格	den neuen Mantel	die neue Jacke	das neue Kleid	die neuen Kleider

◆形容詞の弱変化語尾

	男性	女性	中性	複数
1格	-e	-e	-e	-en
2格	-en	-en	-en	-en
3格	-en	-en	-en	-en
4格	-en	-e	-e	-en

● 女性名詞と中性名詞の1格と4格は同じかたち！

● 男性名詞1格と女性名詞，中性名詞の1・4格以外は，すべて語尾 -en をつける！

練習問題 1　🔊 **311**

〈　　〉内の指示に従って，下線部に形容詞の語尾を補いなさい。

(1) Es ist sehr warm in der neu＿ Wohnung.〈die Wohnung 女性名詞・3格で〉
新しい住居はとても暖かいです。

(2) Wo hast du diese schön＿ Lampen gekauft?〈die Lampen 複数・4格で〉
君はこれらのきれいなランプをどこで買いましたか。

(3) Es regnet schon den ganz＿ Tag.〈der Tag 男性名詞・4格で〉
すでに一日中雨が降っています。

(4) Wegen des schlecht＿ Wetters bleibe ich zu Hause.
ひどい天気のため家にいます。　〈das Wetter 中性名詞・2格で〉

(5) Wie finden Sie dieses weiß＿ T-Shirt?〈das T-Shirt 中性名詞・4格で〉
この白いTシャツはいかがですか。

🧩 解答は 194 ページ

😀 **解答のヒント**
(2) 指示代名詞 dies- は定冠詞類です。
(3) ここでは「一日中」という時間は副詞的4格であらわされます。

②不定冠詞[類]と共に用いられるとき

　不定冠詞やそれに準じた格変化をする**否定冠詞**，**所有代名詞**が前に置かれる場合，形容詞は**混合変化**と呼ばれる格変化をします。**男性名詞の１格，中性名詞の１格と４格を除いて**，①の弱変化と同じ変化語尾をつけます。

🔊 **312**

	男性名詞	女性名詞	中性名詞	複数
	mein Mantel 私のコート	meine Jacke 私の上着	mein Kleid 私のワンピース	meine Kleider 私のワンピース
1格	mein　neuer Mantel	meine neue Jacke	mein　neues Kleid	meine neuen Kleider
2格	meines neuen Mantels	meiner neuen Jacke	meines neuen Kleides	meiner neuen Kleider
3格	meinem neuen Mantel	meiner neuen Jacke	meinem neuen Kleid	meinen neuen Kleidern
4格	meinen neuen Mantel	meine neue Jacke	mein　neues Kleid	meine neuen Kleider

◆形容詞の混合変化語尾

	男性	女性	中性	複数
1格	**-er**	-e	**-es**	-en
2格	-en	-en	-en	-en
3格	-en	-en	-en	-en
4格	-en	-e	**-es**	-en

③冠詞が置かれないとき

　形容詞の前に冠詞が置かれない**無冠詞の場合**，形容詞だけで名詞の性・数・格を明示しなくてはなりません。そのため，形容詞には，**定冠詞[類]の格変化と同じ変化語尾**をつけます。この形容詞の格変化は**強変化**と呼ばれます。ただし，**男性名詞と中性名詞の２格の場合**には，語尾 **-en** となるので注意してください。

> 形容詞の格変化は，強変化と弱変化，それが混ざったかたちの混合変化の３つの変化型！

🔊 **313**

	男性名詞	女性名詞	中性名詞	複数
	Wein ワイン	Milch 牛乳	Obst 果物	Äpfel リンゴ
1格	frischer Wein	frische Milch	frisches Obst	frische Äpfel
2格	frischen Wein(e)s	frischer Milch	frischen Obst(e)s	frischer Äpfel
3格	frischem Wein	frischer Milch	frischem Obst	frischen Äpfeln
4格	frischen Wein	frische Milch	frisches Obst	frische Äpfel

frisch：新鮮な

	男性	女性	中性	複数
1格	-er	-e	-es	-e
2格	**-en**	-er	**-en**	-er
3格	-em	-er	-em	-en
4格	-en	-e	-es	-e

〈　　　〉内の指示に従って，下線部に形容詞の語尾を補いなさい。

(1) Paul trägt heute einen grün___ Pullover.〈der Pullover 男性名詞・4格で〉
　　　パウルは今日，緑色のセーターを着ています。

(2) Unser neu___ Herd funktioniert nicht.〈der Herd 男性名詞・1格で〉
　　　私たちの新しいレンジは動きません（機能しない）。

(3) Sie können sich mit warm___ Wasser die Hände waschen.
　　　　　　　　　　　　　　　　　　　　〈das Wasser 中性名詞・3格で〉
　　　どうぞお湯で（暖かい水で）手を洗ってください。

(4) Kann ich ein frisch___ Handtuch haben?〈das Handtuch 中性名詞・4格で〉
　　　新しい（新鮮な）タオルをもらえますか。

(5) Jung___ Leute in Deutschland sprechen gut Englisch.
　　　ドイツの若い人たちは英語をうまく話します。　〈die Leute 複数形・1格で〉

解答は 194 ページ

 解答のヒント
　(2) 所有代名詞 unser（私たちの）は不定冠詞類です。
　(3) 無冠詞なので，ここは強変化となります。mit は 3 格支配の前置詞です。

③ 序数を使った表現

　「ひとつ，ふたつ，みっつ…」といった**数量をあらわす基数**に対して，「第〜（番目）の」という**順序をあらわす数字は序数**と呼ばれます。序数は，名詞の前に置かれる付加語として使われるため，**形容詞と同じように格変化**させます。

　序数は，**原則的に 19 までは基数に語尾 -t-，20 以上は語尾 -st-** をつけて，さらに**その後に格変化語尾**をつけます。数字で書くときには，**数字にプンクト（.）**をつけます。例えば，「第一番目の（最初の）」を数字で書くときには，「1.」となります。

　修飾する名詞，つまり，後ろに続く名詞の性と数によって，冠詞のかたちが決まります。さらに名詞の格に応じて，格変化語尾をつけます。

> ● 復習しよう！ドイツ語の数字（⇒発音編 ドイツ語の数字をマスターしよう！）
> ● 定冠詞が前に置かれるときの形容詞は，弱変化！

	書き方	読み方				🐌 315
	数字＋.	【冠詞　序数＋**格変化語尾**】				
		男性	女性	中性	複数	
1格	1.	der erste	die erste	das erste	die ersten	
2格	1.	des ersten	der ersten	des ersten	der ersten	
3格	1.	dem ersten	der ersten	dem ersten	den ersten	
4格	1.	den ersten	die erste	das erste	die ersten	

◆形容詞の弱変化語尾

	男性	女性	中性	複数
1格	-e	-e	-e	-en
2格	-en	-en	-en	-en
3格	-en	-en	-en	-en
4格	-en	-e	-e	-en

それぞれの序数を単数の1格であらわすと次のようになります。

🐌 316

1.	der, die, das	erste
2.	der, die, das	zweite
3.	der, die, das	dritte
4.	der, die, das	vierte
5.	der, die, das	fünfte
6.	der, die, das	sechste
7.	der, die, das	siebte
8.	der, die, das	achte
9.	der, die, das	neunte
10.	der, die, das	zehnte
11.	der, die, das	elfte
12.	der, die, das	zwölfte
13.	der, die, das	dreizehnte
14.	der, die, das	vierzehnte
15.	der, die, das	fünfzehnte
16.	der, die, das	sechzehnte

17.	der, die, das	siebzehnte
18.	der, die, das	achtzehnte
19.	der, die, das	neunzehnte
20.	der, die, das	zwanzigste
21.	der, die, das	einundzwanzigste
22.	der, die, das	zweiundzwanzigste
...		
30.	der, die, das	dreißigste
40.	der, die, das	vierzigste
50.	der, die, das	fünfzigste
60.	der, die, das	sechzigste
70.	der, die, das	siebzigste
80.	der, die, das	achtzigste
90.	der, die, das	neunzigste
100.	der, die, das	hundertste

1.(erste), 3.(dritte) と 7.(siebte)
と 8.(achte) は他と異なるかたち！

★ 今日は何日？

「～月～日」という**日付の表現には序数**を使います。Monat（月）と Tag（日）は共に男性名詞であることから，1格の場合には定冠詞 der が前に置かれます。しかし表現するときには Monat と Tag は省略されます。例えば10月3日の場合には，ドイツ語の場合，**先に日を述べてから，月を述べます**。表記は der 3. 10. となりますが，

der dritte zehnte と読みます。また Oktober（10 月）を使って der dritte Oktober と表現することもできます。Jahr（年）については最後に基数で表現します。 🔊 **317**

	書き方	読み方
2018年10月3日	der 3. 10. 2018	der dritte zehnte zweitausendachtzehn

「～日に」と表現するときには，前置詞 an を使います。特別な日を強調して表現する以外は，通常は融合形 am（< an dem）が使われます。

> 復習しよう！前置詞の融合形
> （⇒第 5 課 融合形）

🔊 **318**

	書き方	読み方
2018年10月3日に	am 3. 10. 2018	am dritten zehnten zweitausendachtzehn

> ● 格変化語尾を忘れない！ここでは男性名詞・3 格！
> ● 曜日の表現でも am を使う！
> am Montag 月曜日に　　am Dienstag 火曜日に
> am Mittwoch 水曜日に　am Donnerstag 木曜日に
> am Freitag 金曜日に
> am Samstag/am Sonnabend（主に北ドイツで）土曜日
> am Sonntag 日曜日に　　am Wochenende 週末に

「何番目の～」と尋ねる場合には，wievielt-（何番目の）を使います。これも形容詞と同じ格変化をします。

🔊 **319**

> Der Wievielte ist heute?　今日は何日ですか。
> Im wievielten Stock haben Sie Ihr Zimmer?
> 　何階にあなたの部屋をおもちですか。

> この場合，wievielt- が名詞化しているので，大文字書き！

練習問題 3　🔊 **320**

下線部に注意して，次の文を音読しなさい。

(1) Am 12. August habe ich Geburtstag.
　　私は 8 月 12 日が誕生日です（誕生日をもっている）。

(2) Heute ist der 14. Juli.　今日は 7 月 14 日です。

(3) Am 30. 9. fliege ich nach Deutschland.
　　私は 9 月 30 日にドイツへ行きます。

(4) Vom 15. 12. bis zum 3. 1. bleibt Anna in der Schweiz.
　　アンナは 12 月 15 日から 1 月 3 日までスイスにいます。

(5) Am 9. 6. 1987 haben wir geheiratet.
　　1987 年 6 月 9 日に私たちは結婚しました。

※ 解答は 194 ページ

解答のヒント

(1) ドイツ語で誕生日を表現するときは Geburtstag haben（誕生日をもっている）という慣用的な表現を使います。

(2) ここでは日付が 1 格であらわされています。

(4) 期間を表現するときは，開始時点に前置詞 von，終了時点には bis を使って表現します。von は 3 格支配の前置詞なので，融合形 vom（<von dem）を使います。bis は 4 格支配の前置詞で，前置詞句と共に「～まで」という意味をあらわします。ここでは，融合形 zum（<zu dem）に続くため，3 の序数 dritt- と 1 の序数 erst- に男性名詞・弱変化の格変化語尾がついたかたちになります。

(5) ドイツ語では西暦はすべて読みます。1900 = neunzehnhundert，87 = siebenundachtzig。2000 年代は *zwanzighundert とはいわないので注意してください。zweitausend になります。

過去分詞と現在分詞

過去分詞もまた名詞の前に置かれて**付加語として使われる**ことがあります。**形容詞と同じく格変化語尾をつける**ことを忘れないように注意してください。過去分詞は**動作が完了している状態をあらわし**，他動詞の場合には，**受動の意味が加わる**こともあります。

● 321

> geöffnet 開けられた（不定詞 öffnen ～⁴ を開ける）
> Die Kinder gehen durch die geöffnete Tür.
> 　子供たちは開いているドアを通って行きます。
>
> geschlossen 閉じられた（不定詞 schließen ～⁴ を閉じる）
> Bei geschlossenem Fenster kann man gut schlafen.
> 　窓が閉まっていると（＝閉じられた窓では），よく眠ることができます。

過去分詞に対して現在分詞という語のかたちがあります。**現在分詞は動詞の不定詞に -d をつけたかたち**になります。「～している」という**動作が進行している状態**をあらわします。

● 322

不定詞	現在分詞	
spielen ＋-d	spielend	遊んでいる
fahren ＋-d	fahrend	動いている
weinen ＋-d	weinend	泣いている

付加語的用法では形容詞と同じく **-d の後に格変化語尾**をつけます。

🔊 323

> Spielend**e** Kinder achten nicht auf den Verkehr.
> 遊んでいる子供たちは交通に注意しません。
> Siehst du den fahrend**en** Zug?　君はあの動いている列車が見える？

また副詞的用法では「～しながら」という意味をあらわします。

🔊 324

> Ein Kind kommt weinend zu uns.
> 子供が泣きながら私たちのところへやって来ます。

単語を復習しよう！

🔊 325

achten	動詞	auf ～⁴ に注意する
fahren	動詞	（乗り物が）動く
frisch	形容詞	新鮮な
funktionieren	動詞	動く，機能する
der Geburtstag	男性名詞	誕生日
grün	形容詞	緑色の
das Handtuch	中性名詞	タオル
der Herd	男性名詞	レンジ
jung	形容詞	若い
das Kleid	中性名詞	ワンピース
der Mantel	男性名詞	コート
der Monat	男性名詞	（年月日の）月
öffnen	動詞	～⁴ を開ける
der Pullover	男性名詞	セーター
der Stock	男性名詞	（建物などの）階
das T-Shirt	中性名詞	T シャツ
warm	形容詞	暖かい
das Wasser	中性名詞	水
weinen	動詞	泣く
weiß	形容詞	白い
wievielt-	形容詞	何番目の

比較級と最上級のかたち

　形容詞や副詞の**比較級の基本的なかたちは語尾に -er** をつけます。**最上級の基本的なかたちは語尾に -(e)st** をつけますが，その後に格変化語尾もつけます。

	比較級	最上級	
	-er	-st-	🔊 **326**
fleißig　勤勉な	fleißiger	fleißigst-	
klein　小さい	kleiner	kleinst-	
schön　美しい	schöner	schönst-	

　ひとつの音節からなり，**語幹にある母音が a, u, o である語の場合，母音が変音します。**

	比較級	最上級	
	⁔er	⁔st-	🔊 **327**
arm　乏しい	ärmer	ärmst-	a → ä
grob　粗い	gröber	gröbst-	o → ö
jung　若い	jünger	jüngst-	u → ü

　語尾が -d, -t, -s, -ss, -ß, -sch, -x, -z, -tz である場合，最上級は -e- をはさんで，語尾 -est- となります。

	比較級	最上級	
	-er	-est-	🔊 **328**
alt　古い	älter	ältest-	
wild　野生の	wilder	wildest-	
heiß　熱い	heißer	heißest-	
frisch　新鮮な	frischer	frischest-	

> groß（大きい）は例外！
> größer größt-

　語尾が -el, -er である場合，比較級では，語幹にある -e が落ちて **-ler, -rer** となります。

	比較級	最上級	
	-er	-st-	🔊 **329**
dunkel　暗い	dunkler	dunkelst-	
edel　高貴な	edler	edelst-	
teuer　高い	teurer	teuerst	

その他のかたちになる形容詞と副詞には次のような語があります。

330

	比較級	最上級
gut 良い	besser	best-
viel 多い	mehr	meist-
gern 好んで〜	lieber	liebst-
nah(e) 近い	näher	nächst-
hoch 高い	höher	höchst-

練習問題 1

331

次の形容詞の比較級と最上級のかたちを作りなさい。

(1) klug 賢明な　　(2) schnell 速い　　(3) stark 強い　　(4) hübsch かわいい
(5) nett 親切な

解答は 194 ページ

解答のヒント

(1), (3)　ひとつの音節からなる形容詞なので，それぞれ母音を変音させましょう。
(4) 語尾が -sch なので，最上級の語尾に注意しましょう。

② 比較級を使った表現

　形容詞の比較級には，形容詞と同じく，叙述的用法，副詞的用法，付加語的用法の3つの用法があります。

◆叙述的用法

332

| Sein Auto ist besser als mein Auto. | 彼の車は私の車より良いです。 |

◆副詞的用法

333

| Sein Auto fährt besser als mein Auto. | 彼の車は私の車よりよく走ります。 |

◆付加語的用法

334

| Es ist ein besseres Auto als mein Auto. | これは私の車より良い車です。 |

名詞の前に置かれる**付加語的用法**では**格変化語尾**を忘れない！

比較の対象を表現する場合には，その前に**接続詞 als（英語 than）**を置きます。また**数値的な差異**を具体的にあらわす場合には，**前置詞 um** を使います。

🔊 335

> Mein Bruder ist um 7 Jahre älter als ich.
>   私の兄は私よりも 7 歳年上です。
>
> Die Miete wird ab Oktober um 30 Euro teurer.
>   家賃は 10 月から 30 ユーロ高くなります。

> 比較対象（als...）が常に
> あらわされる訳ではない！

練習問題 2
🔊 336

下線が引かれた 2 つの語句を比較する文を作りなさい。

(1) <u>Tokio</u>, <u>Kobe</u>, groß sein　東京は神戸よりも大きいです。

(2) ich, <u>Pasta</u>, <u>Reis</u>, gern essen　私はパスタよりもお米を食べるのが好きです。

(3) <u>München</u>, <u>Berlin</u>, mir gut gefallen
　　　ミュンヘンよりもベルリンがより私は気に入っています。

(4) <u>Hans</u>, <u>Maria</u>, um 3 Jahre, jung sein　ハンスはマリアよりも 3 歳若いです。

(5) <u>Hans</u>, <u>Maria</u>, fleißig arbeiten　ハンスはマリアよりも勤勉に働きます。

解答は 194 ページ

🔹 その他の比較級の用法

なんらかの**状態が変化していく様子は比較級を使って表現**することができます。例えば，**【副詞 immer（ますます）　比較級】**や**【比較級　und　比較級】**の表現で「**いっそうますます〜**」という意味をあらわします。

◆immer　比較級
🔊 337

> Im November werden die Tage immer kürzer.
>   11 月は日がますます短くなります。

◆比較級　und　比較級
🔊 338

> Es wird heißer und heißer.　ますます暑くなります。

また相関的に用いられる**接続詞 je と副詞 desto または umso** と共に，「**〜すればするほど，ますます**」といった意味をあらわすことができます。

144

◆je 比較級 ..., desto/umso 比較級　　　　　🔊 339

> Je kälter es wird, desto kürzer werden die Tage.
> 　寒くなればなるほど，ますます日は短くなります。
>
> Je mehr Hans trinkt, umso mehr redet er.
> 　ハンスは酒を飲めば飲むほど，ますます彼はたくさんしゃべります。

- je は従属接続詞。復習しよう！ 定動詞後置（⇒第11課　副文の定動詞の位置）
- desto と umso は比較級を修飾する副詞だから，【desto/umso 比較級】をひとつの文成分と考える！

　最上級を使った表現

　最上級の用法にも，比較級と同じ3つの用法があります。いずれも前置詞 an と定冠詞 dem の融合形 am と共に【**am 最上級＋格変化語尾 -en**】のかたちか，**定冠詞と共に**使用されます。そのため常に格変化語尾をつけます。

最上級ということは「唯一のもの」。**通常は定冠詞が置かれる。**ときに mein-(私の)，dein-(君の) といった所有代名詞が置かれることもある。

◆叙述的用法　　　　　🔊 340

> Das Auto von Paul ist besser als mein Auto.　パウルの車は私の車よりも良いです。
> Aber das Auto von Hans ist am besten.
> Aber das Auto von Hans ist das beste [Auto].
> 　しかしハンスの車はもっとも良いです。

◆副詞的用法　　　　　🔊 341

> Sein Auto fährt am besten.　彼の車はもっともよく走ります。

副詞的用法では常に【am 最上級＋ -en】のかたち！

◆付加語的用法　　　　　🔊 342

> Es ist das beste Auto.　これはもっとも良い車です。　格変化語尾を忘れない！

　叙述的用法では，【**am 最上級＋格変化語尾 -en**】と【**定冠詞　最上級＋語尾**】の**両方のかたち**を使うことができます。「もっとも～」という意味をあらわします。
　【**定冠詞　最上級＋語尾**】の表現では，**最上級の後に名詞が省略されている**と考えましょう。省略されている**名詞の性・数・格に応じて，語尾を変化**させます。

🔊 343

> Das Auto von Hans ist das beste [Auto].
> 　ハンスの車はもっとも良いです [車だ]。

【am 最上級 + -en】はいろいろな種類のものの中で「もっとも〜」という意味をあらわすこともできます。

🔊 344

Diese Jacke gefällt mir. Dieser Pullover gefällt mir besser. Aber dieser Mantel gefällt mir am besten.

> 私はこの上着が気に入っています。このセーターはもっと気に入っています。しかしこのコートが一番気に入っています。

> die Jacke（上着）と der Pullover（セーター）と der Mantel（コート）は種類が異なる衣服。

練習問題 3

🔊 345

（　　　）内の形容詞を最上級のかたちにし，下線部に入れなさい。すべて 1 格です。

(1) der ＿＿＿＿ Weg (kurz)　　　　最も短い道
(2) die ＿＿＿＿ Stadt (schön)　　　最も美しい都市
(3) das ＿＿＿＿ Haus (groß)　　　　最も大きな家
(4) meine ＿＿＿＿ Schwester (jung)　私の最も若い妹
(5) die ＿＿＿＿ Japaner (viel)　　　大部分の日本人たち

解答は 195 ページ

🗨 解答のヒント

(1) ひとつの音節からなる形容詞なので語幹にある母音 u を変音させましょう。
(3) 語尾が -ß の形容詞ですが，*größest とはならないので注意しましょう。
(4) 所有代名詞は不定冠詞類の変化型です。
(5) Japaner は単数形と複数形が同じかたちです。ここでは複数形です。

★ その他の比較表現

📦 極めて〜

最上級を使って**無冠詞**で，また【aufs 最上級 + -e】のかたちで「極めて〜である」という表現をすることができます。比較対象がなく極度をあらわす，このような用法を**絶対的用法**と呼びます。

🔊 346

Wir sind in bester Laune.　私たちは極めて気分が良いです。
Ich grüße Ihre Eltern aufs Herzlichste.

> 私はあなたの両親に心を込めてご挨拶申し上げます。

🔲 比較的～

比較級でも同じように**絶対的用法で「比較的～」**という意味をあらわすことがあります。

🔊 **347**

> Eine ältere Frau stand dort.
> 　（比較的）年輩の女性があそこに立っていました。
>
> | Eine alte Frau stand dort.
老女があそこに立っていました。 |
>
> Wir haben schon längere Zeit auf deine Meldung gewartet.
> 　私たちはすでにかなり長い間，君の報せを待っていました。

🔲 同じくらい～

比較級を使わない比較表現として，**同等比較**があります。2つ以上の対象が「**同じくらい～**」という表現で，**副詞 so と接続詞 wie** を使います。

◆【so　程度をあらわす形容詞・副詞　wie】

🔊 **348**

> Hans ist so groß wie Paul.　ハンスはパウルと同じくらい背が高いです。
>
> Die Häuser hier sind so alt wie das Rathaus.
> 　ここの家々は市役所と同じくらい古いです。
>
> Du solltest deinen Eltern so bald wie möglich eine E-Mail schreiben.
> 　君は可能な限りすぐに君の両親にメールを書いた方がいいです。
>
> | so ~ wie möglich は慣用的に
「可能な限り～」という表現です。 |

また so の前に doppelt（2倍）や halb（半分）などを置くと「（比較の対象より）～である」という程度の差を表現することができます。

🔊 **349**

> Dein Büro ist doppelt so groß wie mein Büro.
> 　君のオフィスは私のオフィスの2倍ほど大きいです。
>
> Die Miete für sein Büro ist halb so hoch wie die Miete für mein Büro.
> 　彼のオフィスの家賃は私のオフィスの家賃の半分ほどです。

形容詞の名詞化

　形容詞は語の最初の文字を大文字にして名詞として使用されることがあります。**人をあらわす場合には，男性名詞，女性名詞，複数形となり，物や事柄をあらわす場合には，中性名詞**となります。冠詞や代名詞の有無やその種類（定冠詞[類]か不定冠詞[類]）に応じて，形容詞の**格変化語尾をつけます。**

> 復習しよう！ 形容詞の格変化語尾（⇒第13課 形容詞の格変化）

🔶 人をあらわす

形容詞　　　　　　　　　　名詞
bekannt 知っている　→　Bekannt- 知り合い

◆定冠詞類（弱変化）　　　　　　　　　　　　　　　　　　　　　　🔊 350

	男性名詞	女性名詞	複数
	男性の知り合い	女性の知り合い	知り合いたち
1格	der Bekannte	die Bekannte	die Bekannten
2格	des Bekannten	der Bekannten	der Bekannten
3格	dem Bekannten	der Bekannten	den Bekannten
4格	den Bekannten	die Bekannte	die Bekannten

◆不定冠詞類（混合変化）　　　🔊 351　　　　◆無冠詞（強変化）　🔊 352

1格	ein Bekannter	eine Bekannte
2格	eines Bekannten	einer Bekannten
3格	einem Bekannten	einer Bekannten
4格	einen Bekannten	eine Bekannte

1格	Bekannte
2格	Bekannter
3格	Bekannten
4格	Bekannte

🔶 物や事柄をあらわす

形容詞　　　　　名詞
neu 新しい　→　Neu- 新しい物，新しいこと

◆定冠詞類（弱変化）　🔊 353　　◆無冠詞（強変化）　　　　　　　🔊 354

	中性名詞
	新しい物・こと
1格	das Neue
2格	des Neuen
3格	dem Neuen
4格	das Neue

	中性名詞
	(何か)新しい物・こと
1格	(etwas) Neues
2格	–
3格	(etwas) Neuem
4格	(etwas) Neues

> 無冠詞の場合には，etwas（何かあること）viel（多くの（人・物）），wenig（わずかな（物・人）），nichts（何もない）といった語と共に使用されることが多い。

比較級・最上級の名詞化 　　　　　　　　　　　　　　　🔊 355

	比較級	名詞
nah　近い	näher　詳細な	Näheres　詳細なこと
gut　良い	besser　より良い	Besseres　より良いこと
	最上級	名詞
wichtig　重要な	wichtigst-　最も重要な	das Wichtigste　最も重要なこと
beliebt 　人気のある	beliebtest- 　最も人気のある	das Beliebteste 　最も人気のあること

過去分詞・現在分詞の名詞化

	過去分詞	名詞
lieben　好む	geliebt	der/die Geliebte 男性／女性の好きな人（＝恋人）
an|stellen　雇う	angestellt	der/die Angestellte 男性／女性のサラリーマン，会社員

🔊 356

	現在分詞	名詞
reisen　旅行する	reisend	der/die Reisende 男性／女性の旅行者
vor|sitzen 　議長を務める	vorsitzend	der/die Vorsitzende 男性／女性の議長

🔊 357

言語の名称

形容詞	名詞	
deutsch　ドイツの	das Deutsche	Deutsch　ドイツ語
japanisch　日本の	das Japanische	Japanisch　日本語
englisch　イギリスの	das Englische	Englisch　英語

🔊 358

> 言語名は無冠詞の場合もある。定冠詞
> がつく場合，個々人またはあるグルー
> プによって話されている，使用されて
> いる「ある特定の言語」を意味する。

🔊 359

Ich übersetze den Text aus dem Deutschen ins Japanische.
　私はそのテキストをドイツ語から日本語に訳します。

定冠詞がつく場合には形容詞と同じ格変化をします。

🔊 360

1格	das　Deutsche	das　Japanische
2格	des　Deutschen	des　Japanischen
3格	dem Deutschen	dem Japanischen
4格	das　Deutsche	das　Japanische

149

慣用的な表現では冠詞がつきません。

🔊 361

> Anna spricht Japanisch.　アンナは日本語を話します。
> Wir reden auf Deutsch.　私たちはドイツ語で話します。

🐟★ ドイツ人だけ表現が違う！

「～人」という表現は，通常，国名から派生した名詞であらわします。次のような派生名詞があります。

🔊 362

国名		（男性の…）～人	（女性の…）～人
		-er	**-erin**
Japan	日本	Japaner	Japanerin
England	イギリス	Engländer	Engländerin
Österreich	オーストリア	Österreicher	Österreicherin
Schweiz	スイス	Schweizer	Schweizerin
Spanien	スペイン	Spanier	Spanierin
Italien	イタリア	Italiener	Italienerin
		-ner	**-nerin**
Korea	韓国	Koreaner	Koreanerin
		-se	**-sin**
Frankreich	フランス	Franzose	Französin
China	中国	Chinese	Chinesin
		-e	**-in**
Finnland	フィンランド	Finne	Finnin
Polen	ポーランド	Pole	Polin

> Engländer, Französin
> は語尾の音に影響され
> て，母音が変化している！

これらに対して，ドイツ人は，**形容詞の deutsch が名詞化したもの**が「ドイツ人」の意味をあらわします。それぞれの性・数に応じて冠詞を置き，形容詞と同じように語尾を変化させます。

🔊 363

（国名）ドイツ	男性のドイツ人	女性のドイツ人	ドイツ人（複数）
Deutschland	der Deutsche	die Deutsche	die Deutschen

ab	前置詞	～から
als	接続詞	～よりも
alt	形容詞	古い
der/die Angestellte	男性・女性名詞	男性／女性のサラリーマン，会社員
an|stellen	動詞	～^{4} を雇う
bekannt	形容詞	知っている
der/die Bekannte	男性・女性名詞	男性／女性の知り合い
beliebt	形容詞	人気のある
das Beliebteste	中性名詞	最も人気のあること
das Bessere	中性名詞	より良いこと
die Chinesin	女性名詞	女性の中国人
desto	副詞	（比較級と共に）ますます～
das Deutsche	中性名詞	（言語名）ドイツ語
der/die Deutsche	男性・女性名詞	男性／女性のドイツ人
doppelt	形容詞	2倍の
edel	形容詞	高貴な
die E-Mail	女性名詞	Eメール
(das) England	中性名詞	（国名）イギリス
der Engländer	男性名詞	男性のイギリス人
die Engländerin	女性名詞	女性のイギリス人
englisch	形容詞	イギリスの
das Englische	中性名詞	（言語名）英語
etwas	代名詞	何かあること
der Euro	男性名詞	（通貨名）ユーロ
der Finne	男性名詞	男性のフィンランド人
die Finnin	女性名詞	女性のフィンランド人
(das) Finnland	中性名詞	（国名）フィンランド
(das) Frankreich	中性名詞	（国名）フランス
die Französin	女性名詞	女性のフランス人
der/die Geliebte	男性・女性名詞	男性／女性の好きな人（＝恋人）
grob	形容詞	粗い
heiß	形容詞	暑い
hübsch	形容詞	かわいい
immer	副詞	（比較級と共に）ますます～
der Italiener	男性名詞	男性のイタリア人
die Italienerin	女性名詞	女性のイタリア人
die Japanerin	女性名詞	女性の日本人
japanisch	形容詞	日本の
das Japanische	中性名詞	（言語名）日本語
je	接続詞	（比較級と共に）～するほど

klein	形容詞	小さい
klug	形容詞	賢明な
(das) Korea	中性名詞	(国名) 韓国
der Koreaner	男性名詞	男性の韓国人
die Koreanerin	女性名詞	女性の韓国人
kurz	形容詞	短い
lang	形容詞	長い
die Laune	女性名詞	気分
die Meldung	女性名詞	報せ
die Miete	女性名詞	家賃
nah(e)	形容詞	近い
das Nähere	中性名詞	詳細なこと
nett	形容詞	親切な
das Neue	中性名詞	新しい物，新しいこと
nichts	代名詞	何もないこと
(das) Österreich	中性名詞	(国名) オーストリア
der Österreicher	男性名詞	男性のオーストリア人男性
die Österreicherin	女性名詞	女性のオーストリア人
die Pasta	女性名詞	パスタ
(das) Polen	中性名詞	(国名) ポーランド
die Polin	女性名詞	女性のポーランド人
das Rathaus	中性名詞	市役所
der Reis	男性名詞	お米
der/die Reisende	男性・女性名詞	男性／女性の旅行者
schnell	形容詞	速い
der Schweizer	男性名詞	男性のスイス人
die Schweizerin	女性名詞	女性のスイス人
die Schwester	女性名詞	姉または妹
so	副詞	(形容詞や副詞の前に置かれて so 〜 wie のかたちで) 同じくらい〜
(das) Spanien	中性名詞	(国名) スペイン
der Spanier	男性名詞	男性のスペイン人
die Spanierin	女性名詞	女性のスペイン人
stark	形容詞	強い
stehen	動詞	立っている
trinken	動詞	酒を飲む
um	前置詞	(比較の表現で) (数量など) 〜⁴ の差で
umso	副詞	(比較級と共に) ますます〜
viel	代名詞	多くの (人・物)
vor|sitzen	動詞	議長を務める
der/die Vorsitzende	男性・女性名詞	男性／女性の議長
wenig	代名詞	わずかな (人・物)
wichtig	形容詞	重要な

das Wichtigste	中性名詞	最も重要なこと
wie	接続詞	～のように，（so ～ wie のかたちで）同じくらい～
wild	形容詞	野生の

Dinkelsbühl Faulturm und Parkwächterhäuschen am Rothenburger Weiher

① 関係文

　関係文は，主文の中の人や物・事柄について詳しい説明を加えることができます。関係文は副文として，**関係代名詞を文の最初**に置いて作られます。関係代名詞には，**定関係代名詞と不定関係代名詞**の２つの種類があります。

② 定関係代名詞

　定関係代名詞は，**先行詞の名詞の性と数**に応じてかたちが決まります。**先行詞の関係文中での役割**（主語や３格・４格目的語など）**に応じて格変化**させます。

🔗 365

	男性	女性	中性	複数
1 格	der	die	das	die
2 格	dessen	deren	dessen	deren
3 格	dem	der	dem	denen
4 格	den	die	das	die

　次の２つの文を，関係代名詞を使って，ひとつの文に書き換えてみましょう。

🔗 366

> Der Opernsänger kommt aus England. Er heißt Henry.
> 　そのオペラ歌手はイギリスの出身です。彼はヘンリーといいます。

　ここでは der Opernsänger（オペラ歌手）が後に続く文において人称代名詞 er であらわされています。そのため，まずは der Opernsänger を先行詞に決定します。後ろに続く文では，der Opernsänger = er が１格となっているので，関係代名詞は男性名詞１格 der を選択します。

先行詞＝男性名詞・単数
Der Opernsänger kommt aus England.
　そのオペラ歌手はイギリスの出身です。

関係文となる文中の格＝1格
Er heißt Henry.　彼はヘンリーといいます。

　⇒関係代名詞　　男性名詞・単数／1格　der
　　　　　　　　　　＜先行詞の性・数／関係文となる文中の格＞

先行詞の後ろにコンマを置き，主文との区切りをつけ，また最後にコンマを置いて，関係文を区切ります。**定動詞は関係文の最後**に置きます。

🔊367

　　　　　　　┌──　関係文　──┐
　　先行詞　　，[関係代名詞　…　定動詞]，
Der Opernsänger, der Henry heißt, kommt aus England.
　ヘンリーという名前のオペラ歌手は，イギリスの出身です。

> 関係文は副文のひとつ。
> 復習しよう！（⇒第11課
> 副文の定動詞の位置）

関係代名詞が2格の場合は修飾する名詞の前に置かれます。

🔊368

先行詞＝男性名詞・単数
Der Opernsänger kommt aus England.
　そのオペラ歌手はイギリスの出身です。

関係文となる文中の格＝2格（所有代名詞）
Sein <u>Name</u> ist Henry.　彼の名前はヘンリーです。

　⇒関係代名詞　　男性名詞・単数／2格　dessen
　　　　　　　　　　＜先行詞の性・数／関係文となる文中の格＞

　　　　　　　　　　┌──　関係文　──┐
　　先行詞　　，[関係代名詞 名詞　…　　定動詞]，
Der Opernsänger, dessen <u>Name</u> Henry ist, kommt aus England.
　名前がヘンリーというオペラ歌手は，イギリスの出身です。

〈　　〉内の先行詞の性・数，関係文中での格を参考にし，下線部に定関係代名詞を書き入れなさい。

(1) Wie heißt der Schriftsteller, ＿＿＿ „Die Verwandlung" geschrieben hat?
〈der Schriftsteller 男性名詞・単数／1格〉

『変身』を書いた作家はなんという名前ですか。

(2) Eine Frau, ＿＿＿ Name ich vergessen habe, hat dich angerufen.
〈die Frau 女性名詞・単数／2格〉

名前は忘れたが，ある女性が君に電話をしてきました。

(3) Hier sind die Formulare, ＿＿＿ wir ausfüllen müssen.
〈die Formulare 複数形／4格〉

ここに私たちが記入しなければならない申請書があります。

(4) Der Kunde, ＿＿＿ wir diesen Reiseplan empfohlen haben, ist zufrieden
mit dem Hotel. 〈der Kunde 男性名詞・単数／3格〉

私たちがこの旅行プランを勧めた客はホテルに満足しています。

(5) Paul fuhr mit dem Fahrrad, ＿＿＿ ich ihm geliehen habe.
〈das Fahrrad 中性名詞・単数／4格〉

パウルは私が貸した自転車に乗っていきました。

😺 解答は 195 ページ

😀 解答のヒント

(4) empfohlen は empfehlen（～³に～⁴を勧める）の過去分詞のかたちです。先行詞（der Kunde）の格は3格となります。

(5) geliehen は leihen（～³に～⁴を貸す）の過去分詞のかたちです。先行詞（das Fahrrad）の格は4格となります。

また先行詞となる名詞が，2つ目の文において前置詞句を作っている場合には，**関係代名詞の前に前置詞を置きます。**

先行詞＝女性名詞・単数

Ich habe gerade eine Frau getroffen. 私はちょうどある女性に会いました。

関係文となる文中の格＝前置詞句・3格

Du bist gestern Abend mit ihr in die Oper gegangen.

君は昨夜，彼女とオペラに行きました。

⇒関係代名詞　女性名詞・単数／3格　der

＜先行詞の性・数／関係文となる文中の格＞

```
                                        ┌──────── 関係文 ────────┐
先行詞          ,[前置詞 関係代名詞                          定動詞]
```
Ich habe gerade die Frau getroffen, mit der du gestern Abend in die Oper gegangen bist.

●後ろに関係文が続くときは，主文中の完了の助動詞と枠構造を作る過去分詞が先に置かれることがある。
●定動詞の完了の助動詞は関係文の最後に置く！

先行詞が地名や場所をあらわす場合には【前置詞－関係代名詞】の代わりに【**wo**】や【**wo(r) ＋前置詞**】を使うこともできます。　復習しよう！【wo(r) ＋前置詞】（⇒第5課 前置詞句の内容を尋ねる疑問文）

Innsbruck, wo ich drei Jahre gelebt habe, ist eine schöne Stadt in Österreich.

　私が3年間住んでいたインスブルックは，オーストリアの美しい都市のひとつです。

Hier ist der Saal, wo (＝in dem) das größte Fest stattfindet.

　ここが最も大きな祝典が開催されるホールです。

先行詞が人以外の物や事柄の場合も【**wo(r) ＋前置詞**】が使われることもありますが稀です。

Es gibt ein wichtiges Thema, worüber (＝über das) wir sprechen müssen.

　私たちが話さなければならない重要なテーマがあります。

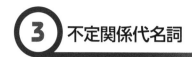

3 不定関係代名詞

不定関係代名詞は，**先行詞を取らず**関係文だけで**「〜する人」，「〜する物・こと」という意味をあらわします。人をあらわす場合には wer，物・事柄をあらわす場合には was** が不定関係代名詞となります。それぞれ格変化をしますが，was の 2 格は稀で，3 格のかたちはありません。

> 大抵の場合，3 格目的語は「人」である！

🔊 **373**

	人をあらわす	物・ことをあらわす
1 格	wer	was
2 格	wessen	(wessen)
3 格	wem	−
4 格	wen	was

📖「〜する人（は誰でも）」という表現

不定関係代名詞 wer によって導かれる関係文は，「〜する人（は誰でも）」という意味をあらわします。関係文が**主文の前に置かれることが多く，関係文がひとつの文成分として，主文の主語や目的語となります。**

🔊 **374**

文成分 ▸　　　　1　　　　　2

　　┌─ 関係文 ─┐
　[関係代名詞 ... 定動詞]，主文の定動詞

> 関係文が 1 番目になるので，コンマの後に定動詞を置く！

Wer krank ist, muss im Bett bleiben.
　病気の人は（誰でも）ベッドにいなければなりません。

📖「〜する物・こと（はすべて）」という表現

「〜する物・こと（はすべて）」という表現は，不定関係代名詞 was を使ってあらわします。wer とは異なり，was は **alles（すべてのこと），etwas（何かあること），nichts（何もないこと）といった不定代名詞や中性名詞化された形容詞の最上級など**を先行詞とすることもあります。

> 不定人称代名詞 man（人が），jemand（誰かが），niemand（誰も〜ない）が不特定の人をあらわすのに対して，不定代名詞は，不特定の物・事柄をあらわす！

◆alles を先行詞とする

🔊 **375**

Alles, was ich gesagt habe, hat Anna verstanden.
　私が言ったことすべてをアンナは理解しました。

◆etwas を先行詞とする ❷ 376

> Paul bringt sicher etwas mit, was dir gut gefällt.
> パウルはきっと，君の気に入るなにかを持ってきます。

枠構造を作る分離動詞（こ
こでは mitlbringen）の
前つづりも，関係文より
先に置かれることがある。

◆nichts を先行詞とする ❷ 377

> Es gibt hier nichts, was wir essen können.
> ここには，私たちが食べることができるものは何もありません。

es gibt ＋〜 ^{4}：〜 ^{4} がある
復習しよう！慣用的な表現
（⇒第3課 es を使った表現）

◆名詞化した形容詞の最上級を先行詞とする ❷ 378

> Dieses Ergebnis ist das Beste, was wir hofften.
> この結果は私たちが望んでいた最良のものです。

◆先行詞を取らない場合 ❷ 379

> Was ich von dir gehört habe, freut mich sehr.
> 君から聞いたことは，とても嬉しいです。

wer と同じく先行詞を取ら
ないときは，主文よりも前
に置かれることが多い！

◆was が前置詞を伴う場合は【wo(r) ＋前置詞】のかたち ❷ 380

> Ich rede nicht von etwas, wovon ich nicht viel weiß.
> 私はよく知らないことについては話しません。

🔷 その他の was の用法

was には前の文の内容すべてを受ける用法があります。

❷ 381

> Die Zeitung hat den Tennisspieler scharf kritisiert, was mich aufgeregt hat.
> 新聞はそのテニス選手を厳しく批判しましたが，それが私を憤慨させました。

下線部に入れる関係代名詞を 1 〜 4 の中からひとつ選びなさい。

(1) Rom ist eine Stadt, ＿＿ es viele alte Kirchen gibt.

　　　ローマは多くの古い教会がある都市です。

　　　1. die　　　2. der　　　3. was　　　4. wo

(2) Ich mache etwas, ＿＿ gut für meine Gesundheit ist.

　　　私は私の健康に良いことをします。

　　　1. das　　　2. was　　　3. wo　　　4. dessen

(3) ＿＿ den ganzen Tag arbeitet, ist abends sehr müde.

　　　一日中働く人は夜とても疲れます。

　　　1. Wer　　　2. Was　　　3. Wo　　　4. Der

(4) Hast du etwas, ＿＿ ich mich interessiere?

　　　君は私が興味をもつような何かをもっていますか。

　　　1. das　　　2. was　　　3. wofür　　　4. für was

(5) Gibt es nichts, ＿＿ du dich freust?

　　　君が楽しみにしていることはないの？

　　　1. was　　　2. worauf　　3. auf was　　4. das

❄ 解答は 195 ページ

🙂 解答のヒント

(1) 場所をあらわす eine Stadt（都市）が先行詞となります。

(2) 不定代名詞 etwas が先行詞となります。

(3)「一日中働く人は誰でも」という意味をあらわします。

(4) sich⁴ interessieren für 〜⁴ は再帰代名詞を使った「〜⁴ に興味がある」という表現です。

(5) sich⁴ freuen auf 〜⁴ も同じく再帰代名詞を使った「〜⁴ を楽しみにする」という表現になります。

不定関係代名詞 wer によって作られる関係文では，**続く主文の最初に指示代名詞が置かれることがあります。**

まず，この代名詞は，dies-（この），jen-（あの）などと同じ指示代名詞で，その中でもよく使用されます。名詞の前に置かれる場合（「この，その，あの」を意味する場合）には定冠詞と同じかたちで格変化をしますが，単独で用いられる場合には，次のような格変化をします。

383

	男性	女性	中性	複数
1格	der	die	das	die
2格	dessen	deren	dessen	deren
3格	dem	der	dem	denen
4格	den	die	das	die

直前に話題となった人や物・事柄を指示したり，目の前にあるものを指示したりする場合に使用されます。そのため，話し手も聞き手もお互いに知っていることを前提としますので，**文の最初に置かれることが多い**です。 古い情報は前に置く傾向がある！

384

Kennst du Anna? ── Die kenne ich gut.

　君はアンナのことを知ってる？ ── 彼女のことを私はよく知っていますよ。

Zusammen oder getrennt? ── Der bezahlt das Essen.

　（お支払いは）一緒ですか。別々ですか。

　　── （前にいる男性を指して，やや強めに）彼が食事の代金を支払います。

das は，性や数に関係なく使用されます。 復習しよう！ das の用法（⇒第3課 es を使った表現）

385

Das ist Anna. 　　　　　これはアンナです。

Das sind meine Eltern. 　これは私の両親です。 定動詞は述語に合わせる！

関係文では，指示代名詞 der を主文の前に置いて「その人は」「その人の」「その人に」「その人を」という意味をあらわします。ただし**不定関係代名詞と格が一致する場合には省略する**ことができます。

不定関係代名詞　　　指示代名詞
　1格　　　　　　　1格 ⇒**省略可**

Wer krank ist, (der) muss im Bett bleiben.

病気の人は (誰でも) ベッドにいなければなりません。

不定関係代名詞　　　指示代名詞
　2格　　　　　　　1格 ⇒**省略不可**

Wessen Idee fix ist, der kann nicht fortschreiten.

考えが固定している人は進歩することができません。

不定関係代名詞　　　　　　指示代名詞
　3格　　　　　　　　　　1格 ⇒**省略不可**

Wem wir alle vertrauen, der soll Vorsitzender werden.

私たちみなが信用する人が議長になるべきです。

不定関係代名詞　　　指示代名詞
　4格　　　　　　　1格 ⇒**省略不可**

Wen du kritisierst, der kritisiert dich auch.

君が批判する人は，同じ様に君を批判します。

Düsseldorf　Rheinturm und Neuer Zollhof

alle	代名詞	みな
alles	代名詞	すべてのこと
auf｜regen	動詞	～⁴を憤慨させる
das Beste	中性名詞	最良のこと
bezahlen	動詞	～⁴の代金を支払う
das Ergebnis	中性名詞	結果
das Fest	中性名詞	祝典
fix	形容詞	固定した
fort｜schreiten	動詞	進歩する
gerade	副詞	ちょうど
gestern	副詞	昨日
getrennt	副詞	(trennen「～⁴を分離する」の過去分詞) 別々で
hoffen	動詞	～⁴を望む
die Idee	女性名詞	考え
(das) Innsbruck	中性名詞	(都市名) インスブルック
kritisieren	動詞	～⁴を批判する
der Kunde	男性名詞	客
leihen	動詞	～³に～⁴を貸す
der Opernsänger	男性名詞	オペラ歌手
der Reiseplan	男性名詞	旅行プラン
(das) Rom	中性名詞	(都市名) ローマ
der Saal	男性名詞	ホール
scharf	副詞	厳しく
der Schriftsteller	男性名詞	作家
statt｜finden	動詞	開催される
der Tennisspieler	男性名詞	テニス選手
vergessen	動詞	～⁴を忘れる
vertrauen	動詞	～³を信用する
zufrieden	形容詞	mit ～³に満足している

① 受動の表現

　受動の表現は，「**〜される**」という動作の受動と「**〜されている（状態にある）**」という状態の受動の 2 つの種類に分けることができます。前者は**動作が行われる過程**に焦点があてられるのに対して，後者は**すでに動作が行われた状態**に焦点があてられます。

② 受動文

🔷 **動作の受動**

　動作の受動は，**助動詞 werden と過去分詞**を使ってあらわされます。**werden を定動詞として文の 2 番目**に置き，**文の最後に過去分詞**を置いて枠構造を作ります。

> 復習しよう！枠構造（⇒第 7 課　枠構造という文のかたち）

　動作を実行した行為の主体をあらわす場合には，前置詞 von あるいは durch を使います。**行為の主体が人である場合には von〜³ を，物や事柄である場合には durch 〜⁴ を選択**します。

　まずは次の能動文を受動文に書き換えてみましょう。

> Der Nachbar bringt meine Mutter ins Krankenhaus.　　　　🔊 **388**
> 　隣人が私の母を病院に運びます。

　受動文では，bringen（〜⁴ を運ぶ）の 4 格目的語 meine Mutter（私の母を）が主語となります。女性名詞・単数／ 1 格ですから，助動詞 werden を人称変化させて 2 番目に置きます。

　　　　　　　　　受動の助動詞
文成分〉　　　**1**　　　　　　**2**
Meine Mutter wird ...

bringen は不規則動詞で過去分詞形は gebracht となり，文の最後に置きます。他の語句 ins Krankenhaus（病院へ）はそのままにしてまずは文を作りましょう。

> Meine Mutter wird ins Krankenhaus gebracht.　　　　　　🔊 389
> 　私の母は病院へ運ばれます。

行為の主体は der Nachbar（隣人）ですから前置詞 von を使ってあらわします。von は3格支配で，Nachbar は男性弱変化名詞なので von dem Nachbarn となります。

復習しよう！ 男性弱変化名詞
（⇒第2課 もうワンステップ！）　🔊 390

受動文　私の母は隣人によって病院へ運ばれます。

```
        1格              von 前置詞句              過去分詞
Meine Mutter wird von dem Nachbarn ins Krankenhaus gebracht.
```

能動文　Der Nachbar bringt meine Mutter ins Krankenhaus.
　　　　　1格　　　定動詞　　4格

受動文は**行為の主体を明示する必要が特にない表現**に使用されます。そのため受動文においては，行為の主体はあまり重要な情報ではありません。**重要ではない情報は古い情報と同じく文の前の方に置く傾向から**，前置詞句は定動詞のすぐ後に置かれる傾向があります。

また不定人称代名詞 man を主語とする能動文を受動文に書き換えた場合，行為者はあらわされません。

🔊 391

能動文　Man operiert meine Mutter.

-ieren で終わる動詞の過去分詞形には ge- をつけない！

受動文　Meine Mutter wird operiert.　私の母は手術されます。

行為の主体が人以外の物や事柄である場合には前置詞 durch を使ってあらわします。

🔊 392

受動文　家の屋根はその台風によって破壊されます。

```
         1格                    durch 前置詞句        過去分詞
Das Dach des Hauses wird durch den Taifun zerstört.
```

能動文　Der Taifun zerstört das Dach des Hauses.
　　　　　1格　　　　　　　　4格

次の文を受動文に書き換えなさい。

(1) Man bezahlt die Rechnung.　請求書の代金を支払います。

(2) Paul bringt den Rotwein mit.　パウルはその赤ワインを持ってきます。

(3) Man repariert die Waschmaschine sofort.　洗濯機をすぐに修理します。

(4) Wasser treibt die Maschine an.　水がこの機械を動かします。

(5) Die Teilnehmer füllen das Formular aus.

　　　参加者たちはその申し込み用紙に記入します。

解答は 195 ページ

解答のヒント

(1) bezahlen（～⁴ の代金を支払う）は非分離動詞なので，過去分詞形には ge- をつけません。

(3) -ieren で終わる動詞なので，過去分詞形には ge- をつけません。

(4) an|treiben（～⁴ を動かす）は分離動詞で，treiben は不規則動詞なので，過去分詞形は angetrieben となります。

(5) aus|füllen（～⁴ に記入する）も分離動詞です。複数形の 3 格は語尾に -(e)n をつけるのを忘れないように。

話法の助動詞を使った受動の表現

　話法の助動詞を使った受動の表現では，まず**話法の助動詞を人称変化させて定動詞の位置**に置きます。**受動の助動詞 werden は不定詞のかたちで文の最後**に置きます。

394

Meine Mutter wird sofort operiert.　私の母はすぐに手術されます。

Meine Mutter muss sofort operiert werden.
　　　　　　話法の助動詞　　【過去分詞　　werden】

私の母はすぐに手術されなければなりません。

🔹 自動詞の受動表現

4格目的語を取らない自動詞の文も受動の表現に書き換えることができます。この場合，受動文には，1格となる主語がありません。

🔧 **395**

	3格目的語
能動文	Man hilft meiner Mutter.
	3格目的語
受動文	Meiner Mutter wird geholfen.　私の母は助けられます。

受動文となるときに文の最初に置かれる語がない場合などは，**代名詞 es が形式上の主語として置かれる**こともあります。

🔧 **396**

能動文	Man tanzt.
受動文	Es wird getanzt.　人々がダンスをしています。

🔹 状態の受動

状態の受動は**助動詞 sein と過去分詞**を使ってあらわします。動作の受動の**動作が（ある時点に）行われる**という表現と比べてみると，状態の受動は**動作がすでに行われた状態にある**という意味をあらわします。

🔧 **397**

状態の受動
　Das Fenster ist immer geschlossen.
　　その窓はいつも閉められています。

動作の受動
　Das Fenster wird nach der Arbeit geschlossen.
　　その窓は仕事の後に閉められます。

③ 受動文のいろいろな時制

事柄の時制は定動詞のかたちであらわします。

🔊 **398**

現在

Meine Mutter wird ins Krankenhaus gebracht.　私の母は病院へ運ばれます。

過去

Meine Mutter wurde ins Krankenhaus gebracht.

> 助動詞 werden の過去基本形を見直そう（⇒101ページ参照）！

現在完了

Meine Mutter ist ins Krankenhaus gebracht worden.

> werden は sein 支配の動詞。助動詞 werden の過去分詞 worden を文末に！

過去完了

Meine Mutter war ins Krankenhaus gebracht worden.

> 定動詞 ist を過去形 war に変える！

未来

Meine Mutter wird ins Krankenhaus gebracht werden.

> 先の約束などをあらわす未来の助動詞 werden。受動の助動詞 werden は不定詞のかたちで文末に。復習しよう！ 未来・推量の助動詞（⇒第7課 その他の助動詞的に使われる動詞）

未来完了

Meine Mutter wird ins Krankenhaus gebracht worden sein.

> 文末は完了不定詞。復習しよう！（⇒第9課 未来完了形）

🔶 話法の助動詞が定動詞である場合

🔊 **399**

現在

Meine Mutter muss operiert werden.　私の母は手術されなければなりません。

過去

Meine Mutter musste operiert werden.

> 話法の助動詞の過去基本形を見直そう（⇒101ページ参照）！

現在完了

Meine Mutter hat operiert werden müssen.

> 話法の助動詞はすべて haben 支配。話法の助動詞は文末に！

過去完了

Meine Mutter hatte operiert werden müssen.

> 定動詞 hat を過去形 hatte に変える！

未来

Meine Mutter wird operiert werden müssen.

未来完了　なし

次の文を（　　　　）内の時制に書き換えなさい。

(1) Ich werde oft von unserer Sekretärin angerufen.（過去）

　　　　私はしばしば私たちの秘書から電話をかけられます（＝私たちの秘書はしばし
　　　　ば私に電話をかける）。

(2) Unsere Koffer werden abgestellt.（現在完了）

　　　　私たちのスーツケースは下に置かれます。

(3) Die Schlüssel werden sicher wiedergefunden.（未来）

　　　　鍵はきっと再び見つけ出されます。

(4) Das Programm kann nicht installiert werden.（過去）

　　　　このプログラムはインストールされません。

(5) Werden Sie informiert?（過去完了）　あなたは知らされますか。

解答は 195 ページ

🗨️ 解答のヒント

(3) der Schlüssel（男性名詞）は複数形も同じかたちです。

(4) 話法の助動詞で過去の事柄をあらわす場合，書きことばだけではなく，日常会話
　　においても，現在完了形よりも過去形であらわされることの方が多いです。

KOLUMNE　アンビリバボー！をドイツ語で

　Unbelievable!（信じられない！）をドイツ語で表現すると unglaublich。これ
は動詞 glauben（〜⁴ を信じる）の語幹 glaub- に否定の接頭辞 un- と接尾辞 -lich
がついた派生語です。英語の un-believ-able と同じ構造になっていますね。例え
ば何かの知らせを聞いたときに Unglaublich! と発した一言は，この課で学んだ
長い表現 Die Nachricht kann nicht geglaubt werden（その知らせは信じられな
い）と言い換えることができます。日常的な会話の中ではいかに端的に表現するか，
ひょっとして私たちは無意識のうちに効率性を考えてことばを使っているのかもし
れません。

その他の受動の表現

受動の表現には他に **sein と zu 不定詞句を使った表現**や，**再帰代名詞を伴った助動詞 lassen を使う表現**があります。

🔷 sein + zu 不定詞句

🔊 **401**

Das Buch ist zu empfehlen.	この本は推薦することができます。
Diese Schrift ist nicht zu lesen.	この文字は読むことができません。

この受動の表現には，**可能 können の意味が含まれる**ため，それぞれ助動詞 werden を使った受動文と不定人称代名詞 man を主語にした能動文に書き換えることができます。

🔊 **402**

受動文
　Das Buch kann empfohlen werden. 　　　この本は推薦することできます。
　Diese Schrift kann nicht gelesen werden. 　この文字は読むことができません。

能動文
　Man kann das Buch empfehlen. 　　　（人は）この本を推薦することができます。
　Man kann diese Schrift nicht lesen. 　（人は）この文字を読むことができません。

🔷 sich lassen

再帰代名詞を伴った助動詞 lassen もまた，**受動の意味に可能 können の意味が含まれ「〜され得る」という意味**をあらわします。特に**主語の性質に因んで可能であることをあらわす**ため，leicht（簡単に）や mühelos（難なく）といった副詞と共に使用される傾向があります。

🔊 **403**

　　　　　　　lassen + sich　　　　不定詞
Das Programm lässt sich <u>leicht</u> installieren.
　このプログラムは簡単にインストールすることができます。

Dieser Text lässt sich <u>mühelos</u> übersetzen.
　このテキストは難なく翻訳することができません。

ab｜stellen	動詞	～⁴を下に置く
an｜treiben	動詞	～⁴を動かす
bringen	動詞	～⁴を運ぶ
das Dach	中性名詞	屋根
durch	前置詞	～⁴によって
installieren	動詞	～⁴をインストールする
das Krankenhaus	中性名詞	病院
leicht	副詞	簡単に
mühelos	副詞	難なく
der Nachbar	男性名詞	隣人
oft	副詞	しばしば
operieren	動詞	～⁴を手術する
das Programm	中性名詞	プログラム
die Rechnung	女性名詞	請求書
rot	形容詞	赤い
der Rotwein	男性名詞	赤ワイン
die Schrift	女性名詞	文字
die Sekretärin	女性名詞	女性の秘書
sofort	副詞	すぐに
der Taifun	男性名詞	台風
tanzen	動詞	踊る
der Teilnehmer	男性名詞	参加者
unglaublich	形容詞	信じられない
wieder｜finden	動詞	～⁴を再び見つけ出す

命令の表現

　命令の表現には，**動詞の命令形**を使います。動詞の命令形は「**～せよ**」といった強い要求や「**～してください**」という丁寧な依頼をあらわします。また「**～しましょう**」と動作を促す表現も含まれます。**強い要求は，親しい間柄，つまり du や ihr で指示される聞き手に対するもの**で，**丁寧な依頼は，敬称 Sie で指示される聞き手に対する表現**です。促しの表現には，**複数 1 人称の代名詞 wir が主語**となります。

> 命令形は，**命令法**とも呼ばれる。

命令文

🔲 **動詞の命令形**

　動詞の命令形は，**du, ihr, Sie に対する 3 つのかたち**があります。命令形は文の最初に置かれるため**大文字書き**となります。

🔌 **405**

		不定詞	lernen ～⁴を学ぶ	kommen 来る	
単数	2人称	du	Lern(e)…!	Komm(e)…!	語幹 + **(e)**
複数	2人称	ihr	Lernt…!	Kommt…!	語幹 + **-t**
敬称	2人称	Sie	Lernen Sie…!	Kommen Sie…!	語幹 + **-en**

◆語幹が -t, -d で終わる動詞

🔌 **406**

		不定詞	antworten 答える	reden 話す	
単数	2人称	du	Antworte…!	Rede…!	語幹 + **-e**
複数	2人称	ihr	Antwortet…!	Redet…!	語幹 + **-et**
敬称	2人称	Sie	Antworten Sie…!	Reden Sie…!	語幹 + **-en**

◆語幹が -m, -n で終わる動詞

🔌 **407**

		不定詞	atmen 呼吸する	öffnen ～⁴を開ける	
単数	2人称	du	Atme…!	Öffne…!	語幹 + **-e**
複数	2人称	ihr	Atmet…!	Öffnet…!	語幹 + **-et**
敬称	2人称	Sie	Atmen Sie…!	Öffnen Sie…!	語幹 + **-en**

> rechnen（計算する）も同じ変化形！

◆不定詞の語尾が -igen で終わる動詞　🔊 408

		不定詞	entschuldigen ~⁴を許す	bestätigen ~⁴を確認する	
単数	2人称	du	Entschuldige…!	Bestätige…!	語幹 + -e
複数	2人称	ihr	Entschuldigt…!	Bestätigt…!	語幹 + -t
敬称	2人称	Sie	Entschuldigen Sie…!	Bestätigen Sie…!	語幹 + -en

◆不定詞の語尾が -eln, -ern で終わる動詞　🔊 409

		不定詞	handeln 行動する	erinnern 覚えている	
単数	2人称	du	Handle…!	Erinn(e)re…!	語幹 + -e
複数	2人称	ihr	Handelt…!	Erinnert…!	語幹 + -t
敬称	2人称	Sie	Handeln Sie…!	Erinnern Sie…!	語幹 + -n

> 2人称単数のときは語幹のeが落ちることがある！

◆幹母音 e が 2 人称単数のとき i または ie となる不規則変化動詞　🔊 410

		不定詞	essen 食べる	sehen ~⁴を見る	
単数	2人称	du	Iss…!	Sieh…!	語幹
複数	2人称	ihr	Esst…!	Seht…!	語幹 + -t
敬称	2人称	Sie	Essen Sie…!	Sehen Sie…!	語幹 + -en

> 命令形でも母音がiまたはieとなる！

◆sein　🔊 411

単数	2人称	du	Sei…!
複数	2人称	ihr	Seid…!
敬称	2人称	Sie	Seien Sie…!

🔖 定動詞の位置

　命令形に変化させた**定動詞は文の最初**に置きます。du と ihr に対する命令文では主語はあらわしません。それに対して，Sie に対する命令文では，**主語 Sie を定動詞の直後**に置きます。**文の最後には！**を置きましょう。

◆du に対する命令文　🔊 412

Komm schnell!	早く来なさい！	Atme tief!	深く呼吸しなさい！
Sieh das Auto!	あの車を見なさい！	Sei vorsichtig!	気をつけなさい！

◆ihr に対する命令文　🔊 413

Kommt schnell!	早く来なさい！	Atmet tief!	深く呼吸しなさい！
Seht das Auto!	あの車を見なさい！	Seid vorsichtig!	気をつけなさい！

◆Sie に対する命令文

		🔊 414
Kommen Sie schnell!	早く来てください！	
Atmen Sie tief!	深く呼吸してください！	
Sehen Sie das Auto!	あの車を見てください！	
Seien Sie vorsichtig!	気をつけてください！	

間投詞 bitte を入れると丁寧な表現となります。

		🔊 415
Komm bitte schnell!	どうか早く来て！	
Kommt bitte schnell!	どうか早く来て！	
Kommen Sie bitte schnell!	どうか早く来てください！	

再帰代名詞は定動詞の直後または主語 Sie の直後に置きましょう。

			🔊 416
Beeil <u>dich</u>!	Beeilt <u>euch</u>!	Beeilen Sie <u>sich</u>!	
急ぎなさい！	急ぎなさい！	急いでください！	

命令文でも分離動詞は前つづりを文の最後に置きましょう。

			🔊 417
auf|stehen 起きる			
Steh <u>auf</u>!	Steht <u>auf</u>!	Stehen Sie <u>auf</u>!	
起きなさい！	起きなさい！	起きてください！	

練習問題　🔊 418

次の語句を用いて（　　）内の聞き手に対する命令文を作りなさい。

(1) ins Bett gehen (du)　　ベッドに行く

(2) gut schlafen (ihr)　　よく寝る

(3) bitte das Buch auf Seite 40 öffnen (Sie)　本の 40 ページを開ける

(4) sich^4 beruhigen (ihr)　　落ち着く

(5) mir helfen (du)　　私を助ける

※解答は 195 ページ

💭 解答のヒント

(3)「○ページ」という表現は，Seite ○ といったように数字を後ろに置きます。この場合 Seite は無冠詞になります。

(4) ihr の再帰代名詞 4 格は euch となります。

(5) helfen は語幹の母音 e が i に変化する強変化動詞です。

③ 促しの表現

「～しよう」という促しの表現は wir を使って表現します。

◆動詞を文の最初に置いて　　　🔊 419

Gehen wir!	行きましょう！
Essen wir!	食べましょう！
Atmen wir tief!	深く呼吸をしましょう！

> 動詞は接続法Ⅰ式のかたち（⇒ 接続法Ⅰ式 176 ページ参照！）

◆話法の助動詞 wollen を使って　　　🔊 420

Wir wollen langsam gehen!	（その場から何人かで）そろそろ行きましょう！
Wollen wir langsam gehen?	（その場にいる全員で）そろそろ行きましょう！
Wollen wir Kaffee trinken?	コーヒーでも飲みますか。

> 動詞だけの文よりも丁寧な表現。

◆使役の助動詞 lassen を使って　　　🔊 421

du に対して	Lass uns jetzt gehen!	さあ行こう！
ihr に対して	Lasst uns jetzt gehen!	さあ行こう！
Sie に対して	Lassen Sie uns jetzt gehen!	さあ行きましょう！

> 英語の Let's …! と同じ表現。元気づけるような友好的な表現。

単語を復習しよう！　　　🔊 422

atmen	動詞	呼吸する
beruhigen	動詞	(sich⁴ と) 落ち着く
bestätigen	動詞	～⁴ を確認する
handeln	動詞	行動する
langsam	副詞	ゆっくりと，そろそろ
rechnen	動詞	計算する
tief	副詞	深く
vorsichtig	形容詞	用心深い (vorsichtig sein で「気をつける」)

① 接続法

　接続法は話し手の考えや願望といった思考内容を主観的に述べる話法です。ドイツ語には，ここまでの課で学んだ客観的事実を述べる**直説法**と命令の表現の**命令法**と合わせて３つの話法があります。

　さらに接続法には，接続法Ⅰ式とⅡ式があります。**接続法Ⅰ式は**，話し手の要求や願望を述べる**要求話法**，あるいは他者の考えなどを間接的に述べる**間接話法**に用いられます。**接続法Ⅱ式は**，現実には起こらない，あるいは，起こっていない非現実な事柄を述べる**非現実話法**や，へりくだって丁寧に意見や願望を述べる**外交的話法**に用いられます。また間接話法でも，接続法Ⅱ式が用いられることもあります。

	接続法Ⅰ式	接続法Ⅱ式	
要求話法	間接話法	非現実話法	外交的話法

② 接続法Ⅰ式

🔹**接続法Ⅰ式の動詞の人称変化**

　接続法Ⅰ式の定動詞のかたちは，**不定詞の語幹に主語の人称に応じた語尾**をつけます。

🎧 **423**

		不定詞	lernen 学ぶ	語尾
		語幹	lern-	
単数	1人称	ich	lerne	**-e**
	2人称	du	lernest	**-est**
	3人称	er/sie/es	lerne	**-e**
複数	1人称	wir	lernen	**-en**
	2人称	ihr	lernet	**-et**
	3人称	sie	lernen	**-en**
敬称	2人称	Sie	lernen	**-en**

> ich lerne, wir lernen,
> sie lernen, Sie lernen
> は直説法の現在と同じ
> かたち。直説法と同じか
> たちになるときは接続法
> Ⅱ式が代用される。

接続法Ⅰ式の動詞は規則的な変化をしますが，sein だけは異なった変化をします。

🔊 424

		不定詞	sein	語尾
単数	1人称	ich	sei	-
	2人称	du	sei(e)st	-(e)st
	3人称	er/sie/es	sei	-
複数	1人称	wir	seien	-en
	2人称	ihr	seiet	-et
	3人称	sie	seien	-en
敬称	2人称	Sie	seien	-en

🔖 要求や願望を表現する

　実現の可能性が高い事柄の要求や願望は，接続法Ⅰ式を使ってあらわします。**定動詞は文の最初に置かれる**ことが多く，**敬称の Sie に対する要求や願望，wir を主語にした促し**をあらわします。他に慣用的な表現にも用いられます。

◆ 要求

復習しよう！（⇒ 第 17 課 促しの表現）　🔊 425

> Man nehme täglich nur eine Tablette.
> 　（処方の注意書きなどで）1 日 1 錠のみ服用のこと。
> Nehmen Sie bitte Platz!　　（命令の表現で）どうぞお掛けください！
> Gehen wir jetzt langsam!　　（促しの表現で）さあ，そろそろ行きましょう！

◆ 願望　🔊 426

> Es lebe die Freiheit!　　　　　自由万歳！
> Möge sie wieder gesund werden!　彼女が再び健康になりますように！

◆ 慣用的な表現　🔊 427

> Gott sei Dank!　よかった！（神に感謝あれ！）

🔖 他者の意見や考えを表現する

　他者の意見や考えを述べる場合，引用符（ „...‟ ）をつけて表現する**直接話法**と引用符をつけずに表現する**間接話法**があります。**間接話法では，動詞のかたちを接続法Ⅰ式にして，他者の意見や考えであることを明示**します。

🔊 428

> 直接話法
> 　Paul hat gesagt: „Ich habe keine Zeit.‟
> 　　パウルは「私は時間がない」と言いました。

この文を間接話法に書き換える場合，まずは，パウルの発言内容の**主語を ich から er に置き換え**ます。er を主語として，**動詞 haben の語幹に接続法 I 式の語尾 -e を つけて**，定動詞 habe を**発言内容の文の 2 番目**に置きます。

主語の置き換え ich ⇒ er
接続法 I 式へ置き換え habe ⇒ habe を定動詞の位置へ

🔊 429

> 間接話法
> Paul hat gesagt, <u>er habe keine Zeit</u>.　パウルは時間がないと言いました。

練習問題 1　　　　🔊 430

次の文を間接話法に書き換えなさい。

(1) Frau Kurz hat gesagt: „Ich fahre am Sonntag nach Frankfurt.“
　　　クルツさんは「私は日曜日にフランクフルトへ行く」と言いました。

(2) Unser Chef hat gesagt: „Ich nehme an der Sitzung teil.“
　　　私たちの上司は「私はその会議に参加する」と言いました。

(3) Anna kommt heute nicht. Sie hat gesagt: „Ich bin krank.“
　　　アンナは今日来ません。彼女は「私は病気だ」と言いました。

(4) Paul hat gesagt: „Ich werde nach Japan fliegen.“
　　　パウルは「私は日本へ行く」と言いました。

(5) Unsere Sekretärin hat gesagt: „Hier darf man parken.“
　　　私たちの秘書は「（人々は）ここに駐車してもよい」と言いました。

　　　　　　　　　　　　　　　　　　　　解答は 195 ページ

💭 解答のヒント

(1) fahren の接続法 I 式，3 人称単数の語尾に -e をつけます。
(2) 分離動詞は直説法と同じく分離前つづりは文の最後に置きます。

📦 他者の質問を表現する

　他者の質問を間接話法で表現する場合，ja か nein の答えを求める**決定疑問文の場 合には，接続詞 ob を使った副文**であらわします。wann, wer, wo といった疑問 詞を使った**補足疑問文の場合には，疑問詞をそのまま文の最初に置き，副文を作りま す**。いずれも副文なので**定動詞は文の最後**に置きます。

直接話法

Paul hat Anna gefragt, „Bist du krank?"

パウルはアンナに「君は病気なの？」と尋ねました。

間接話法

Paul hat Anna gefragt, <u>ob</u> sie krank sei.

パウルはアンナに彼女は病気なのか尋ねました。

🔊 431

直接話法

Unser Chef hat mich gefragt, „Wann beginnt die Sitzung?"

私たちの上司は私に「会議はいつ始まるのか」と尋ねました。

間接話法

Unser Chef hat mich gefragt, <u>wann</u> die Sitzung beginne.

私たちの上司は私に会議はいつ始まるのか尋ねました。

🔊 432

📦 他者の命令や依頼を表現する

　命令文を間接話法であらわす場合，**強い命令は話法の助動詞 sollen** を使い，**丁寧な依頼は話法の助動詞 mögen** を使って接続法Ⅰ式であらわします。

◆強い命令　🔊 433

直接話法

Mein Vater hat mir per E-Mail geschrieben: „Bleib noch in Deutschland!"

私の父は私にＥメールで「まだドイツに留まれ！」と書きました。

間接話法

Mein Vater hat mir per E-Mail geschrieben, ich solle noch in Deutschland bleiben.

私の父は私にＥメールで，私がまだドイツに留まるようにと書きました。

◆丁寧な依頼　🔊 434

直接話法

Die Sekretärin hat mir gesagt: „Warten Sie bitte hier!"

秘書は私に「ここでお待ちください」と言いました。

間接話法

Die Sekretärin hat mir gesagt, ich möge hier warten.

秘書は私に，私はここで待つように言いました。

3 接続法Ⅱ式

🔷 接続法Ⅱ式の動詞の人称変化

接続法Ⅱ式の定動詞のかたちは，**過去基本形に主語の人称に応じた語尾**をつけます。

🔊 **435**

		不定詞	lernen 〜⁴を学ぶ	語尾
		過去基本形	lernte-	
単数	1人称	ich	lernte	**-**
	2人称	du	lerntest	**-st**
	3人称	er/sie/es	lernte	**-**
複数	1人称	wir	lernten	**-n**
	2人称	ihr	lerntet	**-t**
	3人称	sie	lernten	**-n**
敬称	2人称	Sie	lernten	**-n**

> 規則動詞の場合，すべて直説法過去と同じかたち。直説法と同じかたちのときは，代用表現を使う。

不規則変化動詞の場合，**母音 a, o, u が語幹にあれば変音**します。

🔊 **436**

		不定詞	kommen 来る	語尾
		過去基本形	kam-	
単数	1人称	ich	käme	**-e**
	2人称	du	kämest	**-est**
	3人称	er/sie/es	käme	**-e**
複数	1人称	wir	kämen	**-en**
	2人称	ihr	kämet	**-et**
	3人称	sie	kämen	**-en**
敬称	2人称	Sie	kämen	**-en**

強変化動詞の幹母音の変化には次のような例外があります。

🔊 **437**

不定詞		過去基本形	接続法Ⅱ式
helfen	〜³を手伝う	half	hülfe
stehen	立っている	stand	stünde
sterben	死ぬ	starb	stürbe
schwimmen	泳ぐ	schwamm	schwömme

混合変化動詞の幹母音は，e になります。

🔊 **438**

不定詞		過去基本形	接続法Ⅱ式
kennen	〜⁴を知っている	kannte	kennte
nennen	〜⁴を〜⁴と呼ぶ	nannte	nennte
rennen	駆ける	rannte	rennte

重要な動詞の接続法 II 式のかたち

		不定詞	sein	haben	werden	語尾
		過去基本形	war-	hatte-	wurde-	
単数	1人称	ich	wäre	hätte	würde	-(e)
単数	2人称	du	wär(e)st	hättest	würdest	-(e)st
単数	3人称	er/sie/es	wäre	hätte	würde	-(e)
複数	1人称	wir	wären	hätten	würden	-(e)n
複数	2人称	ihr	wär(e)t	hättet	würdet	-(e)t
複数	3人称	sie	wären	hätten	würden	-(e)n
敬称	2人称	Sie	wären	hätten	würden	-(e)n

話法の助動詞の接続法 II 式のかたち

不定詞		過去形	接続法 II 式
können	～できる	ich konnte	ich könnte
dürfen	～してもよい	ich durfte	ich dürfte
müssen	～しなければならない	ich musste	ich müsste
sollen	～すべきである	ich sollte	ich sollte
wollen	～するつもり	ich wollte	ich wollte
mögen	～かもしれない	ich mochte	ich möchte

> sollen と wollen の接続法 II 式は変音しない！

🔖【würde... 不定詞】による代用表現

不規則変化動詞の接続法 II 式のかたちはあまり使われなくなっており，werden の接続法 II 式を使った【würde ... 不定詞】が代用表現として使われます。

不定詞		接続法 II 式	代用表現
helfen	～³を手伝う	ich hülfe	ich würde...helfen
schwimmen	泳ぐ	ich schwömme	ich würde...schwimmen

同様に接続法 II 式のかたちが，**直説法過去と同じかたち**，または，**直説法現在と類似したかたち**の場合は，代用表現が使われます。

不定詞	直説法過去	接続法 II 式	代用表現
lernen ～⁴を学ぶ	wir lernten	wir lernten	wir würden lernen
schenken ～³に～⁴を贈る	wir schenkten	wir schenkten	wir würden schenken
zeigen ～³に～⁴をみせる	wir zeigten	wir zeigten	wir würden zeigen

	不定詞	直説法現在	接続法Ⅱ式	代用表現
sehen	～⁴を見る	ich sehe	ich sähe	ich würde sehen
geben	～³に～⁴を渡す	ich gebe	ich gäbe	ich würde geben
lesen	～⁴を読む	ich lese	ich läse	ich würde lesen

練習問題2

それぞれの人称に合わせて，過去形と接続法Ⅱ式のかたちを書きなさい。

不定詞		過去形		接続法Ⅱ式
(例) haben	du	_hattest_	du	_hättest_
(1) gehen 行く	er	_____	er	_____
(2) heißen ～という名前である	es	_____	es	_____
(3) essen 食べる	ich	_____	ich	_____
(4) wissen ～⁴を知っている	wir	_____	wir	_____
(5) mögen ～かもしれない	ich	_____	ich	_____

✿ 解答は 195-196 ページ

解答のヒント

(1),(2) 接続法Ⅱ式のかたちには過去形に語尾 -e をつけましょう。

(3) 過去形の幹母音 a を変音させて，語尾 -e をつけます。

(4) 過去形の幹母音 u を変音させましょう。

(5) 過去形の幹母音 o を変音させましょう。

◆接続法Ⅰ式の代用表現

間接話法の表現のときに，**接続法Ⅰ式と直説法が同じかたちとなる場合**には，接続法Ⅱ式を使ってあらわします。

直接話法

Meine Kollegen haben mir gesagt, „Wir kommen in einer Stunde zum Büro zurück."

　私の同僚たちは私に「私たちは後1時間でオフィスに戻ります」と言いました。

間接話法
接続法Ⅰ式

Meine Kollegen haben mir gesagt, sie <u>kommen</u> in einer Stunde zum Büro zurück.　　　　　　　　⇒直説法 sie kommen

接続法 II 式を使った代用表現

Meine Kollegen haben mir gesagt, sie kämen in einer Stunde zum Büro zurück.

私の同僚たちは私に，彼らは後 1 時間でオフィスに戻ると言いました。

動詞のかたちは重要なシグナル！

🔖 現実には起こらない，あるいは非現実な事柄を表現する

接続法 II 式の用法のひとつが**非現実話法**です。**事実ではない，話者の思考にある事柄を述べる場合**，動詞を接続法 II 式のかたちにします。

◆ 事実　　　　　　　　　　　　　　　　　　　　　　　　　🌐 446

Ich habe kein Geld und keine Zeit, eine Schiffsreise zu machen.

私は船旅をするお金も時間もありません。

◆ 非現実　　　　　　　　　　　　　　　　　　　　　　　　🌐 447

Wenn ich Geld und Zeit hätte, machte ich eine Schiffsreise.

(, würde ich eine Schiffsreise machen.)

もしお金と時間があれば，船旅をするのにな。

「〜ならば」という仮定文は従属接続詞 wen を使ってあらわしますが，**定動詞を文の最初に置き，wen を省略する**こともあります。

🌐 448

Hätte ich Geld und Zeit, machte ich eine Schiffsreise.

もしお金と時間があれば船旅をするのにな。

また，仮定文がなく，文中の前置詞句や前後の文脈において，仮定内容が表現されていることもあります。

🌐 449

An deiner Stelle würde ich nichts sagen.

君の立場なら私は何も言わないでしょう。

Ein Museumsdirektor würde eine Manga-Ausstellung veranstalten.

（もし私が）博物館長だったら，漫画の展覧会を開催するのにな。

また仮定文だけで実現が不可能な願望を表現することができます。

⚫ 450

> Wenn ich in Deutschland arbeiten könnte!　ドイツで働くことができたらな！
> Hätte ich eine große Wohnung!　　　　　　大きな住居があればな！

接続法 II 式の非現実話法では「まるで〜のように」といった比喩をあらわすこともできます。**従属接続詞 als ob または als wenn を使って副文**を作ります。**主文中に程度をあらわす副詞 so が挿入される**こともあります。

⚫ 451

> Anna spricht <u>so</u> gut Japanisch, <u>als ob</u> sie eine Japanerin wäre.
>   アンナはまるで日本人であるかのように日本語を上手に話します。
> Paul tut immer <u>so</u>, <u>als ob</u> er gar nichts wüsste.
>   パウルはいつも全く何も知らないかのように振舞います。

練習問題 3

⚫ 452

次の文の内容に対する非現実の願望文を作りなさい。

(例) Ich kann leider nicht gut Deutsch sprechen.
　　　　私は残念ながら上手くドイツ語を話すことができません。
　⇒ Wenn ich gut Deutsch sprechen könnte!/Könnte ich gut Deutsch sprechen!
　　　　私は上手くドイツ語を話すことができればな。

(1) Wir kommen leider nicht gleich zu dir.
　　　　私たちは残念ながらすぐに君のところに行けません。

(2) Mein Onkel ist leider nicht gesund.
　　　　私の叔父は残念ながら健康ではありません。

(3) Mein Chef versteht mich leider nicht.
　　　　私の上司は残念ながら私のことをわかってくれません。

(4) Du hilfst mir leider nicht.　君は残念ながら私を手伝ってくれません。

(5) Wir sehen uns leider nicht wieder.　私たちは残念ながら再会しません。

解答は 196 ページ

🤔 解答のヒント

(3), (4) verstehen, helfen は接続法 II 式のかたちではなく，【würden... 不定詞】の表現を使いましょう。

(5) wieder|sehen の接続法 II 式も sähen...wieder と直説法現在 sehen...wieder と類似したかたちになるので，【würden ... 不定詞】の表現を使いましょう。

🍮 丁寧な依頼の表現をする

　日常的な場面において，**控えめに意見を表明したり，依頼や願望を表現したりする時**には，接続法 II 式を使用します。この用法は**外交的話法**と呼ばれます。

◆自らの意見や願望を伝える　🔊 453

Ich möchte eine Fahrkarte nach Frankfurt.
　フランクフルト行きの切符を 1 枚欲しいのですが。

> gern を入れるとより
> 丁寧な表現になる！

Ich hätte gern eine Tasse Kaffee.　コーヒーを一杯ください。

Das wäre sehr schön.　それはととても素晴らしいですね。

Könnte ich vielleicht einen Stadtplan haben?
　ひょっとして私は 1 枚地図をいただくことができますか。

> 聞き手を気遣って
> vielleicht（ひょっとして）
> とひと言入れると快く承諾
> してくれるかもしれない！

Ich würde sagen, dieses Problem ist nicht mehr aktuell.
　この問題はもはや今日的ではないのではないでしょうか（現在は問題となっていない）。

◆聞き手に対してお願いをする　🔊 454

Könnten Sie mir bitte sagen, wie ich zum Bahnhof komme?
　どのように駅に行くかどうか言って（教えて）いただけませんか。

Hättest du vielleicht einen Kuli?

> 間投詞 bitte を入れて，
> より丁寧に尋ねよう！

　ひょっとして君はボールペンを 1 本持っていますか。

Es wäre sehr nett von dir, meinen Text zu korrigieren.
　私のテキストを添削してくれたなら，君はとても親切なのですが。

> ● 復習しよう！先取りされる zu 不定詞句
> 　（⇒第 10 課　先取りされる zu 不定詞句）
> ● 日本語ほどのバリエーションはなくと
> 　も，ドイツ語にも敬語表現がある！

練習問題 4　🔊 455

次の文を，接続法 II 式を使った丁寧な表現に書き換えなさい。

(1) Darf ich Ihren Kuli leihen?　あなたのボールペンをお借りしてもいいですか。

(2) Kannst du das Fenster zumachen?　君はその窓を閉めてくれますか。

(3) Darf ich Sie etwas fragen?　あなたにちょっと質問してもいいですか。

(4) Können Sie mir vorher Infos schicken?
　　　あなたは前もって私にパンフレットを送ってくれますか。

(5) Holst du mich am Flughafen ab?　君は私を空港に迎えに来ますか。

✿ 解答は 196 ページ

解答のヒント

間投詞 bitte は代名詞の後に挿入するとよいでしょう。

(5) 話法の助動詞 können を補って，より控え目な表現にしましょう。

接続法の時制

　過去の事柄をあらわす**直説法の現在完了，過去，過去完了は，接続法において
は，すべて過去**であらわされます。接続法過去は，完了の助動詞 sein または haben
を接続法のかたちに変化させ，過去分詞と共に文を作ります。また直説法の助動詞
werden を使った未来，未来完了は，werden を接続法のかたちに変化させます。

直説法		接続法		I	II
現在	ich lerne	現在	ich lerne		ich lernte
現在完了	ich habe...gelernt	過去	ich habe...gelernt		ich hätte...gelernt
過去	ich lernte				
過去完了	ich hatte...gelernt				
未来	ich werde...lernen	未来	ich werde...lernen		ich würde...lernen
未来完了	ich werde...gelernt haben	未来完了	ich werde...gelernt haben		ich würde...gelernt haben

◆接続法 I 式過去

> **直説法過去**　　　　　　　　　　　　　　　　　　　🔊 456
>
> Paul hat gesagt: „Ich hatte keine Zeit."
>
> 　パウルは「時間がなかった」と言いました。
>
> **接続法過去**
>
> Paul hat gesagt, er hätte keine Zeit <u>gehabt</u>.
>
> 　パウルは時間がなかったと言いました。

> **直説法現在完了**　　　　　　　　　　　　　　　　　🔊 457
>
> Paul hat gesagt: „Ich bin gegen 12 Uhr in Wien angekommen."
>
> 　パウルは「12 時頃にウィーンに到着した」と言いました。
>
> **接続法過去**
>
> Paul hat gesagt, er wäre gegen 12 Uhr in Wien angekommen.
>
> 　パウルは 12 時頃にウィーンに到着したと言いました。

> 接続法でも sein 支配
> と haben 支配は同じ！

◆接続法 II 式過去

接続法 II 式の過去時制は，**過去に実現しなかった事柄**を表現します。

> 直説法過去
>
> Wenn ich damals mehr Geld gehabt hätte, hätte ich eine Schiffsreise gemacht.
>
> 　当時もっとお金があったなら，私は船旅をしたのにな。
>
> Paul tat so, als ob er alles gewusst hätte.
>
> 　パウルはまるですべてを知っていたかのように振舞いました。

単語を復習しよう！

aktuell	形容詞	今日的な
die Ausstellung	女性名詞	展覧会 (die Manga-Ausstellung 漫画の展覧会)
der Dank	男性名詞	感謝
etwas	副詞	(量や程度など) 少し，いくらか
fliegen	動詞	(飛行機で) 行く
der Flughafen	男性名詞	空港
die Freiheit	女性名詞	自由
gar	副詞	全く〜
gesund	形容詞	健康な
gleich	副詞	すぐに
der Gott	男性名詞	神
das Info	中性名詞	(情報提供用) パンフレット (das Informationsblatt の略語)
korrigieren	動詞	〜⁴ を添削する
der Kuli	男性名詞	ボールペン (der Kugelschreiber の略語)
leider	副詞	残念ながら
leihen	動詞	〜⁴ を借りる
mehr	副詞	viel の比較級のかたち (nicht mehr で「もはや〜ない」)
der Museumsdirektor	男性名詞	博物館長
der Onkel	男性名詞	叔父
parken	動詞	駐車する
per	前置詞	〜で，〜によって
das Problem	中性名詞	問題
rennen	動詞	駆ける
schicken	動詞	〜³ に〜⁴ を送る

187

die Schiffsreise	女性名詞	船旅
die Sitzung	女性名詞	会議
die Stelle	女性名詞	立場
täglich	副詞	1日（毎日の意味）
die Tasse	女性名詞	カップ（eine Tasse Kaffee で「一杯のコーヒー」）
tun	動詞	振舞う
veranstalten	動詞	〜⁴ を開催する
vielleicht	副詞	ひょっとして
zu|machen	動詞	〜⁴ を閉める

Köln Rheinauhafen

Schwerin   Schloss Schwerin und Stadtansicht

練習問題解答

発音編

第 1 課

1 *p.* 3

(1) [eːuː] [エーウー]　(2) [fau̯veː] [ファオヴェー]　(3) [beːɛmveː] [ベーエムヴェー]

(4) [iːtseːeː] [イーツェーエー]　(5) [haːaːɛnaːkaːoː] [ˈʏpsilɔnaːɛmaːdeːaː] [ハーアーエヌアーカーオー] [イプスィロンアーエムアーデーアー]

2 *p.* 5

(1) [bɔn] [ボン]　(2) [ɡrɪm] [グリム]　(3) [ˈfraŋkfʊrt] [フランクフルト]　(4) [bal] [バル]

(5) [vɔlf] [ヴォルフ]

第 2 課

1 *p.* 9

長母音（2），（4）　　短母音（1），（3），（5）

(1) [ˈafə] [アッフェ]　(2) [ˈboːnə] [ボーネ]　(3) [ˈzʊpə] [ズッペ]　(4) [ˈhoːzə] [ホーゼ]

(5) [ˈlampə] [ランペ]

2 *p.* 11

(1) Bau [bau̯] [バオ] と　(6) Pause [ˈpau̯zə] [パオゼ]：[au̯] [アオ]

(2) Main [mai̯n] [マイン] と　(5) Seite [ˈzai̯tə] [ザイテ]：[ai̯] [アイ]

(3) Träume [ˈtrɔy̯mə] [トロイメ] と　(4) Preußen [ˈprɔy̯sən] [プロイセン]：[ɔy̯] [オイ]

第 3 課

1 *p.* 18

(1) c　　(2) a　　(3) b

(1) a. Alpen [ˈalpən] [アルペン]　b. halb [halp] [ハルプ]　c. Alben [ˈalbən] [アルベン]

(2) a. Ende [ˈɛndə] [エンデ]　b. Wald [valt] [ヴァルト]　c. Ente [ˈɛntə] [エンテ]

(3) a. Gleis [ɡlai̯s] [グライス]　b. Weg [veːk] [ヴェーク]　c. Garten [ˈɡartən] [ガルテン]

2 *p.* 22

(1) Grieche [ˈɡriːçə] [グリーヒェ] と　(3) billig [ˈbɪlɪç] [ビリヒ]

(2) Hachse [ˈhaksə] [ハクセ] と　(5) Keks [keːks] [ケークス]

(4) Zucht [tsʊxt] [ツフト] と　(6) Suche [ˈzuːxə] [ズーヘ]

第 4 課

1 *p.* 30

(1) c　　(2) b　　(3) a

(1) c は語尾 -tur [トゥーア] の母音にアクセントが置かれます。

　　a. Antwort [ˈantvɔrt] [アントヴォルト]　　b. Japan [ˈjaːpan] [ヤーパン]

　　c. Natur [naˈtuːɐ̯] [ナトゥーア]

(2) b は語尾 -al［アール］の母音にアクセントが置かれます。

a. nobel［ˈnoːbəl］［ノーベル］　　b. normal［nɔrˈmaːl］［ノルマール］

c. Norm［nɔrm］［ノルム］

(3) a は語尾 -esse［エッセ］の母音にアクセントが置かれます。b の -ist もギリシア語・ラテン語を起源とする語尾です。

a. Interesse［ɪntəˈrɛsə］［インテレッセ］　　b. Polizist［poliˈtsɪst］［ポリツィスト］

c. informativ［ɪnfɔrmaˈtiːf］［インフォルマティーフ］

2　*p.* 32

(1) c　　(2) a　　(3) b

(1) a. Genf［ˈgɛnf］［ゲンフ］　b. Gitarre［giˈtarə］［ギタレ］

c. Gentleman［ˈdʒɛntəlmɛn］［ジェントルメン］

(2) b は語尾 -tät の母音にアクセントが置かれます。c は語尾 -al の母音にアクセントが置かれます。

a. Vetter［fɛtɐ］［フェッター］　　b. Universität［univɛrziˈtɛːt］［ウニヴェルズィテート］

c. vertikal［vɛrtiˈkaːl］［ヴェルティカール］

(3) a. Chor［koːɐ］［コーア］　b. Chinese［çiˈneːzə］［ヒネーゼ］

c. Christus［ˈkrɪstus］［クリストゥス］

ドイツ語の数字をマスターしよう！

p. 38

(1) vierunddreißig［ˈfɪrʊntdraɪsɪç］［フィルウントドライスィヒ］

(2) siebenundsechzig［ˈziːbənʊntzɛçtsɪç］［ズィーベンウントゼヒツィヒ］

(3) zweiundachtzig［ˈtsvaɪʊntaxtsɪç］［ツヴァイウントアハツィヒ］

(4) fünfundsiebzig［ˈfynfʊntziːptsɪç］［フュンフウントズィープツィヒ］

(5) einundneunzig［ˈaɪnʊntnɔyntsɪç］［アインウントノインツィヒ］

文法編

第 1 課

1　*p.* 41

(1) spielst　(2) arbeitet　(3) heiße　(4) liebt　(5) sitzen

2　*p.* 46

(1) Sprichst, spreche　(2) liest　(3) läuft　(4) schläfst　(5) Hast, habe

(6) bist　(7) nehmen

第 2 課

1　*p.* 50

男性名詞　Koffer, Rasierer　　女性名詞　Küche, Lampe, Tasche, Zeitung, Sonne

中性名詞　Auto, Geld, Taxi

2 *p.* 54

(1) 1   (2) 2   (3) 1   (4) 3   (5) 2

第 3 課

1 *p.* 60

(1) mir   (2) dich   (3) ihm   (4) Ihnen   (5) sie

2 *p.* 62

(1) jemand   (2) man   (3) jemand   (4) niemanden   (5) Man

第 4 課

1 *p.* 67

(1) -es   (2) -en   (3) -e, -e   (4) -e

2 *p.* 68

(1) -e   (2) -er   (3) -×   (4) -en   (5) -e

第 5 課

1 *p.* 73

(1) 3   (2) 3   (3) 4   (4) 2

2 *p.* 76

(1) 3   (2) 4   (3) 1   (4) 4   (5) 3

3 *p.* 80

(1) auf   (2) nach   (3) für   (4) mit   (5) für

第 6 課

1 *p.* 86

(1) Maria zieht ihre Kinder an.

(2) Ich gebe meine Tochter im Kindergarten ab.

(3) Meine Tante bringt einen Kuchen mit.

(4) Takashi holt uns mit dem Wagen ab.

(5) Wann räumst du deinen Platz auf?

2 *p.* 87

(1) stehst, auf   (2) bestelle, ×   (3) Verstehst, ×   (4) kommen, zurück

(5) zerstört, ×

第 7 課

1 *p.* 93

(1) muss   (2) Könnt   (3) will   (4) Darf   (5) sollst

2 *p.* 96

(1) Hier darf man nicht rauchen.

(2) Ich gehe nicht ins Bett.

(3) Du musst jetzt nicht ins Bett gehen.

(4) Anna fährt nicht mit dem Auto.

(5) Ich kann morgen nicht mit dem Auto fahren.

第 8 課

1 *p.* 100

(1) kaufte　(2) sagte　(3) suchte　(4) regnete　(5) probierte

2 *p.* 102

(1) Es regnete.　(2) Du fragtest mich.　(3) Ben arbeitete fleißig.

(4) Wir kauften Fahrkarten.　(5) Ihr kochtet.

第 9 課

1 *p.* 106

(1) gekauft　(2) gesagt　(3) gesucht　(4) geregnet　(5) gefragt

2 *p.* 107

(1) probiert　(2) erlaubt　(3) aufgeräumt　(4) verkauft　(5) vorgelegt

3 *p.* 109

(1) Maria hat das Buch geschlossen.

(2) Ich bin um 19 Uhr nach Hause gekommen.

(3) Der Zug ist abgefahren.

(4) Hast du mich angerufen?

(5) Wir haben unseren Chef im Büro getroffen.

第 10 課

1 *p.* 114

(1) 名詞的用法　(2) 形容詞的用法　(3) 副詞的用法　(4) 名詞的用法

(5) 副詞的用法

2 *p.* 116

(1) Paul hofft darauf, die Prüfung zu bestehen.

(2) Es ist möglich, morgen früh in Osaka anzukommen.

(3) Wir sind dazu bereit, heute Abend abzureisen.

(4) Der Arzt hat es mir erlaubt, in einer Woche nach Hause zu gehen.

(5) Ich bin froh darüber, dich bald wiederzusehen.

第 11 課

1 *p.* 122

(1) Weil Paul müde ist, kommt er heute Abend nicht mit./
Paul kommt heute Abend nicht mit, weil er müde ist.

(2) Ich kaufe die Handtasche nicht, weil sie zu teuer ist./
Weil die Handtasche zu teuer ist, kaufe ich sie nicht.

(3) Wir gehen heute ins Museum, weil das Wetter schlecht ist./
Weil das Wetter schlecht ist, gehen wir heute ins Museum.

(4) Anna geht nicht in das Restaurant, weil ihr das Essen dort nicht schmeckt.

(5) Der Zug kam verspätet in Wien an, weil es stark geregnet hatte./
Weil es stark geregnet hatte, kam der Zug verspätet in Wien an.

2 *p.* 125

(1) Nachdem   (2) während   (3) Als   (4) Wenn   (5) Bevor

第 12 課

p. 132

(1) uns   (2) mich   (3) sich   (4) dich   (5) sich

第 13 課

1 *p.* 135

(1) -en   (2) -en   (3) -en   (4) -en   (5) -e

2 *p.* 137

(1) -en   (2) -er   (3) -em   (4) -es   (5) -e

3 *p.* 139   ＊下線部の読み方のみ

(1) am zwölften August   (2) der vierzehnte Juli

(3) am dreißigsten neunten

(4) vom fünfzehnten zwölften bis zum dritten ersten

(5) am neunten sechsten neunzehnhundertsiebenundachtzig

第 14 課

1 *p.* 143

(1) klüger, klügst-   (2) schneller, schnellst-   (3) stärker, stärkst-

(4) hübscher, hübschest-   (5) netter, nettest-

2 *p.* 144

(1) Tokio ist größer als Kobe.   (2) Ich esse Reis lieber als Pasta.

(3) Berlin gefällt mir besser als München.

(4) Hans ist um 3 Jahre jünger als Maria.

(5) Hans arbeitet fleißiger als Maria.

3 *p.* 146

(1) kürzeste   (2) schönste   (3) größte   (4) jüngste   (5) meisten

第 15 課

1 *p.* 156

(1) der   (2) deren   (3) die   (4) dem   (5) das

2 *p.* 160

(1) 4   (2) 2   (3) 1   (4) 3   (5) 2

第 16 課

1 *p.* 166

(1) Die Rechnung wird bezahlt.

(2) Der Rotwein wird von Paul mitgebracht.

(3) Die Waschmaschine wird sofort repariert.

(4) Die Maschine wird durch Wasser angetrieben.

(5) Das Formular wird von den Teilnehmern ausgefüllt.

2 *p.* 169

(1) Ich wurde oft von unserer Sekretärin angerufen.

(2) Unsere Koffer sind abgestellt worden.

(3) Die Schlüssel werden sicher wiedergefunden werden.

(4) Das Programm konnte nicht installiert werden.

(5) Waren Sie informiert worden?

第 17 課

p. 174

(1) Geh ins Bett!   (2) Schlaft gut!

(3) Öffnen Sie das Buch bitte auf Seite 40!

(4) Beruhigt euch!   (5) Hilf mir!

第 18 課

1 *p.* 178

(1) Frau Kurz hat gesagt, sie fahre am Sonntag nach Frankfurt.

(2) Unser Chef hat gesagt, er nehme an der Sitzung teil.

(3) Anna kommt heute nicht. Sie hat gesagt, sie sei krank.

(4) Paul hat gesagt, er werde nach Japan fliegen.

(5) Unsere Sekretärin hat gesagt, hier dürfe man parken.

2 *p.* 182

(1) (er) ging, (er) ginge,   (2) (es) hieß, (es) hieße,

(3) (ich) aß, (ich) äße,　　(4) (wir) wussten, (wir) wüssten

(5) (ich) mochte, (ich) möchte

3　*p.* 184

(1) Wenn wir gleich zu dir kämen!/ Kämen wir gleich zu dir!
　　私たちはすぐに君のところに行けるならな！

(2) Wenn mein Onkel gesund wäre!/ Wäre mein Onkel gesund!
　　私の叔父が健康であればな！

(3) Wenn mich mein Chef verstehen würde!/ Würde mich mein Chef
　　verstehen!
　　私の上司が私をわかってくれるならな！

(4) Wenn du mir helfen würdest!/ Würdest du mir helfen!
　　君が私を手伝ってくれるならな！

(5) Wenn wir uns wiedersehen würden!/ Würden wir uns wiedersehen!
　　再会するといいのにな！

4　*p.* 185

(1) Dürfte ich Ihren Kuli leihen?

(2) Könntest du (bitte) das Fenster zumachen?

(3) Dürfte ich Sie etwas fragen?

(4) Könnten Sie mir (bitte) vorher Infos schicken?

(5) Könntest du mich (bitte) am Flughafen abholen?

快速マスター
ドイツ語

会話表現編

1
🔊 **460**

おはようございます。

Guten Morgen!
グーテン　モルゲン ┘ ┈┈┈┈ ☆ 午前中

Morgen!
モルゲン ┘ ┈┈┈┈┈┈ ☆ 親しい間柄で。

● 発音カナ太字は強く読み，小さい文字は短く読みましょう。

● [　] の中の語は，口語では省略されることが多い語です。

2
🔊 **461**

こんにちは。

Guten Tag!
グーテン　ター^ク ┘

Grüß Gott!
グリュ^ス ゴット ┘ ┈┈┈┈ ☆ ドイツ南部と
　　　　　　　　　　　　　　オーストリアで。

Grüezi!
グリューエツィ ┘ ┈┈┈┈ ☆ スイスで。
　　　　　　　　　　1 日を通して使える。

Hallo!
ハロー ┘ ┈┈┈┈ ☆ 親しい間柄で。

Hallo, guten Tag! でもよい。
ハロー　グーテン　ター^ク

3
🔊 **462**

こんばんは。

┈┈┈┈ ☆ 親しい間柄で。

Guten Abend!		'n Abend!
グーテン　アーベント ┘　　　　ナーベント ┘

★ 親しい間柄で使われる挨拶表現には地域に特有なものがある。

ドイツ南部・オーストリア

Servus!
ゼルヴ^ス

ハンブルクを中心にしたドイツ北部

Moin!
モイン

4
🔊 **463**

元気ですか。

Wie geht es dir?
ヴィー　ゲー^ト　エ^ス　ディーア ┘ ┈┈┈┈ ☆ 英語の How are you? と同じ。du の間柄で。

（Sie に対して）Wie geht es Ihnen?
　　　　　　　ヴィー　ゲー^ト　エ^ス　イーネン

4-a とても元気です。ありがとう。

Sehr gut, danke.
ゼーア　グー^ト　ダンケ ┘

4-b 元気です。ありがとう。

Gut, danke.
グー^ト　ダンケ ┘

4-c まずまずです。

Es geht so.
エ^ス　ゲー^ト　ソー ┘

4-d あまり元気ではありません。

Ach, nicht so gut.
ア^ハ　ニヒ^ト　ソー　グー^ト ┘

4-e ひどく調子が悪いです。

Sehr schlecht.
ゼーア　シュレヒ゜ト

5
464 あなたはどうですか。

Und dir?
ウント　ティーア

⋯⋯ ☆ du の間柄で。
（Sie に対して）　Und Ihnen?
　　　　　　　　　ウント　イーネン

6
465 ご家族は元気ですか。

Wie geht es deiner Familie?
ヴィー　ゲート　エス　ダイナー　ファミーリエ

⋯⋯ ☆ du の間柄で。様子を尋ねたい人を 3 格で表現する。

（Sie の間柄の場合）あなたのご家族はお元気ですか。
Wie geht es Ihrer Familie?
ヴィー　ゲート　エス　イーラー　ファミーリエ

（du の間柄の場合）君の奥様は元気ですか。
Wie geht es deiner Frau?
ヴィー　ゲート　エス　ダイナー　フラオ

（Sie の間柄の場合）あなたの旦那様は元気ですか。
Wie geht es Ihrem Mann?
ヴィー　ゲート　エス　イーレ゜ム　マン

7
466 お久しぶりです。

Wir haben uns schon lange nicht gesehen.
ヴィーア　ハーベン　ウンス　ショーン　ランゲ　ニヒ゜ト　ゲゼーエン

⋯⋯ ☆「私たちは長らく会って
　　いなかった」の意味。

8
467 ようこそ。

Willkommen!
ヴィルコメン

⋯⋯ ☆ 場所をあらわす語句と一緒に「（場所に）ようこそ」。

私たちのところにようこそ！
Willkommen bei uns!
ヴィルコメン　バイ　ウンス

日本によようこそ！
Willkommen in Japan!
ヴィルコメン　イン　ヤーパン

9
468 さようなら。

Auf Wiedersehen!
アオ゜フ　ヴィーダーゼーエン

⋯⋯ ☆ お店などの店員さんなど Sie の間柄で。

Auf Wiederschauen!
アオ゜フ　ヴィーダーシャオエン

⋯⋯ ☆ドイツ南部とオーストリアで。

10 🔊 469　バイバイ！

Tschüss!
└ チュース

Tschau!
└ チャオ

Tschüs!
└ チュース

Servus!
└ ゼルヴス

☆友人同士など du の間柄で。

☆ドイツ南部とオーストリアで。これは会ったときの Hallo と同じように使うこともできる。

11 🔊 470　また明日ね！

Bis Morgen!
└ ビス　モルゲン

12 🔊 471　また次の機会ね！

Bis zum nächsten Mal!
└ ビス　ツ　ネーヒステン　マール

☆前置詞 bis（～まで）を使って、次会うときを表現する。
（水曜日に会う約束がある場合）また水曜日にね！

Bis Mittwoch!
ビス　ミットヴォホ

13 🔊 472　またね！

Bis gleich!
└ ビス　グライヒ

☆（すぐに戻る場合）Bis später!　Bis nachher!
ビス　シュペーター　ビス　ナーハヘーア

☆（しばらくして戻る場合）Bis dann!
ビス　ダン

☆（時間を指定しない場合）Bis bald!
ビス　バルト

14 🔊 473　この後も良い一日を過ごしてください！

[Einen] schönen Tag noch!
└ [アイネン]　シェーネン　ターク　ノホ

☆別れるタイミングによって、その後の時間帯をあらわす語を使う。

良い午後を過ごしてください！
[Einen] schönen Nachmittag!
[アイネン]　シェーネン　ナーハミッターク

良い夜を過ごしてください！
[Einen] schönen Abend!
[アイネン]　シェーネン　アーベント

15 🔊 474　良い週末を過ごしてください！

[Ein] schönes Wochenende!
└ [アイン]　シェーネス　ヴォッヘンエンデ

☆週の途中でも、もう会う予定がない場合には使ってもよい。

16 🔊 475　ありがとう、同じように（過ごしてください）。

Danke, ebenfalls.
ダンケ　エーベンファルス

または

Danke, gleichfalls.
ダンケ　グライヒファルス

☆...falls：「…の場合（様子）」という意味をあらわす副詞。
☆eben：一様に
☆gleich：同じ

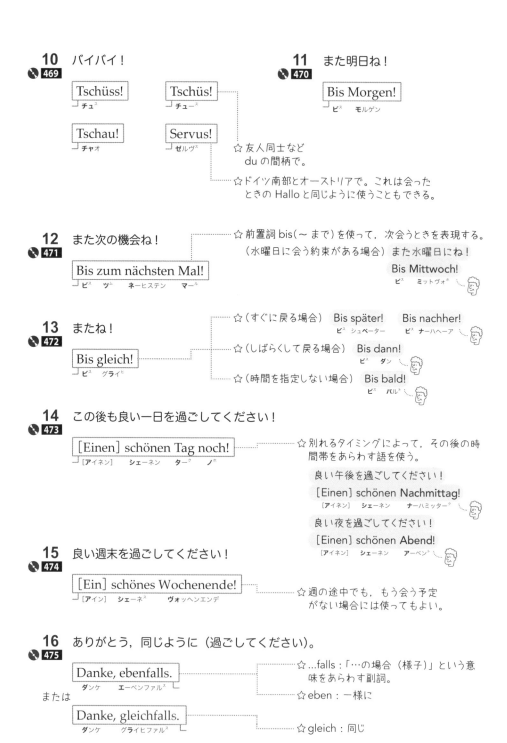

17 ありがとう，あなたもね。

🔊 476

> Danke, dir auch.
> ダンケ ディーア アオ^ホ

☆du の間柄で。

（Sie に対して） Danke, Ihnen auch.
ダンケ イーネン アオ^ホ

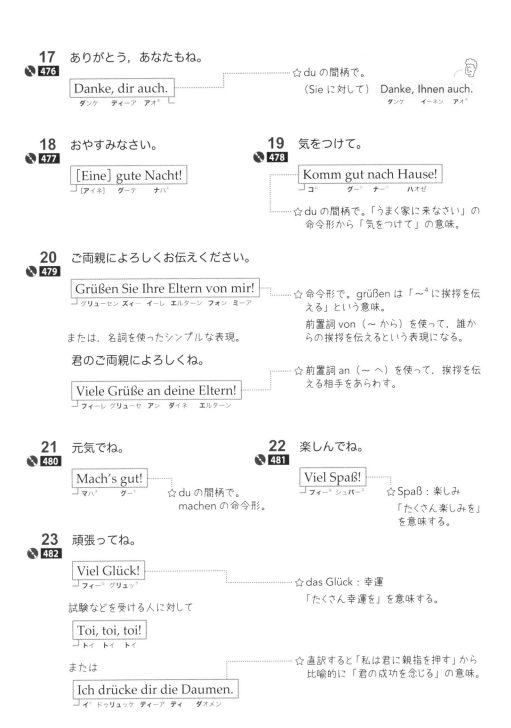

18 おやすみなさい。

🔊 477

> [Eine] gute Nacht!
> [アイネ] グーテ ナハ^ト

19 気をつけて。

🔊 478

> Komm gut nach Hause!
> コ^ム グート ナー^ハ ハオゼ

☆du の間柄で。「うまく家に来なさい」の
命令形から「気をつけて」の意味。

20 ご両親によろしくお伝えください。

🔊 479

> Grüßen Sie Ihre Eltern von mir!
> グリューセン ズィー イーレ エルターン フォン ミーア

☆命令形で。grüßen は「〜⁴ に挨拶を伝
える」という意味。
前置詞 von（〜 から）を使って，誰か
らの挨拶を伝えるという表現になる。

または，名詞を使ったシンプルな表現。

君のご両親によろしくね。

> Viele Grüße an deine Eltern!
> フィーレ グリューセ アン ダイネ エルターン

☆前置詞 an（〜 へ）を使って，挨拶を伝
える相手をあらわす。

21 元気でね。

🔊 480

> Mach's gut!
> マハ^ス グート

☆du の間柄で。
machen の命令形。

22 楽しんでね。

🔊 481

> Viel Spaß!
> フィール シュパース

☆Spaß：楽しみ
「たくさん楽しみを」
を意味する。

23 頑張ってね。

🔊 482

> Viel Glück!
> フィー^ル グリュック

☆das Glück：幸運
「たくさん幸運を」を意味する。

試験などを受ける人に対して

> Toi, toi, toi!
> トイ トイ トイ

または

> Ich drücke dir die Daumen.
> イ^ヒ ドゥ**リュッケ** ディーア ディ ダオメン

☆直訳すると「私は君に親指を押す」から
比喩的に「君の成功を念じる」の意味。

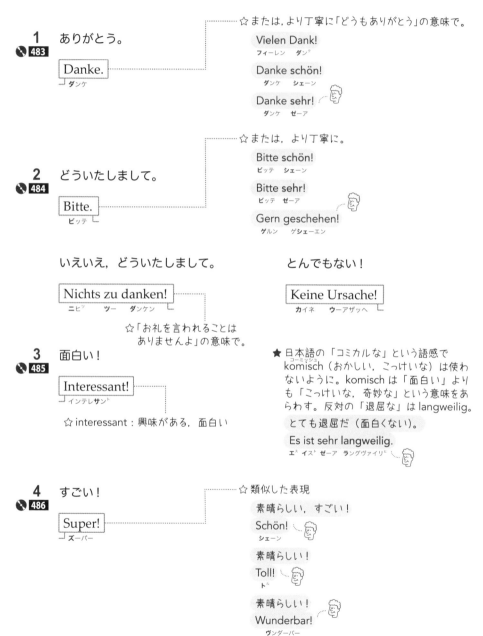

1
🔊 483

ありがとう。

Danke.
ダンケ

☆または，より丁寧に「どうもありがとう」の意味で。

Vielen Dank!
フィーレン　ダンク

Danke schön!
ダンケ　シェーン

Danke sehr!
ダンケ　ゼーア

2
🔊 484

どういたしまして。

Bitte.
ビッテ

☆または，より丁寧に。

Bitte schön!
ビッテ　シェーン

Bitte sehr!
ビッテ　ゼーア

Gern geschehen!
ゲルン　ゲシェーエン

いえいえ，どういたしまして。

Nichts zu danken!
ニヒツ　ツー　ダンケン

☆「お礼を言われることは
　ありませんよ」の意味で。

とんでもない！

Keine Ursache!
カイネ　ウーアザッヘ

3
🔊 485

面白い！

Interessant!
インテレサント

☆ interessant : 興味がある，面白い

★ 日本語の「コミカルな」という語感で
komisch（おかしい，こっけいな）は使わ
ないように。komisch は「面白い」より
も「こっけいな，奇妙な」という意味をあ
らわす。反対の「退屈な」は langweilig。

とても退屈だ（面白くない）。

Es ist sehr langweilig.
エス　イスト　ゼーア　ラングヴァイリヒ

4
🔊 486

すごい！

Super!
ズーパー

☆ 類似した表現

素晴らしい，すごい！
Schön!
シェーン

素晴らしい！
Toll!
トル

素晴らしい！
Wunderbar!
ヴンダーバー

5 本当に？
🔊 487

Wirklich?
└ ヴィルクリヒ

6 信じられない！
🔊 488

Unglaublich!
└ ウングラオプリヒ

☆ 動詞 glauben（信じる）の派生語。
un- は否定の意味をあらわす。英語
の unbelievable。

7 嬉しい！
🔊 489

Ich bin froh!
└ イヒ ビン フロー

☆ 類似した表現
嬉しい！
Ich freue mich!
イヒ フロイエ ミヒ

私は幸運だ！

Ich bin glücklich!
└ イヒ ビン グリュックリヒ

☆ 反対の表現 traurig（悲しい）を使って
私は悲しい。
Ich bin traurig.
イヒ ビン トラオリヒ

8 よくやったね！
🔊 490

Gut gemacht!
└ グート ゲマハト

☆「（そのことを）君は上手くやった」のシンプルな表現。
文のかたちにすると Das hast du gut gemacht.
ダス ハスト ドゥ グート ゲマハト

9 残念だ！
🔊 491

Schade!
└ シャーデ

☆ schade：残念な，気の毒な
☆ 類似した表現： それはひどい。
Es ist schrecklich.
エスイスト シュレックリヒ

Es ist schlimm.
エスイスト シュリム

10 これは驚いた！
🔊 492

Das ist ja eine Überraschung!
└ ダス イスト ヤー アイネ ユーバーラッシュング

☆ Überraschung：（予期しないことで）驚くこと
☆ ja は，話者の気持ち（ここでは驚きの気持ち）
をあらわす心態詞と呼ばれる語。

11 安心したよ。
🔊 493

Ich bin beruhigt.
└ イヒ ビン ベルーイヒト

☆ beruhigen（～⁴ を安心させる）の過去分詞形。
または「そのことは私を安心させる」の意味で
Das beruhigt mich.
ダス ベルーイヒト ミヒ

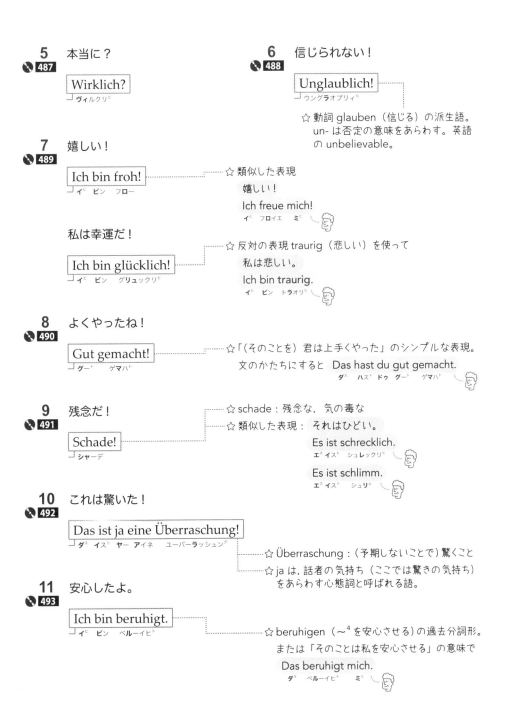

203

12 すみません。
🔊 494

Entschuldigung.
└ エント**シュ**ルディグング ┘ ·········· ☆ du の間柄でも Sie の間柄でも使える。

☆ 他の謝罪の表現

（du または Sie に対して）
すみません！
Verzeihung!
フェア**ツァ**イウング

（Sie に対して）
すみません！
Entschuldigen **Sie** bitte!
エント**シュ**ルディゲン **ズィ**ー ビッテ

（du に対して）
すまない！
Entschuldige bitte!
エント**シュ**ルディゲ ビッテ

（Sie に対して）
…を許してください！
Entschuldigen **Sie** bitte ...!
エント**シュ**ルディゲン **ズィ**ー ビッテ

（Sie に対して）
（私の）…を許してください！
Verzeihen **Sie** [mir] bitte ...!
フェア**ツァ**イエン **ズィ**ー [**ミ**ーア] ビッテ

（du または Sie に対して）
申し訳ない。
Es tut mir leid.
エス トゥー^ト ミーア ライ^ト

Schwangau　Schloss Neuschwanstein

Garmisch-Partenkirchen   Kirchturm vor Bergmassiv

① 自己紹介をする

1
🔊 495

自己紹介をしてもいいですか。

Darf ich mich vorstellen?
ダルフ　イヒ　ミヒ　フォアシュテレン

………☆「許可」の意味をあらわす話法
　　　の助動詞 dürfen。

2
🔊 496

私の名前は，山田久美です。

Mein Name ist Kumi Yamada.
マイン　ナーメ　イスト　クミ　ヤマダ

………☆動詞 heißen（〜 という）を使って，
　　　同じ表現ができる。
　　　　私は山田久美といいます。
　　　　Ich heiße Kumi Yamada.
　　　　イヒ　ハイセ　クミ　ヤマダ

3
🔊 497

私の姓は山田，名前は久美です。

Mein Familienname ist Yamada, mein Name ist Kumi.
マイン　ファミーリエナーメ　イスト　ヤマダ　マイン　ナーメ　イスト　クミ

Mein Nachname ist Yamada, mein Vorname ist Kumi.
マイン　ナーハナーメ　イスト　ヤマダ　マイン　フォアナーメ　イスト　クミ

☆ Nachname は
　「後ろの名前」
　で姓のこと，
　Vorname は「前
　の名前」で名の
　ことを示す。

4
🔊 498

はじめまして。　　☆日本語の「はじめまして」は出会いの挨拶で OK。

Guten Tag!　………
グーテン　ターク

Grüß Gott!　……☆南部ドイツとオーストリアで。
グリュス　ゴット

5
🔊 499

よろしく。

Freut mich!　………
フロイト　ミヒ

6
🔊 500

こちらこそ。

[Freut] mich auch!
[フロイト]　ミヒ　アオホ

☆シンプルな表現。「（お会いできたことが）私を喜ばせる」という意味。

7
🔊 501

お知り合いになれて嬉しいです。

Schön, Sie kennenzulernen!
シェーン　ズィー　ケネンツーレルネン

☆「あなたと知り合いになることは素晴
　らしい」という意味。

8
🔊 502

私は日本から来ました。

Ich komme aus Japan.
イヒ　コメ　アオス　ヤーパン

☆ aus は英語の from と同じ。

9 503 私は日本人です。

Ich bin Japaner.
イヒ ビン ヤパーナー

☆（女性の場合）

Ich bin Japanerin.
イヒ ビン ヤパーネリン

10 504 私の趣味は踊りです。

Mein Hobby ist Tanzen.
マイン ホビ イスト タンツェン

☆ das Hobby：趣味

（複数の趣味を述べる場合）

私の趣味はダンスとジョギングです。

Meine Hobbys sind Tanzen und Joggen.
マイネ ホビィズ ズィント タンツェン ウント ジョッゲン

11 505 私はダンスをするのが好きです。

Ich tanze gern.
イヒ タンツェ ゲルン

☆ 動詞 +gern で「～ するのが好き」という表現。

506 その他の趣味

読書	Lesen	テニスをすること	Tennis spielen
音楽鑑賞	Musik hören	サイクリング	Fahrrad fahren
映画鑑賞	Filme sehen	料理	Kochen
水泳	Schwimmen	歌うこと	Singen
サッカーをすること	Fußball spielen	ピアノを弾くこと	Klavier spielen

12 507 私は大学生です。

Ich bin Student.
イヒ ビン シュトゥデント

☆（女性の場合）

Ich bin Studentin.
イヒ ビン シュトゥデンティン

13 508 私は公務員です。

Ich bin Beamter.
イヒ ビン ベアムター

☆（女性の場合）

Ich bin Beamtin.
イヒ ビン ベアムティン

509 その他の職業名

	男	女
小・中・高校生	Schüler	Schülerin
教師	Lehrer	Lehrerin
大学教授	Professor	Professorin
研究者	Forscher/Wissenschaftler	Forscherin/Wissenschaftlerin
保育士	Erzieher	Erzieherin
弁護士	Rechtsanwalt	Rechtsanwältin
医師	Arzt	Ärztin
看護師	Krankenpfleger	Krankenpflegerin
介護士	Altenpfleger	Altenpflegerin
サラリーマン, 会社員	(der) Angestellte	(die) Angestellte
銀行員	(der)Bankangestellte	(die)Bankangestellte
美容師	Friseur	Friseurin
コック	Koch	Köchin
音楽家	Musiker	Musikerin
ピアニスト	Pianist	Pianistin
スポーツ選手	Sportler	Sportlerin
サッカー選手	Fußballspieler	Fußballspielerin
主夫・主婦	Hausmann	Hausfrau

14
510
私の専攻は日本学です。

Mein Fach ist Japanologie.
┐マイン　ファ^ハ　イス^ト　ヤパノロギー

☆ das Fach：（大学の）専攻

15
512
私は東京で仕事をしています。

Ich arbeite in Tokio.
┐イ^ヒ　アルバイテ　イン　トキオ

16
513
今，私は神戸で暮らしています。

Ich lebe jetzt in Kobe.
┐イ^ヒ　レーベ　イェッ^ト　イン　コウベ

17
514
5年前から神戸に住んでいます。

Seit fünf Jahren wohne ich in Kobe.
┐ザイ^ト　フュン^フ　ヤーレン　ヴォーネ　イ^ヒ　イン　コウベ

18
515
お名前は何とおっしゃいますか。

Wie ist Ihr Name?
┐ヴィー　イス^ト　イーア　ナーメ

19
516
おいくつですか。—32歳です。

Wie alt sind Sie? — 32［Jahre alt］.
┐ヴィー　アル^ト　ズィン^ト　ズィー　—　ツヴァイウン^トドライスィ^ヒ［ヤーレアル^ト］

20
517
あなたは結婚していますか。

Sind Sie verheiratet?
┐ズィン^ト　ズィー　フェアハイラーテ^ト

❖ **511**	その他の学問名
法律学	Jura/ Rechtswissenschaft
文学	Literatur
言語学	Linguistik
経営学	Betriebswissenschaft
経済学	Wirtschaftswissenschaft/ Ökonomie
社会学	Soziologie
政治学	Politologie
医学	Medizin
薬学	Pharmazie
心理学	Psychologie
数学	Mathematik
化学	Chemie
生物学	Biologie
教育学	Pädagogik
ドイツ語・ドイツ文学	Germanistik
英語・英文学	Anglistik
芸術	Kunst

☆ 前置詞 seit：〜 前から，
〜 以来ずっと。3格支配。

☆ または　Wie heißen Sie?
ヴィー　ハイセン　ズィー

☆ Jahre alt で「〜 歳」。
英語の years old にあたる。

☆（du に対して）Wie alt bist du?
ヴィー　アル^ト　ビス^ト　ドゥ

☆ verheiratet は再帰動詞 sich⁴ verheiraten（結婚する）
の過去分詞形。

20-a はい，結婚しています。

Ja, ich bin verheiratet.
ヤー　イ^ヒ　ビン　フェアハイラーテ^ト

20-b いいえ，独身です。

Nein, ich bin ledig.
ナイン　イ^ヒ　ビン　レーディ^ヒ

② 家族や同僚を紹介する

21
518
あなたの旦那さんはドイツ人ですか。

> Ist Ihr Mann Deutscher?
> イスト イーア マン ドイチャー

☆（奥さん）　Ist Ihre Frau Deutsche?
イスト イーレ フラオ ドイチェ

21-a はい，私の夫はドイツ人です。

> Ja, mein Mann ist Deutscher.
> ヤー マイン マン イスト ドイチャー

21-b いいえ，私の夫は日本人です。

> Nein, mein Mann ist Japaner.
> ナイン マイン マン イスト ヤパーナー

☆ 国籍・身分を述べるときは
冠詞をつけない。

☆（奥さん）
> Nein, meine Frau ist Japanerin.
> ナイン マイネ フラオ イスト ヤパーネリン

22
519
あなたの旦那さんの職業は何ですか。

> Was ist Ihr Mann von Beruf?
> ヴァス イスト イーア マン フォン ベルーフ

私の夫は，コックです。

> Mein Mann ist Koch.
> マイン マン イスト コッホ

☆ 職業には冠詞をつけない。

☆ von Beruf sein：職業は ～ である

☆ または beruflich machen「職業的
に ～ をしている」を使って
> Was macht Ihr Mann beruflich?
> ヴァス マハト イーア マン ベルーフリヒ

23
520
マイヤーさん，こちらは私の夫です。

> Herr Meier, das ist mein Mann.
> ヘル マイヤー ダス イスト マイン マン

☆ das は指示詞。

☆（妻を紹介する場合）
> Das ist meine Frau.
> ダス イスト マイネ フラオ

24
521
あなたはお子さんがいますか。

> Haben Sie Kinder?
> ハーベン ズィー キンダー

24-a はい。3人います。2人の息子と
ひとりの娘です。

> Ja, ich habe drei Kinder,
> zwei Söhne und eine Tochter.
> ヤー イヒ ハーベ ドライ キンダー
> ツヴァイ ゼーネ ウント アイネ トホター

24-b いいえ，子供はいません。

> Nein, ich habe keine Kinder.
> ナイン イヒ ハーベ カイネ キンダー

☆（男性の同僚の場合）
> Das ist mein Kollege Herr Yamada.
> ダス イスト マイン コレーゲ ヘル ヤマダ

25
522
ミュラーさん，こちらは私の同僚（女性）の山田さんです。

> Frau Müller, das ist meine Kollegin Frau Yamada.
> フラオ ミュラー ダス イスト マイネ コレーギン フラオ ヤマダ

①部屋を予約する

1
523
部屋は空いていますか。

Haben Sie ein Zimmer frei?
┘ ハーベン ズィー アイン ツィンマー フライ └

☆ frei : 空いている。英語の free
☆ 初対面の店員さんなどには Sie を使う。

1-a はい，開いています。

Ja, wir haben ein Zimmer frei.
└ ヤー ヴィーア ハーベン アイン ツィンマー フライ ┘

1-b いいえ，満室です。

Nein, wir haben kein Zimmer frei.
└ ナイン ヴィーア ハーベン カイン ツィンマー フライ ┘

2
524
シングルルームですか。それともツインルームですか。

Möchten Sie ein Einzelzimmer
oder ein Doppelzimmer?
┘ メヒテン ズィー アイン アインツェルツィンマー
オーダー アイン ドッペルツィンマー └

シングルルームをお願いします。

Ein Einzelzimmer bitte.
┘ アイン アインツェルツィンマー ビッテ └

☆ das Einzelzimmer : シングルルーム
das Doppelzimmer : ツインルーム
☆ möchten は話法の助動詞 mögen
の接続法Ⅱ式のかたち。丁寧な表現。

3
525
部屋はバス付きですか。

Ist das Zimmer mit Bad?
┘ イスト ダス ツィンマー ミット バート └

☆ 前置詞 mit「～ 付きの / で」を意味する。
反対は，前置詞 ohne「～ なしの / で」。

3-a はい，トイレとバス付きです。

Ja, mit Toilette und Bad.
└ ヤー ミット トアレッテ ウント バート ┘

3-b いいえ，バスルームはありません。
シャワーだけです。

Nein, ohne Bad. Nur mit Dusche.
└ ナイン オーネ バート ヌーア ミット ドゥッシェ ┘

☆ die Dusche : シャワー

4
526
そのバス付きの部屋はいくらですか。

Wie viel kostet das Zimmer mit Bad?
┘ ヴィー フィール コステット ダス ツィンマー ミット バート └

4-a 105 ユーロです。

Es kostet 105 Euro.
└ エス コステット アインフンダートフュンフ オイロ ┘

4-b 朝食付きで 115 ユーロです。

Es kostet 115 Euro mit Frühstück.
エス コステット アインフンダートフュンフツェーン オイロ ミット フリューシュトゥック

☆ das Frühstück：朝食

☆ または Mit Frühstück kostet es 115 Euro.
ミット フリューシュトゥック コステット エス アインフンダートフュンフツェーン オイロ

4-c 朝食なしで 105 ユーロです。

Es kostet 105 Euro ohne Frühstück.
エス コステット アインフンダートフュンフ オイロ オーネ フリューシュトゥック

☆ または Ohne Frühstück kostet es 105 Euro.
オーネ フリューシュトゥック コステット エス アインフンダートフュンフ オイロ

5 何泊されますか。

527

Wie viele Nächte möchten Sie übernachten?
ヴィー フィーレ ネヒテ メヒテン ズィー ユーバーナハテン

3 泊します。

Drei Nächte.
ドライ ネヒテ

☆ übernachten：宿泊する

☆「宿泊する」の代わりに動詞 bleiben（留まる）
を使ってもよい。

☆ Wie viel ...：数を聞くときの疑問副詞。
英語の How many。

6 朝食はどうしますか。

528

Möchten Sie ［ein Zimmer］mit Frühstück?
メヒテン ズィー ［アイン ツィンマー］ ミット フリューシュトゥック

6-a はい，お願いします。

Ja, bitte.
ヤー ビッテ

6-b いいえ，朝食は必要ありません。

Nein, ich brauche kein Frühstück.
ナイン イヒ ブラオヘ カイン フリューシュトゥック

7 クレジットカードで支払うことができますか。

529

Nehmen Sie Kreditkarten?
ネーメン ズィー クレディートカルテン

☆ das Bargeld：現金

7-a はい，もちろんです。

Ja, natürlich.
ヤー ナトューアリヒ

7-b いいえ，現金だけです。

Nein, nur Bargeld.
ナイン ヌーア バーゲルト

② チェックインとチェックアウト

8
530
部屋を予約しています。

Ich habe ein Zimmer reserviert.
イヒ ハーベ アイン ツィンマー レザヴィールト

☆ reservieren：予約する

9
531
お名前はなんといいますか。

Wie ist Ihr Name?
ヴィー イスト イーア ナーメ

私の名前は，山田久美です。

Mein Name ist Kumi Yamada.
マイン ナーメ イスト クミ ヤマダ

10
532
パスポートをお願いします。

Ihren Ausweis bitte.
イーレン アオスヴァイス ビッテ

どうぞ。

Hier bitte sehr.
ヒーア ビッテ ゼーア

☆ der Ausweis：証明書，パスポート
他に Pass, Reisepass なども「パスポート」を意味する。

11
533
ここにあなたのサインをお願いします。

Unterschreiben Sie bitte hier!
ウンターシュライベン ズィー ビッテ ヒーア

☆ unterschreiben：サインする
die Unterschrift：サイン

12
534
あなたの部屋は，4 階の 302 号室です。

Ihr Zimmer ist 302 und liegt im dritten Stock.
イーア ツィンマー イスト ドライフンダートツヴァイ ウント リークト イム ドゥリッテン シュトック

☆ der Stock：階

13
535
これがあなたの部屋の鍵です。

Das ist Ihr Zimmerschlüssel.
ダス イスト イーア ツィンマーシュリュッセル

★ 日本の 1 階は，Erdgeschoß と呼ばれ，
地上のこと。
2 階以上が der ersten Stock（ひとつめ
の階）と数えるため，日本の 4 階が der
dritten Stock（3 つ目の階）となる。

14
536
チェックアウトしたいのですが。

Ich möchte auschecken.
イヒ メヒテ アオスチェッケン

☆ チェックインは eincheken
出発したいという表現は他に Ich möchte abreisen.
イヒ メヒテ アプライゼン

🔊 537 　　　宿泊者帳に記入する項目

Vorname	名
Nachname	姓
Anreise	チェックインの日（日，月，年の順で）
Abreise	チェックアウトの日（日，月，年の順で）
Adresse	住所
Straße	通り名と番地
Stadt	都市名
Land	国名
Postleitzahl	郵便番号
Nationalität	国籍
Unterschrift	署名，サイン

Weinregion Mosel　Wohnhaus des Mönchshofs in Ürzig

①席に案内してもらう

1
🔊 **538**

何名様ですか。

Wie viele Personen?
└ ヴィー フィーレ　　ベルゾーネン

２人です。

Zwei.
└ ツヴァイ

┈┈┈ ☆（1人のとき）Eine Person.
　　　　　　　　　　　　　アイネ　ペルゾーン

2
🔊 **539**

予約はされていますか。

Haben Sie reserviert?
└ ハーベン　ズィー　レザヴィールト

★ レストランでは，einen Tisch reservieren
　（机（= 席）を予約する）という表現を使う。

2-a はい。私の名前は山田です。

Ja, mein Name ist Yamada.
ヤー　マイン　　ナーメ　イスト　　ヤマダ └

2-b いいえ。予約していません。

Nein, ich habe nicht reserviert.
ナイン　イヒ　ハーベ　　ニヒト　　レザヴィールト └

3
🔊 **540**

この席は空いていますか。

Ist der Platz frei?
└ イスト デア　プラッツ　フライ

★ 高級なレストランでなければ，自分で空いて
いる席を探すことができる。Kneipe と呼ばれ
る居酒屋風のお店であれば，大きなテーブ
ルで相席することもできるが，その場合には，
ひと言「席は空いていますか」と尋ねるとよい。

3-a すいません，ここに座っている人がいます。

Es tut mir leid, der Platz ist besetzt.
エス　トゥート　ミーア　ライト　デア　プラッツ　イスト　ベゼッツト └

┈┈┈ ☆ frei（空いている）の反対は
　　　　besetzt（ふさがっている）。

3-b どうぞ座ってください。

Ja, bitte schön.
ヤー　ビッテ　シェーン └

②注文をする

★ まずは飲み物を注文して，その後ゆっくりメニューをみて食事を選ぶ。店員によっては，簡単な表現で尋ねられることも。

飲み物はどうしますか。
[Et]was zum Trinken?
[エト]ヴァス　ツム　トゥリンケン

4
541
まず何か飲み物を注文なさいますか。

Möchten Sie schon etwas zu trinken bestellen?
メヒテン　ズィー　ショーン　エトヴァス　ツー　トゥリンケン　ベシュテレン

☆ bestellen：～⁴を注文する

4-a はい。ビールを一杯お願いします。

Ja, ein Bier bitte.
ヤー　アイン　ビーア　ビッテ

4-b いいえ，少し待ってください。

Nein, einen Moment bitte.
ナイン　アイネン　モメント　ビッテ

☆ der Moment：瞬間
☆ ちょっと待ってほしいときのひと言。慌てず待ってもらうとよい。

5
542
お水を一杯お願いします。

Ich hätte gerne ein Glas Wasser.
イヒ　ヘッテ　ゲルネ　アイン　グラース　ヴァッサー

☆ Ich möchte ... の表現でもOK!
イヒ　メヒテ

わかりました。炭酸入りにしますか，なしにしますか。

Ja, gerne. Mit oder ohne Kohlensäure?
ヤー　ゲルネ　ミット　オーダー　オーネ　コーレンゾイレ

☆ die Kohlensäure：炭酸
☆ 店員によっては，das Gas を使う人も。

炭酸なしでお願いします。

Ohne Kohlensäure bitte.
オーネ　コーレンゾイレ　ビッテ

★ 何も言わなければ炭酸水が出てくる。
das Mineralwasser（ミネラルウォーター）を注文すれば炭酸なしの水。ヨーロッパのたいていのレストランでは，水は有料なので注意しよう。

6
543
食事のメニューをいただけますか。

Könnte ich bitte die Speisekarte haben?
ケンテ　イヒ　ビッテ　ティー　シュパイゼカルテ　ハーベン

☆ die Speisekarte：食事のメニュー
☆ 簡単な表現でも大丈夫。

Die Speisekarte bitte.
ティー　シュパイゼカルテ　ビッテ

こちらになります。どうぞ。

Hier, bitte sehr.
ヒーア　ビッテ　ゼーア

544 食事の種類

前菜	Vorspeise
主菜	Hauptgang/Hauptgerichte
(土地やお店の)名物料理	Spezialitäten
菜食者向けメニュー	Vegetarisches Menü
デザート	Nachspeise/Nachtisch/Dessert

7 何にいたしますか。

> Was darf's sein? / Was möchten Sie?
> ヴァス ダルフス ザイン ヴァス メヒテン ズィー

☆ あるいは
あなたは何を選びましたか。
Was haben Sie [aus]gewählt?
ヴァス ハーベン ズィー [アオス]ゲヴェールト
と聞かれることや
どういたしましょう。
Bitte schön?
ビッテ シェーン
と簡単な表現で聞かれることも。

このセットをください。

> Ich hätte gerne das Menü, bitte.
> イヒ ヘッテ ゲルネ ダス メニュー ビッテ

☆ Ich hätte gerne … : 接続法 II 式を使った丁寧な表現。
☆ Menü は，セットメニューのこと。Tagesmenü（ターゲスメニュー）は日替わりメニュー。

8 おすすめは何ですか。

> Was können Sie mir empfehlen?
> ヴァス ケネン ズィー ミーア エンプフェーレン

☆「あなたは私に何をすすめることができますか」の意味。
☆ メニューに Empfehlung(en)（おすすめ）と書いてあるお店も。

9 547 乳製品にアレルギーがあるのですが。

> Ich bin gegen Milchprodukte allergisch.
> イヒ ビン ゲーゲン ミルヒプロドゥクテ アレルギッシュ

☆ gegen〜⁴ allergisch sein :
〜⁴ に対してアレルギー反応を起こす

10 548 私は肉を食べることができないのですが。このセットの菜食バージョンはありますか。

> Ich kann kein Fleisch essen. Haben Sie eine vegetarische Version des Menüs?
> イヒ カン カイン フライシュ エッセン ハーベン ズィー アイネ ヴェゲターリッシェ ヴェルズィオーン デス メニュース

11 549 お召し上がりください。

> Guten Appetit!
> グーテン アペティート

☆ Guten Appetit は食事の前のひと言。日本語でいう「いただきます」。「召し上がれ」の意味でも使う。ドイツ西部やオーストリアでは「食事の時間」の意味で Mahlzeit（マールツァイト）も食事の前のひと言。これから食事に行く人に声をかけるときにも使う。

ありがとうございます。

> Danke.
> ダンケ

③追加の注文をする

12
550
すみません，塩を持ってきていただけますか。

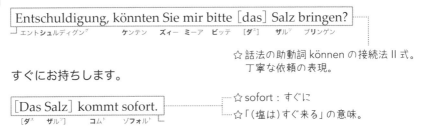

Entschuldigung, könnten Sie mir bitte [das] Salz bringen?
└ エントシュルディグング　ケンテン　ズィー　ミーア　ビッテ　[ダス]　ザルツ　ブリンゲン┘

☆話法の助動詞 können の接続法 II 式。
　丁寧な依頼の表現。

すぐにお持ちします。

[Das Salz] kommt sofort.
[ダス　ザルツ]　コムト　ゾフォルト

☆sofort : すぐに
☆「(塩は)すぐ来る」の意味。

13
551
美味しいですか。　　　　はい，とても美味しいです。

Schmeckt es?　　　　Ja, sehr gut.
└ シュメクト　エス┘　　　ヤー　ゼーア　グート

☆schmecken : ～³ に味がする（美味しい）

☆es がほとんど聞こえないときもある。

14
552
美味しかったですか。

Hat es Ihnen [gut] geschmeckt?
└ ハット　エス　イーネン　[グート]　ゲシュメクト┘

☆ Hat es gut geschmeckt?
　ハット　エス　グート　ゲシュメクト
と短く聞かれることも。

はい，とても美味しかったです。

Ja, sehr gut.
ヤー　ゼーア　グート

☆余裕が出てきたら，全文で答えるとよい。
　はい，私にはとても美味しかったです。
　Ja, es hat mir sehr gut geschmeckt.
　ヤー　エス　ハット　ミーア　ゼーア　グート　ゲシュメクト

15
553
もう一杯ワインを飲みますか。

Möchten Sie noch ein Glas Wein?
└ メヒテン　ズィー　ノホ　アイン　グラーズ　ヴァイン┘

☆ Noch ein Glas Wein?
　ノホ　アイン　グラーズ　ヴァイン
と短く聞かれることも。

15-a はい，お願いします。ワインリストはありますか。

Ja, gerne. Haben Sie eine Weinkarte?
ヤー　ゲルネ　ハーベン　ズィー　アイネ　ヴァインカルテ

☆gerne は「喜んで」の意味。

15-b いいえ，結構です。

Nein, danke.
ナイン　ダンケ

☆断るときのひと言。

16 乾杯！

🔊 554

> Prost! / Zum Wohl!
> └ プロースト　　ツム　　ヴォール┘

④支払いをする

★ 会計のときは店員さんを呼んで，テーブルで支払う。忙しいときは中々来てくれないときもあるので，急いでいるときは，先に支払うとよい。料理が来たら Kann ich gleich zahlen?（すぐに支払うことができますか）と尋ねるとよい。

17 支払いをしたいのですが。

🔊 555

> Ich möchte gerne zahlen, bitte.
> └ イヒ　　メヒテ　　ゲルネ　　ツァーレン　　ビッテ┘

☆ 簡単な表現で。
> Zahlen, bitte!
> ツァーレン　　ビッテ

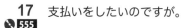

または
請求書をお願いします。
> Die Rechnung, bitte.
> ディ　　レヒヌング　　ビッテ

18 クレジットカードで支払うことができますか。

🔊 556

> Kann ich mit Kreditkarte zahlen?
> └ カン　　イヒ　　ミット　　クレディートカルテ　　ツァーレン┘

┈┈┈ ☆ 可能を意味する話法の助動詞 können。

いいえ，現金だけです。

> Nein, leider nur in bar.
> └ ナイン　　ライダー　　ヌア　イン　　バー┘

19 ご一緒ですか，別々のお支払いですか。

🔊 557

> Zusammen oder getrennt?
> └ ツザンメン　　オーダー　　ゲトレント┘

┈┈ ☆ zusammen：一緒に
┈┈ ☆ getrennt は動詞 trennen（別れる）の過去分詞形。

19-a 一緒でお願いします。

> Zusammen bitte.
> ツザンメン　　ビッテ┘

19-b 別々でお支払いします。

> Getrennt bitte.
> ゲトレント　　ビッテ┘

20 15.60 ユーロになります。

🔊 558

> Das macht 15, 60 Euro.
> └ ダス　　マハト　フュンフツェーン　オイロ　ゼヒツィヒ┘

20-a ちょうど取ってください。

> Stimmt so, bitte.
> シュティム゛ ゾー ビッテ

20-b 18 ユーロを取ってください。

> 18 Euro, bitte.
> アハツェーン オイロ ビッテ

20-c ２ユーロのお釣りをください。

> 2 Euro zurück, bitte.
> ツヴァイ オイロ ツリュッ゜ ビッテ

★ テーブル会計では，注文や料理を持って
きてくれた店員さんにサービスに応じてチ
ップ das Trinkgeld を払う。「お釣りはい
らない」という渡し方や「〜 取ってくださ
い」あるいは「〜 のお釣りをください（残
りは取ってください）」という表現がある。

21 領収書をいただけますか。
559

> Könnte ich eine Quittung haben?
> ケンテ イヒ アイネ クヴィットゥング ハーベン

☆ die Quittung：領収書

Leipzig　Restaurant Auerbachs Keller

219

Speisekarte	食事メニュー

Vorspeise 　前菜
Gulaschsuppe 　グーラッシュスープ
Kartoffelsuppe mit Würstchen 　ソーセージ入りじゃがいもスープ
Gemischter Salat 　彩りサラダ

Hauptspeise/Hauptgerichte 　主菜
Spaghetti mit Tomatensoße 　スパゲッティトマトソース
Schnitzel vom Schwein 　豚肉のシュニッツェル（カツレツ）
Schweinebraten 　豚肉のロースト
Rindersteak 　牛肉のステーキ
Gulasch vom Rind 　牛肉のグーラッシュスープ
Kalbsbraten 　子牛のロースト
Hähnchen vom Grill 　鶏肉のグリル焼き
Gebratene Ente 　鴨のロースト
Forelle 　ます
Putengeschnetzeltes 　七面鳥の薄切り

Beilage 　添え物
mit Pommes und Salat 　フライドポテトとサラダ
mit Kartoffelbrei und Blaukraut 　マッシュポテトと紫キャベツ
mit Nudeln und Gemüse 　麺と野菜
mit Reis 　ライス
mit Knödel 　クネーデル（パン粉などで丸めたもの）
mit Semmelknödeln 　ゼンメルクネーデル（ゼンメルのパン粉で丸めたもの）
Semmel 　白パン
mit Kartoffelsalat 　酢で味付けしたポテトサラダ

Nachspeise/Nachtisch/Dessert 　デザート
Gemischtes Eis 　彩りアイス
Vanilleeis mit Himbeeren 　キイチゴとバニラアイス
ein Stück Kuchen 　ケーキ
ein Stück Torte mit Sahne 　生クリーム付きトルテ

Getränkekarte 　飲み物メニュー

Pils［bier］	ピルスナー	Mineralwasser	ミネラルウォーター
Weißbier	白ビール	Orangensaft	オレンジジュース
Dunkelbier	黒ビール	Limonade	レモネード
Rotwein	赤ワイン	Weißwein	白ワイン

Schnitzel mit Kartoffelsalat

Semmelknödel mit Pfifferlingen

①道を尋ねる
[特定の目的地を尋ねる]

1
561

すみません，長距離バスの停留所はどこですか。

☆ der Fernbus：長距離バス
☆ wo は場所を尋ねる疑問副詞。

Entschuldigung, wo ist die Haltestelle für Fernbusse?

エント**シュル**ディグング　　**ヴォー**　**イス**ト　**ディ**　**ハ**ルテシュテレ　**フュア**　**フェ**ルンブッセ

2
562

すみません，長距離バスの停留所には，どのようにして行けばいいですか。

Entschuldigung, wissen Sie vielleicht, wie man zur Haltestelle für Fernbusse kommt?

エント**シュル**ディグング　　**ヴィ**ッセン　**ズィー**　フィー**ライヒ**ト　**ヴィー**　**マン**　**ツ**ーア　**ハ**ルテシュテレ　**フュア**
フェルンブッセ　**コ**ムト

☆ 初対面の人に対して，唐突に質問文から尋ねるよりも，まずは
Wissen Sie vielleicht ...「（ひょっとして）ご存知ですか」と始めると丁寧。

ゲーテ通りをルートヴィヒ通りまでまっすぐに行ってください。そして右に行くとバス停が見えるでしょう。

☆ geradeaus：まっすぐに

Sie laufen die Goethe-Straße immer geradeaus, bis Sie zur Ludwigstraße kommen. Dann gehen Sie nach rechts und dann sehen Sie die Bushaltestelle.

ズィー　**ラ**オフェン　**ディ**　**ゲ**ーテシュトラーセ　　**イ**ンマー　　ゲラー**デア**オス　　**ビ**ス　**ズィー**　**ツ**ーア
ルートヴィヒシュトラーセ　**コ**メン　**ダン**　**ゲ**ーエン　**ズィー**　**ナ**ーハ　**レ**ヒツ　ウント　**ダン**　**ゼ**ーエン
ズィー　**ディ**　**ブ**スハルテシュテレ

☆ nach links：左へ
nach rechts：右へ

3
563

Zum Lamm というビアガーデンを探しているのですが。

Ich suche den Biergarten *zum Lamm*.

イヒ　**ズ**ーヘ　**デン**　**ビ**ーアガルテン　**ツ**ム　**ラ**ム

☆ suchen：〜⁴ を探す。

4
564

ビアガーデンは，ここからどれくらい遠いですか。

Wie weit ist der Biergarten von hier?

ヴィ　**ヴァ**イト　**イス**ト　**デ**ア　**ビ**ーアガルテン　　**フォン**　**ヒ**ーア

☆ 程度を尋ねる疑問代名詞 wie
と形容詞 weit で距離を尋ねる。

4-a ここからはとても遠いです。

Es ist sehr weit von hier.
エス イスト ゼーア ヴァイト フォン ヒーア

4-b とても遠いということはありません。

Nicht sehr weit.
ニヒト ゼーア ヴァイト

☆ weit：遠い

反対の意味をあらわす形容詞は
nah(e)（近い）。

[距離や時間]

5
🔊 565
そこまでどれくらい（時間が）掛かりますか。

Wie lange brauche ich bis dahin?
ヴィー ランゲ ブラオヘ イヒ ビス ダーヒン

☆ brauchen：～⁴を必要とする
☆ bis dahin：そこまで

およそ 10 分くらいですね。

Ungefähr 10 Minuten.
ウンゲフェーア ツェーン ミヌーテン

☆ ungefähr：およそ

「およそ，約」という程度をあらわす副詞は，他に etwa, circa
（=ca.）といったものがある。

6
🔊 566
バスで行くことができますか。

Kann ich mit dem Bus fahren?
カン イヒ ミット デム ブス ファーレン

6-a はい。バスで行くことができます。

Ja, Sie können mit dem Bus fahren.
ヤー ズィー ケネン ミット デム ブス ファーレン

☆ 手段をあらわす前置詞 mit。

6-b ここからなら，歩いて行く方がいいですよ。

Von hier aus ist es besser, zu Fuß zu gehen.
フォン ヒーア アオス イスト エス ベッサー ツー フース ツー ゲーエン

☆ von（場所）aus で「（場所）～
から」の意味。
☆ zu Fuß は慣用的な表現で「足で」
の意味。

[不特定の目的地を尋ねる]

7
🔊 567
近くに薬局はありますか。

Gibt es hier in der Nähe eine Apotheke?
ギープト エス ヒーア イン デア ネーエ アイネ アポテーケ

☆ in der Nähe：近くに
☆ die Apotheke：薬局

8
🔊 568
最寄りのバス停はどこですか。

Wo ist die nächste Bushaltestelle?
ヴォー イスト ディー ネーヒステ ブスハルテシュテレ

☆ nächst- は，形容詞 nah(e)（近い）
の最上級のかたち。
英語の next と同じ意味をあらわす。

② トラブルに巻き込まれたとき

9 🔊 **569**
パスポートを失くしました。

Ich habe meinen Reisepass verloren.
イ゙ ハーベ マイネン ライゼパス フェアローレン

☆ verloren は動詞 verlieren（失くす）の過去分詞形。

10 🔊 **570**
財布を盗まれました。

Mein Portemonnaie wurde gestohlen.
マイン ポルトモネー ヴルデ ゲシュトーレン

☆ gestohlen は動詞 stehlen（盗む）の過去分詞。ここでは受動文で。

11 🔊 **571**
スリだ！

Taschendieb!
タッシェンディーブ

12 🔊 **572**
警察を呼んで！

Polizei!
ポリツァイ

13 🔊 **573**
気分が悪いです。

Ich fühle mich schlecht.
イ゙ フューレ ミ゙ シュレヒト

☆ fühlen（感じる）再帰代名詞と共に使って，気分や体の状態を表現する。

★ 日本人が街で遭うトラブルは，お金を要求されるものが多い。おかしいなと思ったら，すぐにその場を去るようにすること。

例）・親切に話かけてきて，いろいろと教えてくれた後にお金を請求される。
　　・バラや手作りのものを買わせる。
　　・１ユーロなど少額のお金を要求する。
　　・「帰りの交通費がない」と言って高額のお金を借りようとする。

Rüdesheim am Rhein   Stadtzentrum

① バスや市電（トラム）に乗る

1
🔊 574

バスの切符はどこで買うことができますか。

> Wo kann man Bustickets kaufen?
> ヴォー カン　 マン　 ブスティケッ^ツ カオフェン

★ 車内で切符を買うときは，前方から乗車し，バスの運転手から切符を買うことができる。市電（die Straßenbahn）は，車内では買えないことが多いので，事前に買っておく方がよい。

1-a 切符は自動販売機で買うことができます。

> Kaufen Sie die Tickets am Automaten.
> カオフェン ズィー　 ティー ティケッ^ツ ア^ム　 アオトマーテン

☆ der Automat：自販機
（男性弱変化名詞）

☆ または Sie können Tickets am Automaten kaufen.
ズィー　 ケネン　 ティケッ^ツ ア^ム アオトマーテン　 カオフェン

1-b 乗車するときに買うことができます。

☆ einlsteigen：乗る
反対の動詞は auslsteigen（降りる）

> Kaufen Sie Ihr Ticket beim Einsteigen.
> カオフェン ズィー イーア　 ティケッ^ト　 バイ^ム　 アインシュタイゲン

2
🔊 575

（1回分の）切符を1枚ください。

> Ein Einzelticket bitte.
> アイン アインツェルティケッ^ト　 ビッテ

3.5 ユーロです。

> 3, 50 Euro bitte.
> ドライ オイロ フュンフツィ^ヒ ビッテ

★ バス停などにある自動販売機や交通機関の窓口では，印字されている日または車内の機械で印字された日であれば何度でも乗ることができる das Tagesticket（1日乗り放題切符）や回数券 das 4 -Fahrten Ticket（4回分の切符）など，街や交通機関によって異なるお得な切符も販売されている。

バスや市電では，日本のような改札はない。抜き打ちで検札（die Kontrolle）があり，切符を持たないで乗車すると schwarzlfahren（無賃乗車）となり，罰金を支払わなければならない。

☆ das Einzel(fahrt) tickt：1回分の切符

② 窓口で列車の切符を買う

3
🔊 576

私はレーゲンスブルク行きの切符が欲しいのですが。

> Ich möchte eine Fahrkarte nach Regensburg.
> イ^ヒ　 メヒテ　 アイネ　 ファールカルテ　 ナー^ハ　 レーゲンスブル^ク

☆ 丁寧な表現。
Ich hätte gerne ...
イ^ヒ　 ヘッテ　 ゲルネ
も使える。

226

4
577

いつご利用になりますか。

今日の午後，14 時以降です。

Wann wollen Sie reisen?
└ ヴァン　ヴォレン　ズィー　ライゼン ┘

Heute Nachmittag, nach
14 Uhr.
ホイテ　ナーハミッターク　ナーハ
フィーアツェーン　ウーア

☆ nach：〜³ の後

5
578

片道ですか，往復ですか。

Einfach oder hin und zurück?
└ アインファッハ　オーダー　ヒン　ウント　ツリュック ┘

☆ zurück は「元の場所へ」
という意味をあらわす副詞。

5-a 片道でお願いします。

Einfach bitte.
└ アインファッハ　ビッテ ┘

5-b 往復でお願いします。

Hin und zurück bitte.
└ ヒン　ウント　ツリュック　ビッテ ┘

6
579

2 等車でいいですか。

はい，（2 等車で）お願いします。

In der zweiten Klasse?
└ イン　デア　ツヴァイテン　クラッセ ┘

☆ 1 等車：die erste Klasse
エルステ

Ja, bitte.
ヤー　ビッテ

★ 1 等車は 2 等車より運賃が高くなる
が，座席が広めでゆったりできる。
食堂車は der Speisewagen。
シュパイゼヴァーゲン

7
580

15 時に出発する ICE があります。

Ein ICE fährt um 15 Uhr ab.
└ アイン　イーツェーエー　フェールト　ウ゜　フュンフツェーン　ウーア　アプ ┘

☆ ablfahren：出発する

8
581

ミュンヘンで乗り換えなければなりませんか。

Muss ich in München umsteigen?
└ ムス　イヒ　イン　ミュンヘン　ウムシュタイゲン ┘

☆ umlsteigen：乗り換える

9
582

直通列車なら 15 時 45 分に出発する快速列車があります。

Ein durchgehender Zug ist der Regionalexpress, der fährt
um 15.45 Uhr ab.
└ アイン　ドゥルヒゲーエンダー　ツーク　イスト　デア　レギオナールエクスプレス　デア　フェールト
ウ゜　フュンフツェーン　ウーア　フュンフウントフィーアツィヒ　アプ ┘

☆ der Regionalexpress（RE）：
地域快速列車

それでは，その列車にします。

> Dann nehme ich den Zug.
> ダン ネーメ イヒ デン ツーク

☆ nehmen：
（列車などを）利用する

③座席を予約する

10
🔊 **583**

座席を予約しますか。

> Möchten Sie einen Sitzplatz reservieren?
> メヒテン ズィー アイネン ズィッツプラッツ レザヴィーレン

☆ möglich は「可能な」を意味する形容詞。ここでの接続詞 wenn は英語の if（もしも）と同じ意味。

☆ ein Platz am Gang：通路側の席

はい。できれば，窓側の席をお願いします。

> Ja, gerne. Wenn es möglich ist, einen Fensterplatz bitte.
> ヤー ゲルネ ヴェン エス メークリヒ イスト アイネン フェンスタープラッツ ビッテ

11
🔊 **584**

25 号車の窓側の席になります。

☆ der Wagen：車両

> Sie haben einen Fensterplatz in Wagen 25.
> ズィー ハーベン アイネン フェンスタープラッツ イン ヴァーゲン フュンフウントツヴァンツィヒ

🔊 **585** 　予約票に記載される事項

Reservierung	予約
von	出発地
nach	目的地
Datum	乗車日
Uhrzeit	時刻
Zugtyp	列車タイプ（ICE や IC など）
Zug	列車（番号）
Wagen	車両（番号）
Kl.	〜等車（Klasse の略語）
ab	出発（時刻）
an	到着（時刻）
Großraumwagen/ Abteil	中央通路の左右に座席がある客車／ コンパートメント
Fenster/Gang	窓側／通路側
Nichtraucher	禁煙
Sitzplatz	座席（番号）

★ 予約をしたら切符に記載された
事項を確認する！

🔊 **586** 　切符に記載される事項

Fahrkarte	切符
von	出発地
nach	目的地
Kl.	〜等車（Klasse の略語）
Gültigkeit	切符の有効期限
	（日月年の順で）14.10.20–17.10.20
	2020 年 10 月 14 日から 17 日まで
City-Nutzung	市内交通利用
via	経由

④ **ホームや列車の中で**

12
587
この列車はどのプラットホーム（何番線）から出発しますか。

Von welchem Bahnsteig fährt der Zug ab?
└ フォン　ヴェルヒェ厶　バーンシュタイ⁷　フェール̣　デア　ツー⁷　ア⁷ ┘

☆ der Bahnsteig：プラットホーム

18 番線からです。

☆ das Gleis：〜 番線

Von Gleis 18.
└ フォン　グライ⁵　アハツェーン ┘

★ドイツやオーストリアの駅には，黄色と白色の時刻
表がある。黄色は，出発（die Abfahrt）の時刻表，
白色は到着（die Ankunft）の時刻表。掲示板にも
両方表示されていて，自分で確認することもできる。
窓口で旅程表（der Reiseplan）をもらうことや，
自動販売機で印刷することもできる。

13
588
この列車はニュルンベルク行きですか。

Fährt dieser Zug nach Nürnberg?
└ フェール̣　ディーザー　ツー⁷　ナー゚　ニュルンベル⁷ ┘

☆ nach：〜³（方向）へ

14
589
この席は空いていますか。

Ist der Platz frei?
└ イ⁵ デア　プラッ⁷　フライ ┘

☆ frei：空いている ↔ besetzt：ふさがっている

★ 座席予約をしなくても ICE などの列車に乗るこ
とはできるが，空いている席を見つけたら，ひ
と言尋ねてみるとよい。

15
590
良い旅を！

Gute Reise!
└ グーテ　ライゼ ┘

591　　　　　旅程表に記載される事項

Reiseplan	旅程表
von	出発地
nach	目的地
Bahnhof/Haltestelle	駅，停車駅
Uhr	時刻
ab	出発（時刻）
an	到着（時刻）
Gleis	(出発 / 到着の)プラットホーム（番号）
Zug	列車（種類と番号）
Bemerkung	注意事項

第**8**課　　　　　　　　　　　　　　　　　　　　　　　**観光**をする

① ツーリストインフォメーションで

1
● 592

ミュンヘンの地図はありますか。

Haben Sie einen Stadtplan von München?
ハーベン　ズィー　アイネン　シュタットプラン　フォン　　ミュンヘン

☆ der Stadtplan：
　（街の）地図

2
● 593

私はノイシュヴァンシュタイン城を見物したいのですが。

Ich möchte Schloss Neuschwanstein besichtigen.
イヒ　メヒテ　　シュロス　　ノイシュヴァンシュタイン　　ベズィヒティゲン

☆ besichtigen：
　～⁴ を見学する

あなたは前もって入場券を買わなければなりません。

Sie müssen vorher Ihre Eintrittskarte kaufen.
ズィー ミュッセン　ホアヘア　イーレ　アイントゥリッツカルテ　カオフェン

☆ vorher：
　前もって，予め
☆ die Eintrittskarte：
　入場券

3
● 594

私はノイシュヴァンシュタイン城のツアーを予約したいのですが。

Ich möchte die Fahrt zum Schloss Neuschwanstein buchen.
イヒ　メヒテ　ディ ファールト　ツム　　シュロス　　ノイシュヴァンシュタイン　　ブーヘン

☆ buchen：～⁴（旅行のために席など）を予約する

何人分を予約しますか。

Für wie viele Personen möchten Sie buchen?
フューア　ヴィー　フィーレ　ベルゾーネン　メヒテン　ズィー　ブーヘン

２人分をお願いします。

Für zwei bitte.
フューア ツヴァイ ビッテ

4
● 595

次の（バスツアーの）予定は何時
ですか。

Wann ist der nächste Termin?
ヴァン　イスト　デア　ネーヒステ　テルミーン

☆ der Termin：予定

次（のバス）は14時に出発します。

Der nächste Bus fährt um
14　Uhr ab.
デア　ネーヒステ　ブス　フェールト　ウム
フィーアツェーン　ウーア　アプ

5

596

集合場所はどこですか。

Wo ist der Treffpunkt? ┄┄┄┄┄┄┄┄ ☆ der Treffpunkt：集合場所
└ ヴォー イス^ト デア　トレッフプンク^ト ┘

ツーリストインフォメーションの前に2時10分前に来てください。

Kommen Sie bitte um zehn vor zwei vor die Touristeninformation!
コメン　　ズィー ビッテ　ウ^ム ツェーン フォア ツヴァイ フォア ディ　トゥーリステンインフォルマツィオーン └

6

597

ケールハイム行きの船は何時に出港しますか。

Wann fährt ein Schiff nach Kehlheim?
└ ヴァン　　フェール^ト アイン　シ^フ　ナー^ハ　　ケールハイ^ム ┘

598　　　**ラインやドナウのクルーズ船の運航表に記載される事項**

Dauer	乗車時間
Fahrplan	運航計画
Vorsaison	観光シーズン前の時期
Nachsaison	観光シーズン後の時期
Hauptsaison	観光シーズン
Abfahrt	出発
Ankunft	到着
Anlegestelle	乗船所
Fahrpreis	乗船料金
einfache Fahrt	片道
Hin- und Rückfahrt	往復

7

599

私たちの写真を撮ってもらってもいいでしょうか。

Könnten Sie uns vielleicht fotografieren?
└ ケンテン　　ズィー ウン^ス　フィライヒ^ト　フォトグラフィーレン ┘

┄┄ ☆ vielleicht「ひょっとして」の
意味。ここでは「ひょっとし
て写真を撮ることができます
か」というやや控え目な表現。

8

600

この博物館はどこですか。

Wo finde ich das Museum?
└ ヴォー フィンデ イ^ヒ　ダ^ス　　ムゼウ^ム ┘

┄┄ ☆「私はこの博物館をどこで見
つけますか」の意味。

② 博物館などで

9
601
大人１枚のチケットをください。

Ein Ticket für Erwachsene bitte!
└ **アイン ティケッ**ト **フューア エア**ヴ**ァ**クセネ **ビッテ**

★ 博物館などでは，学生割引がある。証明書の提示が求められたときは，国際学生証があるとよい。年齢制限（unter（～歳未満），bis（～歳まで））が記載されているところもあるので，注意。

10
602
学生１枚のチケットをください。

Ein Ticket für Studenten bitte!
└ **アイン ティケッ**ト **フューア** シュトゥ**デ**ンテン **ビッテ**

☆ チケットは，他に
die Eintrittskarte：入場券。

証明書をお持ちですか。

Haben Sie einen Ausweis?
└ **ハー**ベン **ズィー アイ**ネン **ア**オスヴァイ**ス**

はい，どうぞ。

Ja, hier bitte.
ヤー ヒーア ビッテ └

603　博物館の案内に記載されている事項

Öffnungszeiten	開館時間
täglich	毎日
Eintritt	入場（料金）
Erwachsene	大人
ermäßigt	割引
Schüler ab 10 Jahren	10歳以上の生徒
Studenten	学生
Schwerbehinderte	重度障害者
mit Ausweis	証明書を提示
Kombiticket	コンビチケット（他の博物館とのセット券）

11
604
オーディオガイドは必要ですか。

Möchten Sie eine Audioführung?
└ **メ**ヒテン **ズィー アイ**ネ **ア**オディオフ**ュー**ルン**グ**

はい，お願いします。日本語はありますか。

Ja, bitte. Haben Sie eine japanische?
ヤー ビッテ ハーベン **ズィー アイ**ネ ヤ**パー**ニッシェ └

残念ながらありません。英語にしますか，ドイツ語にしますか。

> Leider nicht. Englisch oder Deutsch?
> └ ライダー　 ニヒト　 エングリッシュ　オーダー　ドイチュ

英語でお願いします。

> Englisch bitte.
> └ エングリッシュ ビッテ

★ オーディオガイド（die Audioführung）
は有料のところもあるが，無料で貸し
出しをしているところもある。

12
605　ここは写真を撮っても構いませんか。

> Darf man hier Fotos machen?
> └ ダルフ　 マン　 ヒーア　フォートス　 マッヘン

☆ ein Foto machen : 写真を撮る
☆ dürfen : 許可を意味する話法の助動詞

12-a　いいえ，写真を撮ってはいけません。

> Nein, hier darf man kein Foto machen.
> └ ナイン　ヒーア　ダルフ　マン　カイン　フォート　マッヘン

☆ または　Nein, hier darf man nicht fotografieren.
ナイン　ヒーア　ダルフ　マン　ニヒト　フォトグラフィーレン

12-b　はい，構いません。ただし，フラッシュはたかないでください。

> Ja, aber ohne Blitz.
> └ ヤー アーバー　 オーネ　ブリッツ

☆ ohne : ～ なしで
☆ der Blitz : フラッシュ

13
606　かばんはロッカーに入れてください。

> Stellen Sie bitte Ihre Tasche im Schließfach ab!
> └ シュテレン ズィー　ビッテ　イーレ　 タッシェ　 イム　シュリースファッハ　アプ

★ リュックなどの手荷物は，たいていの場合，ロッカー（der Schließfach）
に預けなければならないので，入館前に確認する。1ユーロまたは2ユー
ロのコインを入れてロックする。返却するとお金は戻ってくるところが多い。

第9課　買い物へ行く

① デパートなどで

1 🔊607
こんにちは，お手伝いしましょうか（何かお探しですか）。

> Guten Tag, kann ich Ihnen helfen?
> グーテン ターク カン イヒ イーネン ヘルフェン

☆ 英語の May I help you? と同じ表現。

1-a いいえ，ありがとうございます。ただ見せて欲しいのですが。

> Nein, danke. Ich möchte nur schauen.
> ナイン ダンケ イヒ メヒテ ヌア シャオエン

☆ nur：ただ

☆ あるいは Ich möchte mich nur umschauen.
イヒ メヒテ ミヒ ヌア ウムシャオエン
sich⁴ umlschauen で「見回す」の意味。

1-b はい。ブーツを探しているのですが。

> Ja, ich suche Stiefel.
> ヤー イヒ ズーヘ シュティーフェル

☆ der Stiefel：ブーツ

2 🔊608
サイズはおいくつですか。

☆ die Größe：大きさ，サイズ

> Welche Größe haben Sie?
> ヴェルヒェ グレーセ ハーベン ズィー

☆ welche は複数名詞などを受ける不定代名詞「いくつかの」を意味する。

37 か 38 です。

> 37　oder　38.
> ズィーベンウンドライスィヒ オーダー アハツウンドライスィヒ

こちらにいくつかあります。

> Hier sind welche.
> ヒーア ズィント ヴェルヒェ

靴のサイズ表

日本（cm）	22.5	23	23.5	24.5	25	25.5	26.5	27	27.5
ヨーロッパ EUR	35	36	37	38	39	40	41	42	43

★ 日本の 24cm と 26cm に対応するサイズはない。

3 この黒いブーツを試着してもいいですか。

609

Kann ich die schwarzen [Stiefel] anprobieren? ········· ☆ anprobieren：
カン　イヒ　ディ　シュヴァルツェン［シュティーフェ゚ル］アンプロビーレン　　　　　　　　　　　～⁴を試着する

3-a この靴はサイズがぴったりです。この靴をいただきます。

Die passen mir gut. Die nehme ich. ········· ☆ nehmen（取る）は英語の take と同じ。
ディ　パッセン　ミーア　グート　ディ　ネーメ　イヒ

3-b この靴はサイズが合いません。

Die passen mir nicht.
ディ　パッセン　ミーア　ニヒト

☆ die Schreibwaren：（複数形）文房具

4 すみません，文房具はどこにありますか。

610

Entschuldigen Sie, wo finde ich Schreibwaren?
エントシュルディゲン　ズィー　ヴォー　フィンデ　イヒ　シュライブヴァーレン

それは，地下にありますよ。　　　　　　　　　　☆ finden：～⁴を見つける

☆ die は指示代名詞で，前の
Die finden Sie im Untergeschoss.　　　　　　　Schreibwaren（複数名詞）を指示す
ディ　フィンデン　ズィー　イム　ウンターゲショス　　　　　る。ここでは 4 格のかたち。

☆ der Untergeschoss：地下

611　　階・フロアの表現

地下に	im Untergeschoss
1 階に	im Erdgeschoss
2 階に	im ersten Stock
3 階に	im zweiten Stock
4 階に	im dritten Stock

☆ 日本の表現とは異なるので注意。オ
ーストリアでは，Stock ではなく die
Etage（階）が使われるところも。

② パン屋などで

5
🔊 612

何にいたしましょう。

| Was wünschen Sie? |
| ヴァス　ヴュンシェン　ズィー |

┈┈┈┈ ☆ wünschen：望む，欲しい
ここでは「あなたは何が欲しいのですか」という表現。

プレッツェルをひとつとチョコレートクロワッサンを2つください。

| Eine Brezel und zwei Schoko-Croissants bitte. |
| アイネ　ブレーツェル　ウント　ツヴァイ　ショコクロアッサーンス　ビッテ |

6
🔊 613

他にはどうですか。

| Wünschen Sie noch etwas? / Sonst noch etwas? |
| ヴュンシェン　ズィー　ノホ　エトヴァス　/　ゾンスト　ノホ　エトヴァス |

コーヒーをください。

| Einen Kaffee bitte. |
| アイネン　カフェー　ビッテ |

★ たいていの場合，他に注文がないか聞いてくれる。追加がない場合には，Nein, danke.（いいえ，ありがとうございます）と返事するとよい。

7
🔊 614

ここ（お店）で食べますか。持ち帰りますか。

| Möchten Sie hier essen oder mitnehmen? |
| メヒテン　ズィー　ヒーア　エッセン　オーダー　ミットネーメン |

┈┈┈┈ ☆ mitlnehmen：持ち帰る

7-a ここで食べたいです。

| Ich möchte hier essen. |
| イヒ　メヒテ　ヒーア　エッセン |

7-b 持ち帰りでお願いします。

| Zum Mitnehmen bitte. |
| ツム　ミットネーメン　ビッテ |

┈┈┈┈ ☆ zum Mitnehmen で「持ち帰りのために」という意味をあらわす。

★ ドイツやオーストリアのパン屋さんは，カフェが併設してあることが多く，そこで食べることもできる。コーヒーなどは持ち帰りというと紙コップに入れて，蓋もくれる。パン屋さんには，いろいろな種類のパンやケーキがあるので，名前がわからない場合には，指で「これをください」と合図するとよい。

8 袋を 1 枚いただけますか。

615

Ich hätte gerne eine Tüte.

┘ イヒ ヘッテ ゲルネ アイネ トゥーテ

········· ☆ die Tüte：（小さなビニールの）袋

9 ケーキはそれぞれ包んでもらえますか。

616

Könnten Sie die Kuchen vielleicht einzeln verpacken?

┘ ケンテン ズィー ティ クーヘン フィライヒ゛ アインツェルン フェアパッケン

★ 市場（Markt）などでは，Möchten Sie eine
Tüte?（袋はいりますか）と聞いてくれること
もあるが，スーパーなどでは袋は有料。常に
買い物袋を持っておくとよい。

········· ☆ einzeln：個々の
········· ☆ verpacken：〜⁴を包む

Berlin　Einkaufen in der Markthalle Neun in Kreuzberg

① 約束をする

1
🔊 **617**

土曜日は何か予定がある？

> Hast du am Samstag etwas vor?
> ハスト　ドゥ　アム　ザムスターク　エトヴァス　フォア

☆ vorlhaben：～⁴ を予定している

特に何も予定はないよ。

> Nein, ich habe nichts Besonderes vor.
> ナイン　イヒ　ハーベ　ニヒツ　ベゾンデレス　フォア

☆ nichts besonders は不定代
名詞と副詞で「特に何もな
い」の意味。

2
🔊 **618**

ビッグバンドのコンサートに行く気はある？

> Hast du Lust, ins Konzert einer Bigband zu gehen?
> ハスト　ドゥ　ルスト　インス　コンツェルト　アイナー　ビッグバンド　ツー　ゲーエン

☆ Lust haben：～ する気がある
☆ zu 不定詞句で，具体的な内容
を表現する。

いいですね，一度ドイツでコンサートに行ってみたいです。

> [Es] klingt gut. Ja, ich möchte [ein]mal Konzerte in Deutschland besuchen.
> [エス]　クリンクト　グート　ヤー　イヒ　メヒテ　[アイン]マール　コンツェルテ　イン　ドイチェラント　ベズーヘン

☆ Es klingt：～ のように響く
　ここでは「良い響き」で「良さそうに思える」をあらわす。
☆ einmal：一度
　省略して mal ということもある。
　【数字＋mal】で「～ 度」，「～ 回」，「～ 個」という
　意味をあらわす。

3
🔊 **619**

何時に待ち合せる？

> Wann treffen wir uns?
> ヴァン　トレッフェン　ヴィーア　ウンス

☆ treffen：～⁴ と会う
　ここでは，uns が相互代名詞と
　して「互いに」の意味で。

そのコンサートは 8 時に始まるよね？

> Das Konzert beginnt um acht Uhr, oder?
> ダス　コンツェルト　ベギント　ウム　アハト　ウーア　オーダー

☆【um 数字 Uhr】で「～ 時に」
☆ 友人同士などプライベートな場
　面では，12 時間制の表現が使
　われる。oder は相手に「そう
　だったよね？」という確認をする
　ときに，文の最後につけ加える。

それなら *7* 時 30 分にコンサートホールの前で待ち合せましょう。

Dann treffen wir uns um halb acht vor dem Konzerthaus.
ダン　トレッフェン　ヴィーア　ウンス　ウ゜　ハルフ゜　アハ゜　フォア　デ゜　コンツェルトハオス

　　　　　　　　　　　☆ dann：副詞。前の文の内容を前提として。
　　　　　　　　　　　☆ das Konzerthaus：コンサートホール
　　　　　　　　　　　☆ halb acht で「8 時 30 分前」つまり 7 時 30 分を意味
　　　　　　　　　　　　する。

🎧 620　コンサートチケットの記載事項

Beginn	開始時刻	Block	ブロック
Einlass	入場時刻	Reihe	列
Innenraum	室内	Platz	席番
Freilichtbühne	野外劇場	Freie Platzwahl	自由席
Tribühne	観客席	Stehplatz	立見席
Sektor	セクション		

4
🎧 **621**　ごめんなさい，10 分遅れます。

Es tut mir leid. Ich komme mit Verspätung von 10 Minuten.
エ゜トゥー゜　ミーア　ライ゜　イ゜　コメ　ミッ゜　フェアシュペートゥン゜　フォン　ツェーン　ミヌーテン

　　　　　　　　　　　☆ mit Verspätung：遅れて
　　　　　　　　　　　☆ または，verspäten（遅れる）の過去分詞 verspätet を使って
　　　　　　　　　　　Ich komme 10 Minuten verspätet.
　　　　　　　　　　　イ゜　コメ　ツェーン　ミヌーテン　フェアシュペーテッ゜

5
🎧 **622**　あなたはここで入場券を買うために並んでいますか。

Stehen Sie hier für Eintrittskarten an?
シュテーエン　ズィー　ヒーア　フューア　アイントゥリッツカルテン　アン

　　　　　　　　　　　☆ anlstehen：並ぶ
　　　　　　　　　　　☆ 前置詞 für は「～ のために」の意味。

6
🎧 **623**　入場券は売り切れました。

Die Eintrittskarten sind ausverkauft.　☆ auslverkaufen：～⁴ を売り尽くす
ディ　アイントゥリッツカルテン　ズィン゜　アオスフェアカオフ゜

7
🎧 **624**　クロークはありますか。

Gibt es hier eine Garderobe?　☆ die Garderobe：クローク
ギーフ゜　エ゜　ヒーア　アイネ　ガルデローベ

239

②パーティーなどに招かれる

8 🔊 **625** 招待してくれてありがとう。

> Danke für die Einladung.
> ┘ダンケ　フュア　ティ　アインラードゥング

☆Sie の間柄では，
Ich danke Ihnen für die Einladung.
イヒ　ダンケ　イーネン　フュア　ティ　アインラードゥング
と表現した方がよい。

9 🔊 **626** お誕生日おめでとう。

> Herzlichen Glückwunsch zum Geburtstag!
> ヘルツリッヒェン　グリュックヴンシュ　ツム　ゲブルッター？

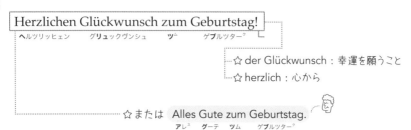

☆der Glückwunsch：幸運を願うこと
☆herzlich：心から

☆または　Alles Gute zum Geburtstag.
　　　　　アレス　グーテ　ツム　　ゲブルッター？
（直訳すると「お誕生日にすべての良いことを」）という表現もある。

誕生日が数日前だったことがわかった場合には，
Herzlichen Glückwunsch nachträglich.
ヘルツリッヒェン　　グリュックヴンシュ　ナーハトレークリヒ
（遅ればせながらおめでとう）という表現がある。

★パーティーや家を訪ねるときは，招待者は少し遅れてやって来ることが多い。日本の時間感覚とは少し異なる場合があるので注意。

10 🔊 **627** パーティーには何を持っていけばいいですか。

> Was soll ich zur Party mitbringen?
> ┘ヴァス　ゾル　イヒ　ツア　パーティー　ミットブリンゲン

☆mitbringen：持っていく

★それぞれ食べ物や飲み物を持ち寄るパーティーもあるが，用意されていることもあるので，事前に何を持っていくとよいか確認するとよい。誕生日パーティーでは普通プレゼント（das Geschenk）を用意する。

③ 約束などを断る

11
628

ごめんなさい，今日はコンサートに行くことができません。

Es tut mir leid. Ich kann heute nicht ins Konzert gehen.
エストゥー ミーア ライ イヒ カン ホイテ ニヒ インス コンツェル ゲーエン

12
629

本当にごめんなさい。

☆ Es tut mir leid：「私にとって残念である」の意味から。お悔やみの言葉にも使われる。

Es tut mir wirklich leid.
エストゥー ミーア ヴィルクリ ライ

☆ wirklich：本当に

13
630

気にしないで。

☆ nichts machen で慣用的に「たいしたことない，重要でない」の意味。
シンプルな表現で Macht nichts!
マハ ニヒ
お礼を言われたときにも使える。

Das macht nichts.
ダス マハ ニヒ

Wiesbaden　Rheingau Musik Festival in der Ringkirche

241

KOLUMNE　なぜドイツ語には略語が多いのか

　ドイツ語には語の一部を略した語 S-Bahn, D-Zug, U-Bahn などがあるということを発音編で学びました。ドイツ語には他に BMW（**B**ayerische **M**otoren **W**erke AG（AG も **A**ktiengesellschaft の略語）バイエルン発動機製造株式会社），VW（**V**olks**w**agen フォルクスワーゲン）などの会社名や IDS（**I**nstitut für **D**eutsche **S**prache ドイツ語研究所），CDU（**C**hristlich-**D**emokratische **U**nion キリスト教民主同盟）といった組織や政党名の略称が日常的に使用されています。

　新しい組織や技術，品物が生み出されると，それらの名称が必要となりますが，その際，ドイツ語は，単語をつなげて，新しい名称を作り出します。例えば，DDSG というのは 19 世紀後半に設立されたドナウ汽船運行協会の略称ですが，次のように名称が作られています。

Donau	ドナウ
Donau|**dampfschiff**	ドナウ**汽船**
Donnaudampfschiff|**fahrt**	ドナウ汽船**運行**
Donaudampfschifffahrt|**gesellschaft**	ドナウ汽船運行**協会**

文字にしてなんと 32 文字。アルファベットの 26 文字を越えていますね。これを略すと DDSG（**D**onau**d**ampf**s**chifffahrt**g**esellschaft）となるのです。

　日本語でもパソコン（**パ**ーソナル**コン**ピューター），コスメ（**コスメ**チック），インフル（**インフル**エンザ）といった外来語や専門用語，完コピ（**完**全に**コピ**ーする），ググる（**グーグ**ルで検索する）といった動作表現など意外にもたくさんの略語が日常的に使われていますね。どのような略語をどのような場面で使っているか，みなさんも一度考えてみましょう。なぜ略語が使われるのか，ドイツ語と日本語に共通した法則がみえてくるかもしれません。

Donau-Panoramaweg bei Regensburg　Blick zur Walhalla, Donau

快速マスター
ドイツ語

語彙編

品詞・略号

動 動詞　形 形容詞　副 副詞　前 前置詞　慣 慣用句

男 男性名詞　女 女性名詞　中 中性名詞　複 複数名詞

＊名詞の複数形は，*pl.* (= Plural) の箇所を参照してください。単数形と同じかたちの場合は −，語尾だけがつく場合はそれぞれの語尾に -e，-en，-n，-nen，-s，-se，-er と表記しています。単数形とかたちが変わらない語の一部は ... で表記しています。複数形の記述がない名詞は，形容詞または過去分詞，現在分詞が名詞化したものです。冠詞の有無や種類によって語尾が異なりますので，詳しくは形容詞の名詞化の項目で語尾を参照するようにしてください。

よく使われる重要な動詞

- □ **sein** [zaɪn] 〜である
- □ **haben** [ˈhaːbən] 持つ
- □ **werden** [ˈveːɐ̯dən] なる
- □ **machen** [ˈmaxən] する
- □ **tun** [tuːn] する
- □ **brauchen** [ˈbrauxən] 必要とする
- □ **gehen** [ˈgeːən] 行く
- □ **kommen** [ˈkɔmən] 来る
- □ **helfen** [ˈhɛlfən] 手伝う，助ける
- □ **wissen** [ˈvɪsən] 知っている
- □ **sehen** [ˈzeːən] 見る，見える
- □ **hören** [ˈhøːrən] 聞く，聞こえる
- □ **nehmen** [ˈneːmən] 取る
- □ **geben** [ˈgeːbən] 与える
- □ **stehen** [ˈʃteːən] 立っている，ある
- □ **stellen** [ˈʃtɛlən] 立てる，置く
- □ **sitzen** [ˈzɪtsən] 座っている，いる
- □ **setzen** [ˈzɛtsən] 座らせる
- □ **liegen** [ˈliːgən] 横になっている，ある
- □ **legen** [ˈleːgən] 横になる，置く
- □ **bleiben** [ˈblaɪbən] 留まる，〜のままである
- □ **können** [ˈkœnən] 〜できる
- □ **müssen** [ˈmʏsən] 〜しなければならない
- □ **dürfen** [ˈdʏrfən] 〜してもよい
- □ **sollen** [ˈzɔlən] 〜すべきである
- □ **mögen** [ˈmøːgən] 〜かもしれない
- □ **möchten** [ˈmœçtən] 〜したい

人称代名詞

- □ **ich** [ɪç] 私は
- □ **du** [duː] 君は
- □ **er** [eːɐ̯] 彼は
- □ **sie** [ziː] 彼女は，彼らは
- □ **es** [ɛs] それは
- □ **wir** [viːɐ̯] 私たちは
- □ **ihr** [iːɐ̯] 君たちは
- □ **Sie** [ziː] あなたは，あなた方は
- □ **mein...** [maɪn] 私の
- □ **dein...** [daɪn] 君の
- □ **sein...** [zaɪn] 彼の，それの
- □ **ihr...** [iːɐ̯] 彼女の，彼らの
- □ **unser...** [ˈʊnzɐ] 私たちの
- □ **euer...** [ˈɔyɐ] 君たちの
- □ **Ihr...** [iːɐ̯] あなたの，あなた方の

疑問代名詞

- □ **wer** [veːɐ̯] 誰
- □ **was** [vas] 何
- □ **wo** [voː] どこ
- □ **woher** [voˈheːɐ̯] どこから
- □ **wohin** [voˈhɪn] どこへ
- □ **wann** [van] いつ
- □ **wie** [viː] どのように
- □ **warum** [vaˈrʊm] なぜ
- □ **welche** [ˈvɛlçə] どの〜
- □ **was für** [vas fyːɐ̯] どんな，どんな種類の〜

自己紹介

- □ die **Vorstellung** [ˈfoːɐ̯ʃtɛlʊŋ] 女 紹介 *pl.* -en
- □ **vor|stellen** [ˈfoːɐ̯ʃtɛlən] 動 紹介する
- □ die **Selbstvorstellung** [ˈzɛlpstfoːɐ̯ʃtɛlʊŋ] 女 自己紹介 *pl.* -en
- □ der **Name** [ˈnaːmə] 男 名前 *pl.* -n
- □ der **Familienname** [faˈmiːliənnaːmə] 男 苗字 *pl.* -n
- □ der **Nachname** [ˈnaːxnaːmə] 男 苗字 *pl.* -n
- □ der **Vorname** [ˈfoːɐ̯naːmə] 男 名前 *pl.* -n
- □ das **Hobby** [ˈhɔbi] 中 趣味 *pl.* -s
- □ **heißen** [ˈhaɪsən] 動 〜という名前である
- □ **nennen** [ˈnɛnən] 動 〜を〜という名で呼ぶ

□ **kennen** [ˈkɛnən] 動 知っている，知り合いである

□ **kennen|lernen** [ˈkɛnənlɛrnən] 動 知り合いになる

他己紹介

□ (der) **Herr** [hɛr] 男 ～さん（男性）

□ (die) **Frau** [frau] 女 ～さん（女性）

□ der/die **Freund/-in** [frɔynt][ˈfrɔyndɪn] 男女 友だち（男性／女性）pl. -en/-nen

□ der/die **Geliebte** [gəˈliːptə] 男女 恋人（男性／女性）

□ der/die **Bekannte** [bəˈkantə] 男女 知り合い（男性／女性）

□ **bekannt** [bəˈkant] 形 知り合いの

□ der **Mann** [man] 男 男性，夫 pl. Männer

□ die **Frau** [frau] 女 女性，妻 pl. -en

□ das **Kind** [kɪnt] 中 子供 pl. -er

□ der **Sohn** [zoːn] 男 息子 pl. Söhne

□ die **Tochter** [ˈtɔxtɐ] 女 娘 pl. Töchter

□ der **Schwiegersohn** [ˈʃviːgɐzoːn] 男 義理の息子 pl. ...söhne

□ die **Schwiegertochter** [ˈʃviːgɐtɔxtɐ] 女 義理の娘 pl. ...töchter

□ der **Bruder** [ˈbruːdɐ] 男 兄または弟 pl. Brüder

□ die **Schwester** [ˈʃvɛstɐ] 女 姉または妹 pl. -n

□ der **Schwager** [ˈʃvaːgɐ] 男 義兄または義弟 pl. Schwäger

□ die **Schwägerin** [ˈʃvɛːgərɪn] 女 義姉または義妹 pl. ...-nen

□ die **Eltern** [ˈɛltɐn] 複 両親

□ die **Schwiegereltern** [ˈʃviːgɐɛltɐn] 複 義理の両親

□ der **Vater** [ˈfaːtɐ] 男 父親 pl. Väter

□ die **Mutter** [ˈmʊtɐ] 女 母親 pl. Mütter

□ der **Schwiegervater** [ˈʃviːgɐfaːtɐ] 男 義理の父 pl. ...väter

□ die **Schwiegermutter** [ˈʃviːgɐmʊtɐ] 女 義理の母 pl. ...mütter

□ der **Papa** [ˈpapa] 男 お父さん（口語）pl. -s

□ die **Mama** [ˈmama] 女 お母さん（口語）pl. -s

□ die **Großeltern** [ˈgroːsɛltɐn] 複 祖父母

□ der **Großvater** [ˈgroːsfaːtɐ] 男 祖父 pl. ...väter

□ die **Großmutter** [ˈgroːsmʊtɐ] 女 祖母 pl. ...mütter

□ der/die **Enkel/-in** [ˈɛŋkəl][ˈɛŋkəlɪn] 男女 孫（男性／女性）pl. -/-nen

□ der/die **Verwandte** [fɛɐˈvantə] 男女 親戚（男性／女性）

□ der **Onkel** [ˈɔŋkəl] 男 叔父 pl. -

□ die **Tante** [ˈtantə] 女 叔母 pl. -n

□ der **Neffe** [ˈnɛfə] 男 甥 pl. -n

□ die **Nichte** [ˈnɪçtə] 女 姪 pl. -n

□ der **Vetter** [ˈfɛtɐ] 男 従兄弟 pl. -n

□ die **Cousine/Kusine** [kuˈziːnə] 女 従姉妹 pl. -n

職業・身分・国籍

□ der **Beruf** [bəˈruːf] 男 職業 pl. -e

□ **beruflich** [bəˈruːflɪç] 形 職業上の

□ **berufstätig** [bəˈruːfstɛːtɪç] 形 職業に就いている

□ der/die **Angestellte** [ˈangəʃtɛltə] 男女 サラリーマン，会社員（男性／女性）

□ der **Beamte** [bəˈʔamtə] 男 公務員（男性）pl. -n

□ die **Beamtin** [bəˈʔamtɪn] 女 公務員（女性）pl. -nen

□ der/die **Ingenieur/-in** [ɪnʒeˈnjøːɐ][ɪnʒeˈnjøːrɪn] 男女 エンジニア（男性／女性）pl. -e/-nen

□ der/die **Verkäufer/-in** [fɛɐˈkɔyfɐ][fɛɐˈkɔyfərɪn] 男女 店員（男性／女性）pl. -/-nen

□ der/die **Architekt/-in** [arçiˈtɛkt][arçiˈtɛktɪn] 男女 建築家（男性／女性）pl. -en/-nen

□ der/die **Rentner/-in** [ˈrɛntnɐ][ˈrɛntnərɪn] 男女 年金受給者（男性／女性）pl. -/-nen

□ der **Junge** [ˈjʊŋə] 男 男の子 pl. -n

□ das **Mädchen** [ˈmɛːtçən] 中 女の子 pl. -

□ **jugendlich** [ˈjuːgəntlɪç] 形 青少年の（14歳以上18歳未満）

□ der/die **Jugendliche** [ˈjuːgəntlɪçə] 男女 青少年（男性／女性）

□ der/die **Erwachsene** [ɛɐˈvaksənə] 男女 大人（男性／女性）

□ **ledig** [ˈleːdɪç] 形 未婚の

□ **verheiratet** [fɛɐˈhairaːtət] 形 既婚の

□ **verheiraten** [fɛɐˈhairaːtən] 動 (sich⁴) 結婚する

□ **heiraten** [ˈhairaːtən] 動 結婚する

□ **scheiden** [ˈʃaidən] 動 離婚する

□ die **Nationalität** [natsjonaliˈtɛːt] 女 国籍 pl. -en

□ der/die **Japaner/-in** [jaˈpaːnɐ][jaˈpaːnərɪn] 男女 日本人（男性／女性）pl. -/-nen

□ **japanisch** [jaˈpaːnɪʃ] 形 日本の

国・都市

□ der **Staat** [ʃtaːt] 男 国家 pl. -en

□ die **Bundesrepublik** [ˈbʊndəsrepubliːk] 女 連邦共和国　複数なし

□ die **Stadt** [ʃtat] 女 都市 pl. Städte

□ die **Hauptstadt** [ˈhauptʃtat] 女 首都 pl. ...städte

□ der/die **Bürger/-in** [ˈbʏrɡɐ][ˈbʏrɡərɪn] 男・女 市民 pl. -/-nen

□ die **Bevölkerung** [bəˈfœlkəruŋ] 女 住民 pl. -en

□ (das) **Europa** [ɔyˈroːpa] 中 (地名) ヨーロッパ（大陸）

□ (das) **Deutschland** [ˈdɔytʃlant] 中 (国名) ドイツ

□ (das) **Österreich** [ˈøːstəraiç] 中 (国名) オーストリア

□ die **Schweiz** [ʃvaits] 女 (国名) スイス

□ (das) **Asien** [ˈaːzjən] 中 (地名) アジア（大陸）

□ (das) **Japan** [ˈjaːpan] 中 (国名) 日本

□ (das) **China** [ˈçiːna] 中 (国名) 中国

□ (das) **Korea** [koˈreːa] 中 (国名) 韓国

ホテル

□ das **Hotel** [hoˈtɛl] 中 ホテル pl. -s

□ die **Pension** [pãˈzjoːn] 女 ペンション，民宿 pl. -en

□ das **Gasthaus** [ˈɡasthaus] 中 (レストランを兼ねた) 宿屋 pl. ...häuser

□ die **Unterkunft** [ˈʊntɐkʊnft] 女 宿泊所 pl. ...künfte

□ **reservieren** [rezɛrˈviːrən] 動 予約する

□ **buchen** [ˈbuːxən] 動 予約する

□ **stornieren** [ʃtɔrˈniːrən] 動 (注文や予約などを) キャンセルする

□ das **Zimmer** [ˈtsɪmɐ] 中 部屋 pl. -

□ das **Einzelzimmer** [ˈaintsəltsɪmɐ] 中 シングルルーム pl. -

□ das **Doppelzimmer** [ˈdɔpəltsɪmɐ] 中 ダブルまたはツインルーム pl. -

□ das **Bad** [baːt] 中 バスルーム pl. Bäder

□ das **Frühstück** [ˈfryːʃtʏk] 中 朝食 pl. -e

□ **frühstücken** [ˈfryːʃtʏkən] 動 朝食をとる

□ **kosten** [ˈkɔstən] 動 〜の値段である

□ **inklusive (= inkl.)** [ɪnkluˈziːvə] 前 〜を含めて

□ die **Anreise** [ˈanraizə] 女 (旅行者の) 到着 pl. -n

□ **ein|checken** [ˈaintʃɛkən] 動 チェックインする

□ der **Ausweis** [ˈausvais] 男 身分証明書 pl. -e

□ der **Reisepass** [ˈraizəpas] 男 旅券，パスポート pl. ...pässe

□ die **Adresse** [aˈdrɛsə] 女 住所 pl. -n

□ die **Unterschrift** [ˈʊntɐʃrɪft] 女 署名，サイン pl. -en

□ **übernachten** [yːbɐˈnaxtən] 動 宿泊する

□ die **Abreise** [ˈapraizə] 女 (旅行者の) 出発，チェック・アウト pl. -n

□ **ab|reisen** [ˈapraizən] 動 出発する

□ die **Rezeption** [retsɛpˈtsjoːn] 女 フロント pl. -en

レストラン

□ das **Restaurant** [rɛstoˈrãː] 中 レストラン pl. -s

□ das **Lokal** [loˈkaːl] 中 飲食店，レストラン pl. -e

□ die **Kneipe** [ˈknaipə] 女 飲み屋，居酒屋 pl. -n

□ der **Imbiss** [ˈɪmbɪs] 男 軽食堂，ファストフード店 pl. -e

□ das **Café** [kaˈfeː] 中 カフェ pl. -s

□ der/die **Kellner/-in** [ˈkɛlnɐ][ˈkɛlnərɪn] 男・女 ウエーター／ウエイトレス pl. -/-nen

□ der **Gast** [ɡast] 男 客 pl. Gäste

□ die **Selbstbedienung** [ˈzɛlpstbədiːnuŋ] 女 セルフサービス pl. -en

□ **trinken** [ˈtrɪŋkən] 動 飲む

□ das **Getränk** [ɡəˈtrɛŋk] 中 飲み物 pl. -e

□ die **Getränkekarte** [ɡəˈtrɛŋkəkartə] 女 飲み物のメニュー pl. -n

□ die **Tasse** [ˈtasə] 女 カップ pl. -n

□ das **Glas** [ɡlaːs] 中 グラス pl. Gläser

□ die **Flasche** [ˈflaʃə] 女 瓶 pl. -n

□ das **Wasser** [ˈvasɐ] 中 水　複数なし

□ das **Mineralwasser** [mineˈraːlvasɐ] 中 ミネラルウォーター　複数なし

□ das **Leitungswasser** [ˈlaitʊŋsvasɐ] 中 水道水　複数なし

□ der **Kaffee** [ˈkafe] 男 コーヒー pl. -s (種類をあらわすとき)

□ der **Tee** [teː] 男 紅茶 pl. -s (種類をあらわすとき)

□ der **Alkohol** [ˈalkohoːl] 男 アルコール飲料 pl. -e (種類をあらわすとき)

□ **alkoholfrei** [ˈalkohoːlfrai] 形 ノンアルコールの

□ das **Bier** [biːɐ] 中 ビール pl. -e (種類をあらわすとき)

□ der **Wein** [vain] 男 ワイン pl. -e（種類をあらわ
すとき）

□ der **Saft** [zaft] 男 ジュース pl. Säfte

□ der **Orangensaft** [oˈrãːʒənzaft] 男 オレンジジ
ュース pl. ...säfte

□ die **Milch** [mɪlç] 女 牛乳　複数なし

□ **essen** [ˈɛsən] 動 食べる

□ die **Speise** [ˈʃpaizə] 女（一品一品の）料理, 食べ
物 pl. -n

□ die **Speisekarte** [ˈʃpaizəkartə] 女 食事のメニ
ュー pl. -n

□ die **Vorspeise** [ˈfoːɐ̯ʃpaizə] 女 前菜 pl. -n

□ die **Suppe** [ˈzʊpə] 女 スープ pl. -n

□ der **Reis** [rais] 男 ごはん pl. -e（種類をあらわす
とき）

□ das **Brot** [broːt] 中 パン pl. -e

□ das **Brötchen** [ˈbrøːtçən] 中（丸い小さな）パン
pl. -

□ die **Butter** [ˈbʊtɐ] 女 バター　複数なし

□ der **Salat** [zaˈlaːt] 男 サラダ pl. -e

□ das **Fleisch** [flaiʃ] 中 肉　複数なし

□ das **Rindfleisch** [ˈrɪntflaiʃ] 中 牛肉　複数なし

□ das **Schweinefleisch** [ˈʃvainəflaiʃ] 中 豚肉
複数なし

□ das **Hühnerfleisch** [ˈhyːnɐflaiʃ] 中 鶏肉　複数
なし

□ der **Schinken** [ˈʃɪŋkən] 男 ハム pl. -

□ die **Wurst** [vʊrst] 女 ソーセージ pl. Würste

□ der **Fisch** [fɪʃ] 男 魚 pl. -e

□ das **Ei** [ai] 中 卵 pl. -er

□ der **Käse** [ˈkɛːzə] 男 チーズ pl. -

□ die **Empfehlung** [ɛmˈpfeːlʊŋ] 女 お勧め pl. -en

□ das **Menü** [meˈnyː] 中（いくつかの料理からな
る）セットメニュー pl. -s

□ das **Mittagsmenü** [ˈmɪtaːksmenyː] 中 ランチ
メニュー pl. -s

□ das **Tagesmenü** [ˈtaːɡəsmenyː] 中 日替わりメ
ニュー pl. -s

□ die **Tagessuppe** [ˈtaːɡəszʊpə] 女 日替わりスー
プ pl. -n

□ das **Messer** [ˈmɛsɐ] 中 ナイフ pl. -

□ die **Gabel** [ˈɡaːbəl] 女 フォーク pl. -n

□ der **Löffel** [ˈlœfəl] 男 スプーン pl. -

□ das **Besteck** [bəˈʃtɛk] 中（フォーク・ナイフ・
スプーンの）セット pl. -e

□ die **Serviette** [zɛrˈvjɛtə] 女 ナプキン pl. -n

□ der **Teller** [ˈtɛlɐ] 男 皿 pl. -

□ die **Portion** [pɔrˈtsjoːn] 女（飲食物の）１人前
pl. -en

□ **bestellen** [bəˈʃtɛlən] 動 注文する

□ **zahlen** [ˈtsaːlən] 動 支払う

□ **rechnen** [ˈrɛçnən] 動 計算する

□ **getrennt** [ɡəˈtrɛnt] 副 別々で（支払いをする）

□ **zusammen** [tsuˈzamən] 副 一緒に（支払いをする）

□ das **Trinkgeld** [ˈtrɪŋkɡɛlt] 中 チップ pl. -er

□ die **Quittung** [ˈkvɪtʊŋ] 女 領収書, レシート
pl. -en

味・味付け

□ der **Geschmack** [ɡəˈʃmak] 男 味　複数なし

□ **schmecken** [ˈʃmɛkən] 動 ～な味がする

□ **lecker** [ˈlɛkɐ] 形 美味しい

□ **sauer** [ˈzauɐ] 形 酸っぱい

□ **scharf** [ʃarf] 形 辛い

□ **süß** [zyːs] 形 甘い

□ **bitter** [ˈbɪtɐ] 形 苦い

□ **roh** [roː] 形 生の

□ die **Zutat** [ˈtsuːtaːt] 女（料理に追加する）材料
pl. -en

□ die **Soße** [ˈzoːsə] 女 ソース pl. -n

□ die **Sojasoße** [ˈzoːjazoːsə] 女 醤油 pl. -n

□ das **Gewürz** [ɡəˈvʏrts] 中 スパイス, 香辛料
pl. -e

□ das **Salz** [zalts] 中 塩 pl. -e

□ der **Pfeffer** [ˈpfɛfɐ] 男 胡椒 pl. -

□ der **Zucker** [ˈtsʊkɐ] 男 砂糖 pl. -

□ der **Senf** [zɛnf] 男 からし, マスタード pl. -e

□ der **Essig** [ˈɛsɪç] 男 酢　複数なし

野菜・種実類

□ das **Gemüse** [ɡəˈmyːzə] 中 野菜 pl. -

□ die **Kartoffel** [karˈtɔfəl] 女 じゃがいも pl. -n

□ die **Zwiebel** [ˈtsviːbəl] 女 玉ねぎ pl. -n

□ die **Karotte** [kaˈrɔtə] 女 人参 pl. -n

□ die **Möhre** [ˈmøːrə] 女 人参 pl. -n

□ der **Kohl** [koːl] 男 キャベツ pl. -e

□ der **Kopfsalat** [ˈkɔpfzalaːt] 男 レタス pl. -e

□ die **Gurke** [ˈɡʊrkə] 女 きゅうり pl. -n

□ der **Spargel** [ˈʃpargəl] 男 アスパラガス pl. -

□ der **Spinat** [ʃpiˈnaːt] 男 ほうれん草 pl. -e

□ der **Kürbis** [ˈkʏrbɪs] 男 かぼちゃ pl. -se

□ die **Nuss** [nʊs] 女 ナッツ pl. Nüsse

□ die **Bohne** [ˈboːnə] 女 豆 pl. -n

□ die **Kastanie** [kasˈtaːniə] 女 栗 pl. -n

□ **frisch** [frɪʃ] 形 新鮮な

デザート

□ die **Nachspeise** [ˈnaːxʃpaizə] 女 （食後の）デザート pl. -n

□ der **Nachtisch** [ˈnaːxtɪʃ] 男 （食後の）デザート pl. -e

□ das **Dessert** [dɛˈseːɐ̯] 中 デザート pl. -s

□ die **Süßigkeit** [ˈzyːsɪçkait] 女 甘い物 pl. -en

□ der **Kuchen** [ˈkuːxən] 男 ケーキ pl. -

□ der **Baumkuchen** [ˈbaumkuːxən] 男 バウムクーヘン pl. -

□ der **Apfelstrudel** [ˈapfəlʃtruːdəl] 男 りんごのパイケーキ pl. -

□ die **Sachertorte** [ˈzaxɐtɔrtə] 女 ザッハートルテ（チョコレートのケーキ）pl. -n

□ die **Sahne** [ˈzaːnə] 女 生クリーム　複数なし

□ die **Schokolade** [ʃokoˈlaːdə] 女 チョコレート pl. -n

□ der **Stollen** [ˈʃtɔlən] 男 シュトレン（クリスマスの時期に食べるケーキ）pl. -

□ der/das **Keks** [keːks] 男・中 クッキー pl. -e

□ das **Eis** [ais] 中 アイスクリーム　複数なし

□ die **Vanille** [vaˈnɪljə] 女 バニラ　複数なし

果物

□ die **Orange** [oˈrãːʒə] 女 オレンジ pl. -n/（口語）-ns

□ die **Birne** [ˈbɪrnə] 女 ナシ pl. -n

□ die **Erdbeere** [ˈeːɐ̯tbeːrə] 女 イチゴ pl. -n

□ die **Himbeere** [ˈhɪmbeːrə] 女 キイチゴ pl. -n

□ die **Kirsche** [ˈkɪrʃə] 女 サクランボ pl. -n

□ der **Pfirsich** [ˈpfɪrzɪç] 男 モモ pl. -e

□ die **Pflaume** [ˈpflaumə] 女 スモモ pl. -n（オーストリアでは die **Zwetschke** pl. -n）

□ der **Apfel** [ˈapfəl] 男 リンゴ pl. Äpfel

□ die **Zitrone** [tsiˈtroːnə] 女 レモン pl. -n

移動

□ **fahren** [ˈfaːrən] 動 （車など乗り物で）行く

□ **fliegen** [ˈfliːgən] 動 （飛行機で）行く

□ **zurück|kehren** [tsuˈrʏkkeːrən] 動 帰ってくる

□ **ab|fahren** [ˈapfaːrən] 動 出発する

□ **an|kommen** [ˈankɔmən] 動 到着する

□ **ab|holen** [ˈaphoːlən] 動 迎えにいく

□ **laufen** [ˈlaufən] 動 走る，徒歩で行く

□ **rennen** [ˈrɛnən] 動 走る，疾走する

□ **steigen** [ˈʃtaigən] 動 上る

□ **ein|steigen** [ˈainʃtaigən] 動 （バスや列車に）乗る

□ **aus|steigen** [ˈausʃtaigən] 動 （バスや列車を）降りる

□ **um|steigen** [ˈʊmʃtaigən] 動 （バスや列車を）乗り換える

□ **reisen** [ˈraizən] 動 旅行する

□ **wandern** [ˈvandɐn] 動 徒歩旅行をする，歩き回る

□ **ab|biegen** [ˈapbiːgən] 動 （車などが）曲がる

道路

□ die **Straße** [ˈʃtraːsə] 女 通り pl. -n

□ der **Weg** [veːk] 男 道 pl. -e

□ die **Brücke** [ˈbrʏkə] 女 橋 pl. -n

□ die **Ampel** [ˈampəl] 女 信号機 pl. -n

□ die **Kreuzung** [ˈkrɔytsʊn] 女 交差点 pl. -en

□ die **Ecke** [ˈɛkə] 女 角 pl. -n

□ **überqueren** [yˈbɐkveːrən] 動 （道路などを）横切る

□ der **Fußgänger** [ˈfuːsgɛnɐ] 男 歩行者 pl. -

□ die **Fußgängerzone** [ˈfuːsgɛnɐtsoːnə] 女 歩行者専用道路 pl. -n

□ der **Bus** [bʊs] 男 バス pl. -se

□ die **Haltestelle** [ˈhaltəʃtɛlə] 女 バス停 pl. -n

□ das **Tagesticket** [ˈtaːgəstɪkət] 中 1日乗り放題チケット pl. -s

□ das **Taxi** [ˈtaksi] 中 タクシー pl. -s

□ das **Auto** [ˈauto] 中 車 pl. -s

□ der/die **Autofahrer/-in** [ˈautofaːrɐ] [ˈautofaːrərɪn] 男・女 運転手（男性／女性）pl. -/-nen

□ das **Motorrad** [ˈmoːtoːraːt] 中 バイク pl. ...räder

□ das **Fahrrad** [ˈfaːraːt] 中 自転車 pl. ...räder

□ der **Fahrradweg** [ˈfaːraːtveːk] 男 自転車専用道路 pl. -e

□ der **Führerschein** [ˈfyːrɐʃain] 男 免許証 pl. -e

□ die **Bremse** [ˈbrɛmzə] 女 ブレーキ pl. -n

□ das **Benzin** [bɛnˈtsiːn] 中 ガソリン　複数なし

□ der **Parkplatz** [ˈparkplats] 男 駐車場 pl. ...plätze

□ **parken** [ˈparkən] 動 駐車する

□ **tanken** [ˈtaŋkən] 動 給油する

□ die **Tankstelle** [ˈtaŋkʃtɛlə] 女 ガソリンスタンド pl. -n

□ die **Autobahn** [ˈautobaːn] 女 高速道路 pl. -en

□ die **Vorfahrt** [ˈfoːɐ̯faːɐ̯t] 優先通行 複数なし

□ die **Einbahnstraße** [ˈainbaːnʃtraːsə] 女 一方通行道路 pl. -n

□ die **Umleitung** [ˈʊmlaitʊŋ] 女 迂回 pl. -en

鉄道

□ der **Zug** [tsuːk] 男 列車 pl. Züge

□ die **Bahn** [baːn] 女 鉄道 pl. -en

□ die **Fernbahn** [ˈfɛrnbaːn] 女 長距離列車専用線 pl. -en

□ der **Bahnhof** [ˈbaːnhoːf] 男 駅 pl. ...höfe

□ der **Bahnsteig** [ˈbaːnʃtaik] 男 プラットホーム pl. -e

□ das **Gleis** [glais] 中 〜番線 pl. -e

□ die **Information** [ɪnfɔrmaˈtsioːn] 女 案内所 pl. -en

□ die **Auskunft** [ˈauskʊnft] 女 案内所 pl. ...künfte

□ die **Straßenbahn** [ˈʃtraːsənbaːn] 女 市電 pl. -en

□ die **U-Bahn** [ˈuːbaːn] 女 地下鉄 pl. -en

□ die **Fahrkarte** [ˈfaːɐ̯kartə] 女 (列車の) 切符 pl. -n

□ der **Fahrkartenautomat** [ˈfaːɐ̯kartənʔautomaːt] 男 券売機 pl. -en

□ der **Fahrkartenschalter** [ˈfaːɐ̯kartənʃaltɐ] 男 乗車券売り場 pl. -

□ die **Hinfahrt** [ˈhɪnfaːɐ̯t] 女 往路 pl. -en

□ die **Rückfahrkarte** [ˈrʏkfaːɐ̯kartə] 女 復路の切符 pl. -n

□ die **Platzreservierung** [ˈplatsrezɛrviːrʊŋ] 女 座席予約 pl. -en

□ die **Klasse** [ˈklasə] 女 ...号車 pl. -n

□ der **Sitzplatz** [ˈzɪtsplats] 男 座席予約 pl. ...plätze

□ der **Fensterplatz** [ˈfɛnstɐplats] 男 窓側の座席 pl. ...plätze

□ das **Abteil** [apˈtail] 中 (列車の) コンパートメント pl. -e

□ **frei** [frai] 形 (席などが) 空いている

□ **besetzt** [bəˈzɛtst] 形 (席などが) ふさがっている

□ der **Fahrplan** [ˈfaːɐ̯plaːn] 男 (バスや列車などの) ダイヤ pl. ...pläne

□ die **Abfahrt** [ˈapfaːɐ̯t] 女 出発 pl. -en

□ die **Ankunft** [ˈankʊnft] 女 到着 複数なし

□ die **Verspätung** [fɛɐ̯ˈʃpɛːtʊŋ] 女 遅延 pl. -en

飛行機

□ der **Flug** [fluːk] 男 フライト，飛行便 pl. Flüge

□ der **Flughafen** [ˈfluːkhaːfən] 男 空港 pl. ...häfen

□ das **Flugticket** [ˈfluːktɪkət] 中 搭乗券 pl. -s

□ das **Flugzeug** [ˈfluːktsɔyk] 中 飛行機 pl. -e

□ der **Abflug** [ˈapfluːk] 男 出発 pl. ...flüge

□ **ab|fliegen** [ˈapfliːgən] 動 (飛行機で) 出発する

□ **landen** [ˈlandən] 動 着陸する

□ das **Gepäck** [ɡəˈpɛk] 中 荷物 複数なし

□ die **Gepäckausgabe** [ɡəˈpɛkausgaːbə] 女 荷物引き渡し所 pl. -n

□ das **Handgepäck** [ˈhantgəpɛk] 中 手荷物 複数なし

□ die **Zollkontrolle** [ˈtsɔlkɔntrɔlə] 女 税関検査 pl. -n

□ **ein|reisen** [ˈainraizən] 動 入国する

□ **aus|reisen** [ˈausraizən] 動 出国する

旅行

□ die **Reise** [ˈraizə] 女 旅行 pl. -n

□ der/die **Reisende** [ˈraizəndə] 男・女 旅行者 (男性／女性)

□ das **Reisebüro** [ˈraizəbyroː] 中 旅行会社 pl. -s

□ das **Visum** [ˈviːzʊm] 中 ビザ pl. Visa/Visen

□ der **Koffer** [ˈkɔfɐ] 男 旅行かばん pl. -

□ **packen** [ˈpakən] 動 荷造りをする

□ **ein|packen** [ˈainpakən] 動 (トランクに) 詰める

□ **aus|packen** [ˈauspakən] 動 荷ほどきをする

□ die **Landkarte** [ˈlantkartə] 女 地図 pl. -n

□ der **Stadtplan** [ˈʃtatplaːn] 男 (街の) 地図 pl. ...pläne

□ **führen** [ˈfyːrən] 動 連れていく

□ die **Führung** [ˈfyːrʊŋ] 女 案内，ガイド pl. -en

□ der/die **Führer/-in** [ˈfyːrɐ][ˈfyːrərɪn] 男・女 ガイド (男性／女性) pl. -/-nen

□ der/die **Tourist/-in** [tuˈrɪst][tuˈrɪstɪn] 男・女 観光客 (男性／女性) pl. -en/-nen

□ die **Touristeninformation** [tuˈrɪstənʔɪnfɔrmaˈtsioːn] 女 観光案内所 pl. -en

□ die **Sehenswürdigkeit** [ˈzeːənsvʏrdɪçkait] 女 名所 pl. -en

- □ die **Burg** [bʊrk] 女 城 *pl.* -en
- □ das **Schloss** [ʃlɔs] 中 城，城館，宮殿 *pl.* Schlösser
- □ der **Turm** [tʊrm] 男 塔，タワー *pl.* Türme

公共機関

- □ der **Markt** [markt] 男 広場 *pl.* Märkte
- □ der **Park** [park] 男 公園 *pl.* -s/(まれに) Parke/(スイスでは) Pärke
- □ die **Polizei** [poliˈtsai] 女 警察　複数なし
- □ das **Fundbüro** [ˈfʊntbyro:] 中 遺失物保管所 *pl.* -s
- □ **finden** [ˈfɪndən] 動 見つける
- □ **suchen** [ˈzu:xən] 動 探す
- □ **vergessen** [fɛɐˈɡesən] 動 置き忘れる
- □ das **Gericht** [ɡəˈrɪçt] 中 裁判所 *pl.* -e (普通単数で)
- □ die **Bibliothek** [biblioˈte:k] 女 図書館 *pl.* -en
- □ **leihen** [ˈlaiən] 動 借りる
- □ das **Rathaus** [ˈra:thaʊs] 中 市役所 *pl.* ...häuser
- □ **an|melden** [ˈanmɛldən] 動 (所轄官庁に) 届け出る
- □ **ab|melden** [ˈapmɛldən] 動 (転居を) 届け出る
- □ **aus|füllen** [ˈausfʏlən] 動 (用紙などに) 記入する
- □ **beantragen** [bəˈantra:ɡən] 動 (ビザなどを) 申請する

郵便

- □ die **Post** [pɔst] 女 郵便局，郵便物　複数なし/(まれに) -en
- □ die **Postkarte** [ˈpɔstkartə] 女 ポストカード *pl.* -n
- □ der **Brief** [bri:f] 男 手紙 *pl.* -e
- □ die **Briefmarke** [ˈbri:fmarkə] 女 切手 *pl.* -n
- □ der **Briefumschlag** [ˈbri:fʊmʃla:k] 男 封筒 *pl.* ...schläge
- □ der **Briefkasten** [ˈbri:fkastən] 男 郵便ポスト *pl.* ...kästen
- □ das **Paket** [paˈke:t] 中 郵便小包 *pl.* -e
- □ das **Päckchen** [ˈpɛkçən] 中 小さい小包 *pl.* -
- □ das **Einschreiben** [ˈainʃraibən] 中 書留郵便 *pl.* -
- □ die **Luftpost** [ˈlʊftpɔst] 女 航空郵便　複数なし
- □ **senden** [ˈzɛndən] 動 送る
- □ der **Absender** [ˈapzɛndɐ] 男 送り主 *pl.* -
- □ die **Postleitzahl** [ˈpɔstlaittsa:l] 女 郵便番号 *pl.* -en

銀行

- □ die **Bank** [baŋk] 女 銀行 *pl.* -en
- □ das **Geld** [ɡɛlt] 中 お金 *pl.* -er
- □ **bar** [ba:ɐ] 形 現金の
- □ das **Bargeld** [ˈba:ɐɡɛlt] 中 現金　複数なし
- □ das **Kleingeld** [ˈklainɡɛlt] 中 小銭，つり銭 *pl.* -er
- □ die **Münze** [ˈmʏntsə] 女 硬貨，コイン *pl.* -n
- □ der **Schein** [ʃain] 男 お札 *pl.* -e
- □ **wechseln** [ˈvɛksəln] 動 両替する
- □ das **Konto** [ˈkɔnto] 中 口座 *pl.* Konten/Kontos/Konti
- □ der **Kontoauszug** [ˈkɔntoaustsu:k] 男 預金残高通知書 *pl.* ...züge
- □ das **Einkommen** [ˈainkɔmən] 中 収入 *pl.* -
- □ das **Auskommen** [ˈauskɔmən] 中 支出 *pl.* -
- □ **ab|heben** [ˈaphe:bən] 動 引き出す
- □ **überweisen** [y:bɐˈvaizən] 動 振り込む
- □ **aus|geben** [ˈausge:bən] 動 支出する
- □ **sparen** [ˈʃpa:rən] 動 節約する

買い物

- □ **kaufen** [ˈkaufən] 動 買う
- □ **ein|kaufen** [ˈainkaufən] 動 買い物をする
- □ **verkaufen** [fɛɐˈkaufən] 動 売る
- □ das **Geschäft** [ɡəˈʃɛft] 中 店，店舗 *pl.* -e
- □ der **Laden** [ˈla:dən] 男 店，小売店 *pl.* Läden
- □ das **Kaufhaus** [ˈkaufhaus] 中 デパート *pl.* ...häuser
- □ der **Supermarkt** [ˈzu:pɐmarkt] 男 スーパー *pl.* ...märkte
- □ die **Bäckerei** [bɛkəˈrai] 女 パン屋 *pl.* -en
- □ die **Metzgerei** [mɛtsɡəˈrai] 女 肉屋 *pl.* -en
- □ die **Konditorei** [kɔnd4itoˈrai] 女 (喫茶店を兼ねた) ケーキ屋 *pl.* -en
- □ die **Buchhandlung** [ˈbu:xhandlʊŋ] 女 書店，本屋 *pl.* -en
- □ **offen** [ˈɔfən] 形 開いている
- □ **geschlossen** [ɡəˈʃlɔsən] 形 閉まっている
- □ die **Ware** [ˈva:rə] 女 品物，商品 *pl.* -n
- □ der **Artikel** [arˈti:kəl] 男 品物，商品 *pl.* -
- □ das **Lebensmittel** [ˈle:bənsmɪtəl] 中 食品，食料品 *pl.* - (普通複数で)
- □ der **Preis** [prais] 男 価格 *pl.* -e
- □ **kosten** [ˈkɔstən] 動 〜の値段である
- □ **kostenlos** [ˈkɔstənlo:s] 形 無料の

□ **teuer** [ˈtɔyɐ] 形 高い

□ **billig** [ˈbɪlɪç] 形 安い

□ das **Angebot** [ˈangəboːt] 中 特価，特売品 pl. -e

□ **reduziert** [reduˈtsiːɐt] 形 値引きされた

□ die **Kasse** [ˈkasə] 女 レジ pl. -n

□ der **Geldbeutel** [ˈgɛltbɔytəl] 男 財布 pl. -

□ der **Euro** [ˈɔyro] 男 ユーロ pl. -(s)

□ die **Barzahlung** [ˈbaːɐtsaːluŋ] 女 現金払い pl. -en

□ die **Kreditkarte** [kreˈdiːtkartə] 女 クレジットカード pl. -n

□ der **Kunde** [ˈkundə] 男 (商店などの) 客 pl. -n

□ der **Kundendienst** [ˈkundəndiːnst] 男 カスタマーサービス pl. -e

□ die **Garantie** [garanˈtiː] 女 保証 pl. -n

衣服

□ die **Kleidung** [ˈklaidʊŋ] 女 衣服 pl. -en

□ das **Hemd** [hɛmt] 中 シャツ pl. -en

□ der **Pullover** [pʊˈloːvɐ] 男 セーター pl. -

□ der **Rock** [rɔk] 男 スカート pl. Röcke

□ die **Hose** [ˈhoːzə] 女 ズボン pl. -n

□ der **Gürtel** [ˈgyrtəl] 男 ベルト pl. -

□ die **Krawatte** [kraˈvatə] 女 ネクタイ pl. -n

□ der **Hut** [huːt] 男 (縁のある) 帽子 pl. Hüte

□ die **Mütze** [ˈmʏtsə] 女 (縁のない) 帽子 pl. -n

□ die **Brille** [ˈbrɪlə] 女 めがね pl. -n

□ der **Ring** [rɪŋ] 男 指輪 pl. -e

□ die **Schuhe** [ˈʃuːə] 複 靴

□ der **Schal** [ʃaːl] 男 マフラー pl. -s

□ die **Handschuhe** [ˈhantʃuːə] 複 手袋

□ das **Kleid** [klait] 中 ワンピース pl. -er

□ der **Knopf** [knɔpf] 男 ボタン pl. Knöpfe

□ die **Tasche** [ˈtaʃə] 女 ポケット，かばん pl. -n

□ die **Socken** [ˈzɔkən] 複 靴下

□ der **Strumpf** [ʃtrʊmpf] 男 ストッキング pl. Strümpfe

□ die **Unterwäsche** [ˈʊntɐvɛʃə] 女 下着 複数なし

□ die **Mode** [ˈmoːdə] 女 流行，ファッション pl. -n

□ **tragen** [ˈtraːgən] 動 (衣服・装飾品を) 身につける

□ **an|ziehen** [ˈantsiːən] 動 着る，身につける

□ **aus|ziehen** [ˈaustsiːən] 動 脱ぐ

□ **um|ziehen** [ˈʊmtsiːən] 動 (sich⁴) 着替える

□ **passen** [ˈpasən] 動 (サイズが) 合う

住居

□ das **Haus** [haus] 中 家 pl. Häuser

□ **bauen** [ˈbauən] 動 建てる

□ **wohnen** [ˈvoːnən] 動 住む

□ die **Wohnung** [ˈvoːnʊŋ] 女 アパート pl. -en

□ das **Möbel** [ˈmøːbəl] 中 家具 pl. -

□ **möbliert** [møˈbliːɐt] 形 家具付きの

□ die **Miete** [ˈmiːtə] 女 家賃 pl. -n

□ **mieten** [ˈmiːtən] 動 賃借りする

□ die **Nebenkosten** [ˈneːbənkɔstən] 複 (光熱費などの) 付帯費用

□ der/die **Mieter/-in** [ˈmiːtɐ][ˈmiːtərɪn] 男女 借り主 (男性／女性) pl. -/-nen

□ **vermieten** [fɛɐˈmiːtən] 動 賃貸する

□ der/die **Vermieter/-in** [fɛɐˈmiːtɐ][fɛɐˈmiːtərɪn] 男女 貸し主 (男性／女性) pl. -/-nen

□ die **Untermiete** [ˈʊntɐmiːtə] 女 又借り，又貸し 複数なし

□ der/die **Untermieter/-in** [ˈʊntɐmiːtɐ][ˈʊntɐmiːtərɪn] 男女 又借り主 pl. -/-nen

□ der/die **Nachbar/-in** [ˈnaxbaːɐ][ˈnaxbaːrɪn] 男女 隣人 (男性／女性) pl. -n/-nen

□ der **Schlüssel** [ˈʃlʏsəl] 男 鍵 pl. -

□ der **Garten** [ˈgartən] 男 庭 pl. Gärten

□ die **Heizung** [ˈhaitsʊŋ] 女 ヒーター pl. -en

□ der **Keller** [ˈkɛlɐ] 男 地下室 pl. -

□ der **Aufzug** [ˈauftsuːk] 男 エレベーター pl. ...züge

□ der **Eingang** [ˈaingaŋ] 男 入口 pl. ...gänge

□ der **Ausgang** [ˈausgaŋ] 男 出口 pl. ...gänge

□ die **Tür** [tyːɐ] 女 ドア pl. -en

□ **besuchen** [bəˈzuːxən] 動 訪問する

□ **klingeln** [ˈklɪŋəln] 動 ベルを鳴らす

□ **klopfen** [ˈklɔpfən] 動 ノックする

□ das **Fenster** [ˈfɛnstɐ] 中 窓 pl. -

□ **auf|machen** [ˈaufmaxən] 動 (窓などを) 開ける

□ **zu|machen** [ˈtsuːmaxən] 動 (窓などを) 閉める

□ **öffnen** [ˈœfnən] 動 (窓などを) 開ける

□ **schließen** [ˈʃliːsən] 動 (窓などを) 閉める

□ die **Treppe** [ˈtrɛpə] 女 階段 pl. -n

□ das **Erdgeschoss** [ˈeːɐtgəʃɔs] 中 1 階 pl. -e

□ die **Etage** [eˈtaːʒə] 女 フロア，〜階 pl. -n

□ der **Stock** [ʃtɔk] 男 フロア，〜階 pl. -

□ die **Wand** [vant] 🟥 壁 pl. Wände

□ die **Garage** [gaˈraːʒə] 🟩 ガレージ pl. -n

□ der **Balkon** [balˈkõ/-oːn] 🟦 バルコニー pl. -s/-e

リビング

□ das **Wohnzimmer** [ˈvoːntsɪmɐ] 🟧 リビング pl. -

□ der **Tisch** [tɪʃ] 🟦 机 pl. -e

□ der **Stuhl** [ʃtuːl] 🟦 いす pl. Stühle

□ der **Sessel** [ˈzɛsəl] 🟦 安楽いす, 肘掛いす pl. -

□ das **Sofa** [ˈzoːfa] 🟧 ソファー pl. -s

□ der **Teppich** [ˈtɛpɪç] 🟦 絨毯 pl. -e

□ der **Vorhang** [ˈfoːɐ̯haŋ] 🟦 カーテン pl. Vorhänge

□ **auf|räumen** [ˈau̯frɔʏmən] 🟩 （部屋など）片付ける

寝室

□ **schlafen** [ˈʃlaːfən] 🟩 寝る

□ **auf|stehen** [ˈau̯fʃteːən] 🟩 起きる

□ das **Schlafzimmer** [ˈʃlaːftsɪmɐ] 🟧 寝室 pl. -

□ das **Bett** [bɛt] 🟧 ベッド pl. -en

□ die **Bettwäsche** [ˈbɛtvɛʃə] 🟥 シーツ 複数なし

□ die **Decke** [ˈdɛkə] 🟥 毛布, 掛け布団 pl. -n

□ das **Kissen** [ˈkɪsən] 🟧 クッション, 枕 pl. -

□ die **Lampe** [ˈlampə] 🟥 ランプ pl. -n

□ der **Schrank** [ʃraŋk] 🟦 たんす pl. Schränke

□ der **Kleiderbügel** [ˈklai̯dɐbyːɡəl] 🟦 ハンガー pl. -

□ **wecken** [ˈvɛkən] 🟩 起こす

□ der **Wecker** [ˈvɛkɐ] 🟦 目覚まし時計 pl. -

台所

□ die **Küche** [ˈkʏçə] 🟥 台所 pl. -n

□ der **Kühlschrank** [ˈkyːlʃraŋk] 🟦 冷蔵庫 pl. ...schränke

□ der **Ofen** [ˈoːfən] 🟦 オーブン pl. Öfen

□ der **Herd** [heːɐ̯t] 🟦 ガスレンジ pl. -e

□ die **Pfanne** [ˈpfanə] 🟥 フライパン pl. -n

□ das **Geschirr** [ɡəˈʃɪr] 🟧 食器 pl. -e

□ **spülen** [ˈʃpyːlən] 🟩 （食器を）洗う, すすぐ

□ die **Schüssel** [ˈʃʏsəl] 🟥 深皿, ボウル pl. -n

□ der **Topf** [tɔpf] 🟦 鍋 pl. Töpfe

□ die **Kanne** [ˈkanə] 🟥 ポット pl. -n

□ **kochen** [ˈkɔxən] 🟩 料理する

□ **braten** [ˈbraːtən] 🟩 （肉や魚などを）焼く

□ **backen** [ˈbakən] 🟩 （パンやケーキなどを）焼く

浴室・トイレ

□ **baden** [ˈbaːdən] 🟩 入浴する

□ das **Badezimmer** [ˈbaːdətsɪmɐ] 🟧 浴室 pl. -

□ die **Badewanne** [ˈbaːdəvanə] 🟥 浴槽 pl. -n

□ das **Badetuch** [ˈbaːdətuːx] 🟧 バスタオル pl. ...tücher

□ **duschen** [ˈduʃən] 🟩 シャワーを浴びる

□ die **Dusche** [ˈduʃə] 🟥 シャワー pl. -n

□ das **Duschgel** [ˈduʃɡeːl] 🟧 シャワージェル, ボディソープ pl. -e

□ das **Shampoo** [ˈʃampu] 🟧 シャンプー pl. -s

□ die **Toilette** [tɔaˈlɛtə] 🟥 トイレ pl. -n

□ das **Toilettenpapier** [tɔaˈlɛtənpapiːɐ̯] 🟧 トイレットペーパー pl. -e

□ die **Seife** [ˈzai̯fə] 🟥 石鹸 pl. -n

□ die **Zahnpasta** [ˈtsaːnpasta] 🟥 歯磨き粉 pl. ...pasten

□ die **Zahnbürste** [ˈtsaːnbʏrstə] 🟥 歯ブラシ pl. -n

□ **putzen** [ˈpʊtsən] 🟩 （歯を）磨く, きれいにする

□ die **Haarbürste** [ˈhaːɐ̯bʏrstə] 🟥 ブラシ pl. -n

□ der **Kamm** [kam] 🟦 くし pl. Kämme

□ der **Spiegel** [ˈʃpiːɡəl] 🟦 鏡 pl. -

□ **waschen** [ˈvaʃən] 🟩 洗う

□ die **Wäsche** [ˈvɛʃə] 🟥 洗濯物 複数なし

□ die **Waschmaschine** [ˈvaʃmaʃiːnə] 🟥 洗濯機 pl. -n

□ das **Waschpulver** [ˈvaʃpʊlfɐ] 🟧 粉末洗剤 pl. -

□ **trocknen** [ˈtrɔknən] 🟩 乾かす, 乾燥する

□ der **Trockner** [ˈtrɔknɐ] 🟦 乾燥機 pl. -

□ das **Waschbecken** [ˈvaʃbɛkən] 🟧 洗面台 pl. -

□ das **Handtuch** [ˈhanttuːx] 🟧 タオル pl. ...tücher

□ der **Föhn** [føːn] 🟦 ドライヤー pl. -e

□ der **Rasierer** [raˈziːrɐ] 🟦 髭剃り pl. -

日常生活・雑貨

□ das **Leben** [ˈleːbən] 🟧 生活 複数なし

□ der **Eimer** [ˈai̯mɐ] 🟦 バケツ, 桶 pl. -

□ der **Mülleimer** [ˈmʏlˌai̯mɐ] 🟦 ごみ箱 pl. -

□ der **Schwamm** [ʃvam] 🟦 スポンジ pl. Schwämme

□ der **Kasten** [ˈkastən] 🟦 箱 pl. Kästen

□ der **Korb** [kɔrp] 🟦 かご pl. Körbe

□ der **Sack** [zak] 🟦 袋 pl. Säcke

□ die **Kerze** [ˈkɛrtsə] 🟥 ローソク pl. -n

□ die **Zigarette** [tsigaˈrɛtə] 女 たばこ *pl.* -n

□ das **Feuerzeug** [ˈfɔyɐtsɔyk] 中 ライター *pl.* -e

□ der **Aschenbecher** [ˈaʃənbɛçɐ] 男 灰皿 *pl.* -

□ **rauchen** [ˈrauxən] 動 たばこを吸う

□ die **Nadel** [ˈnaːdəl] 女 針 *pl.* -n

□ der **Faden** [ˈfaːdən] 男 糸 *pl.* Fäden

□ das **Handy** [ˈhɛndi] 中 携帯電話 *pl.* -s

□ die **Handynummer** [ˈhɛndinɔmɐ] 女 携帯電話の番号 *pl.* -n

□ das **Telefon** [teleˈfoːn] 中 電話機 *pl.* -e

□ **telefonieren** [telefoˈniːrən] 動 電話する

□ **an|rufen** [ˈanruːfən] 動 （人に）電話をかける

仕事

□ die **Arbeit** [ˈarbait] 女 仕事 *pl.* -en

□ **arbeiten** [ˈarbaitən] 動 働く

□ **arbeitslos** [ˈarbaitsloːs] 形 失業している

□ der **Job** [dʒɔp] 男 一時的な仕事，アルバイト *pl.* -s

□ der **Teilzeitjob** [ˈtailtsaitdʒɔp] 男 パートタイムの仕事 *pl.* -s

□ der/die **Arbeitgeber/-in** [ˈarbaitgeːbɐ] [ˈarbaitgeːbərin] 男·女 雇用者（男性／女性）*pl.* -/-nen

□ der/die **Arbeitnehmer/-in** [ˈarbaitneːmɐ] [ˈarbaitneːmərin] 男·女 被雇用者（男性／女性）*pl.* -/-nen

□ der/die **Chef/-in** [ʃɛf] [ˈʃɛfin] 男·女 上司 *pl.* -s/-nen

□ der/die **Sekretär/-in** [zekreˈtɛːɐ] [zekreˈtɛːrin] 男·女 秘書（男性／女性）*pl.* -e/-nen

□ die **Stelle** [ˈʃtɛlə] 女 職，ポスト *pl.* -n

□ der **Vertrag** [fɛɐˈtraːk] 男 契約 *pl.* Verträge

□ der **Lohn** [loːn] 男 賃金 *pl.* Löhne

□ das **Büro** [byˈroː] 中 オフィス *pl.* -s

□ der **Kollege** [kɔˈleːgə] 男 同僚（男性）*pl.* -n

□ die **Kollegin** [kɔˈleːgin] 女 同僚（女性）*pl.* -nen

□ der/die **Mitarbeiter/-in** [ˈmitarbaitɐ] [ˈmitarbaitərin] 男·女 従業員，協力者（男性／女性）*pl.* -/-nen

□ der/die **Praktikant/-in** [praktiˈkant] [praktiˈkantin] 男·女 実習生（男性／女性）*pl.* -en/-nen

□ das **Projekt** [proˈjɛkt] 中 プロジェクト *pl.* -e

□ die **Sitzung** [ˈzitsʊŋ] 女 会議 *pl.* -en

□ der **Termin** [tɛrˈmiːn] 男 期日，予約 *pl.* -e

□ die **Frist** [frist] 女 期日 *pl.* -en

□ die **Pause** [ˈpauzə] 女 休憩 *pl.* -n

□ der **Feierabend** [ˈfaiɐˌaːbənt] 男 終業，仕事じまい *pl.* -e

□ der **Urlaub** [ˈuːɐlaup] 男 休暇 *pl.* -e

学校

□ die **Schule** [ˈʃuːlə] 女 学校 *pl.* -n

□ der/die **Schüler/-in** [ˈʃyːlɐ] [ˈʃyːlərin] 男·女 生徒（男性／女性）*pl.* -/-nen

□ der/die **Lehrer/-in** [ˈleːrɐ] [ˈleːrərin] 男·女 教師（男性／女性）*pl.* -/-nen

□ der **Kindergarten** [ˈkindɐgartən] 男 幼稚園 *pl.* ...gärten

□ **erziehen** [ɛɐˈtsiːən] 動 教育する

□ **lernen** [ˈlɛrnən] 動 学ぶ

□ das **Gymnasium** [gymˈnaːziʊm] 中 ギムナジウム *pl.* Gymnasien

□ das **Abitur** [abiˈtuːɐ] 中 アビトゥーア（ギムナジウムの卒業試験）*pl.* -e

□ die **Klasse** [ˈklasə] 女 学級，学年 *pl.* -n

□ das **Klassenzimmer** [ˈklasəntsimɐ] 中 教室 *pl.* -

□ die **Tafel** [ˈtaːfəl] 女 黒板 *pl.* -n

□ die **Hochschule** [ˈhoːxʃuːlə] 女 大学 *pl.* -n

□ die **Universität** [univɛrziˈtɛːt] 女 大学 *pl.* -en

□ das **Institut** [instiˈtuːt] 中 研究機関 *pl.* -e

□ das **Studium** [ˈʃtuːdiʊm] 中 大学での勉強　複数なし／（研究・調査の意味では）Studien

□ der/die **Professor/-in** [proˈfesoːɐ] [profeˈsoːrin] 男·女 教授（男性／女性）*pl.* -en/-nen

□ der/die **Student/-in** [ʃtuˈdɛnt] [ʃtuˈdɛntin] 男·女 学生（男性／女性）*pl.* -en/-nen

□ **studieren** [ʃtuˈdiːrən] 動 （大学で）学ぶ

□ der **Studentenausweis** [ʃtuˈdɛntənausvais] 男 学生証 *pl.* -e

□ das **Semester** [zeˈmɛstɐ] 中 学期，セメスター *pl.* -

□ die **Ferien** [ˈfeːriən] 複 （学校などの）休暇

□ das **Seminar** [zemiˈnaːɐ] 中 （大学の）演習，ゼミナール *pl.* -e

□ das **Referat** [refeˈraːt] 中 （演習などの）発表 *pl.* -e

□ der **Vortrag** [ˈfoːɐtraːk] 男 講演 *pl.* Vorträge

□ **halten** [ˈhaltən] 動 （発表や講演を）する

□ der **Test** [tɛst] 男 テスト *pl.* -s（または -e）

□ die **Prüfung** [ˈpryːfʊŋ] 女 試験 *pl.* -en

□ das **Examen** [ɛˈksaːmən] 中 試験 pl. -（または Examina）

□ **ab|legen** [ˈaple:gən] 動（試験を）受ける

□ **bestehen** [bəˈʃteːən] 動（試験などに）合格する

□ der **Erfolg** [ɛɐˈfɔlk] 男 成功，成果 pl. -e

□ das **Ergebnis** [ɛɐˈgeːpnɪs] 中 結果，成果 pl. -se

□ die **Note** [ˈnoːtə] 女 評点 pl. -n

□ **fehlen** [ˈfeːlən] 動 欠けている，欠席する

□ der **Fehler** [ˈfeːlɐ] 男 間違い pl. -

□ das **Thema** [ˈteːma] 中 テーマ pl. Themen

□ die **Übung** [ˈyːbʊŋ] 女 練習 pl. -en

□ der **Unterricht** [ˈʊntɐrɪçt] 男 授業 pl. -e（まれ）

□ **unterrichten** [ʊntɐˈrɪçtən] 動 授業をする，教える

□ die **Vorlesung** [ˈfoːɐleːzʊŋ] 女 講義 pl. -en

□ der **Hörsaal** [ˈhøːɐzaːl] 男 講義室 pl. ...säle

□ die **Aufgabe** [ˈaufgaːbə] 女 課題 pl. -n

□ die **Hausaufgabe** [ˈhausaufgaːbə] 女 宿題 pl. -n

□ das **Buch** [buːx] 中 本 pl. Bücher

□ das **Wörterbuch** [ˈvœrtɐbuːx] 中 辞書 pl. ...bücher

□ das **Zeugnis** [ˈtsɔyknɪs] 中 証明書 pl. -se

文具・事務用品

□ der **Kugelschreiber** [ˈkuːgəlʃraibɐ] 男 ボールペン pl. -

□ der **Bleistift** [ˈblaiʃtɪft] 男 鉛筆 pl. -e

□ **schreiben** [ˈʃraibən] 動 書く

□ das **Heft** [hɛft] 中 ノート pl. -e

□ die **Notiz** [noˈtiːts] 女 覚え書き，メモ pl. -en

□ **notieren** [noˈtiːrən] 動 書き留める

□ der **Zettel** [ˈtsɛtəl] 男 メモ用紙 pl. -

□ das **Papier** [paˈpiːɐ] 中 紙，書類 pl. -e

□ die **Schere** [ˈʃeːrə] 女 はさみ pl. -n

□ **schneiden** [ˈʃnaidən] 動 切る

□ das **Lineal** [lineˈaːl] 中 定規 pl. -e

□ der **Hefter** [ˈhɛftɐ] 男 ホッチキス pl. -

□ der **Taschenrechner** [ˈtaʃənrɛçnɐ] 男 ポケット電卓 pl. -

コンピューター

□ der **Computer** [kɔmˈpjuːtɐ] 男 コンピューター pl. -

□ der **Laptop** [ˈlɛptɔp] 男 ノートパソコン pl. -s

□ der **Bildschirm** [ˈbɪltʃɪrm] 男 ディスプレー pl. -e

□ der **Drucker** [ˈdrʊkɐ] 男 プリンター pl. -

□ **aus|drucken** [ˈausdrʊkən] 動 プリントアウトする

□ die **Maus** [maus] 女 マウス pl. Mäuse

□ die **Tastatur** [tastaˈtuːɐ] 女 キーボード pl. -en

□ **tippen** [ˈtɪpən] 動（パソコンやタイプで）打つ

□ der **USB-Stick** [uː|ɛsˈbeːʃtɪk] 男 USB pl. -s

□ das **Internet** [ˈɪntɐnɛt] 中 インターネット 複数なし

□ die **Internetverbindung** [ˈɪntɐnɛtfɛɐbɪndʊŋ] 女 インターネット接続 pl. -en

□ **benutzen** [bəˈnʊtsən] 動 利用する

□ der **Benutzername** [bəˈnʊtsɐnaːmə] 男 ユーザー名 pl. -n

□ das **Passwort** [ˈpasvɔrt] 中 パスワード pl. ...wörter

□ die **E-Mail** [ˈiːmeːl] 女 電子メール pl. -s

□ die **E-Mail-Adresse** [ˈiːmeːl|adrɛsə] 女 メールアドレス pl. -n

□ der **E-Mail-Wurm** [ˈiːmeːlvʊrm] 男 電子メールウィルス pl. ...-Würmer

□ die **Anlage** [ˈanlaːgə] 女 添付ファイル pl. -n

□ **öffnen** [ˈœfnən] 動 開く

□ **schließen** [ˈʃliːsən] 動 閉じる

□ **ab|brechen** [ˈapbrɛçən] 動 中止する

□ **schicken** [ˈʃɪkən] 動 送る

□ **weiter|leiten** [ˈvaitɐlaitən] 動 転送する

□ **an|klicken** [ˈanklɪkən] 動 クリックする

□ **speichern** [ˈʃpaiçɐn] 動（データなどを）保存する

□ **kopieren** [koˈpiːrən] 動 コピーする

□ **löschen** [ˈlœʃən] 動 削除する

□ **suchen** [ˈzuːxən] 動 検索する

□ **ein|loggen** [ˈainlɔgən] 動 ログインする

□ **registrieren** [regɪsˈtriːrən] 動 登録する

□ **beenden** [bəˈɛndən] 動 終了する

□ **aus|schalten** [ˈausʃaltən] 動 スイッチを切る

スポーツ

□ der **Sport** [ʃpɔrt] 男 スポーツ pl. -e（種目をあらわすとき）

□ **treiben** [ˈtraibən] 動（Sport treiben で）スポーツをする

□ der **Fußball** [ˈfuːsbal] 男 サッカー pl. ...bälle

□ **spielen** [ˈʃpiːlən] 動（球技などを）する，遊ぶ

□ der/die **Spieler/-in** [ˈʃpiːlɐ][ˈʃpiːlərɪn] 男女 選手，競技者（男性／女性）pl. -/-nen

□ das **Spiel** [ʃpiːl] 中 試合，遊び pl. -e

□ das **Stadion** [ˈʃtaːdi̯ɔn] 中 競技場，スタジアム *pl.* Stadien

□ das **Tor** [toːɐ̯] 中（サッカーなどの）ゴール，門 *pl.* -e

□ der **Torwart** [ˈtoːɐ̯vart] 男 ゴールキーパー *pl.* -e

□ die **Mannschaft** [ˈmanʃaft] 女 チーム *pl.* -en

□ das **Trikot** [triˈkoː] 中 ユニホーム *pl.* -s

□ der **Schiedsrichter** [ˈʃiːtsrɪçtɐ] 男 主審 *pl.* -

□ der **Freistoß** [ˈfraɪ̯ʃtoːs] 男 フリーキック *pl.* ...stöße

□ **treffen** [ˈtrɛfən] 動 命中させる，当てる，会う

□ der **Treffer** [ˈtrɛfɐ] 男（サッカーの）ゴール *pl.* -

□ der **Handball** [ˈhantbal] 男 ハンドボール *pl.* ...bälle

□ der **Volleyball** [ˈvɔlibal] 男 バレーボール *pl.* ...bälle

□ das **Tennis** [ˈtɛnɪs] 中 テニス　複数なし

□ die **Regel** [ˈreːɡəl] 女 規則，ルール *pl.* -n

□ **siegen** [ˈziːɡən] 動 勝つ

□ **verlieren** [fɛɐ̯ˈliːrən] 動 負ける

□ das **Schwimmbad** [ˈʃvɪmbaːt] 中 プール *pl.* ...bäder

□ **schwimmen** [ˈʃvɪmən] 動 泳ぐ

□ **surfen** [ˈzøːɐ̯fən] 動 サーフィンをする

□ **segeln** [ˈzeːɡəln] 動（帆船・ヨットに乗って）走る

□ **rudern** [ˈruːdɐn] 動 ボートを漕ぐ

□ der **Ski** [ʃiː] 男 スキー（Ski fahren でスキーをする）*pl.* -er/-

□ **springen** [ˈʃprɪŋən] 動 飛ぶ，ジャンプする

□ **joggen** [ˈdʒɔɡən] 動 ジョギングする

□ **klettern** [ˈklɛtɐn] 動 よじ登る（ロッククライミング）

□ das **Ziel** [tsiːl] 中 目的，ゴール *pl.* -e

芸術・音楽

□ die **Kunst** [kʊnst] 女 芸術，技術 *pl.* Künste

□ der/die **Künstler/-in** [ˈkʏnstlɐ][ˈkʏnstlərɪn] 男・女 芸術家（男性／女性）*pl.* -/-nen

□ die **Kultur** [kʊlˈtuːɐ̯] 女 文化 *pl.* -en

□ das **Museum** [muˈzeːʊm] 中 博物館 *pl.* Museen

□ der/die **Maler/-in** [ˈmaːlɐ][ˈmaːlərɪn] 男・女 画家（男性／女性）*pl.* -/-nen

□ **malen** [ˈmaːlən] 動（絵などを絵の具で）描く

□ das **Gemälde** [ɡəˈmɛːldə] 中 絵画 *pl.* -

□ das **Bild** [bɪlt] 中 絵，写真 *pl.* -er

□ das **Werk** [vɛrk] 中 作品 *pl.* -e

□ die **Musik** [muˈziːk] 女 音楽 *pl.* -en（まれ）

□ das **Instrument** [ɪnstruˈmɛnt] 中 楽器 *pl.* -e

□ das **Klavier** [klaˈviːɐ̯] 中 ピアノ *pl.* -e

□ die **Geige** [ˈɡaɪ̯ɡə] 女 バイオリン *pl.* -n

□ das **Cello** [ˈtʃɛlo] 中 チェロ *pl.* -s（または Celli）

□ die **Gitarre** [ɡiˈtarə] 女 ギター *pl.* -n

□ die **Flöte** [ˈfløːtə] 女 フルート *pl.* -n

□ die **Trompete** [trɔmˈpeːtə] 女 トランペット *pl.* -n

□ die **Trommel** [ˈtrɔməl] 女 太鼓 *pl.* -n

□ das **Lied** [liːt] 中 歌 *pl.* -er

□ der **Chor** [koːɐ̯] 男 合唱団 *pl.* Chöre

□ **singen** [ˈzɪŋən] 動 歌う

□ der/die **Sänger/-in** [ˈzɛŋɐ][ˈzɛŋərɪn] 男・女 歌手（男性／女性）*pl.* -/-nen

□ das **Konzert** [kɔnˈtsɛrt] 中 コンサート *pl.* -e

映画・演劇

□ der **Film** [fɪlm] 男 映画 *pl.* -e

□ das **Kino** [ˈkiːno] 中 映画館 *pl.* -s

□ der/die **Schauspieler/-in** [ˈʃaʊ̯ʃpiːlɐ][ˈʃaʊ̯ʃpiːlərɪn] 男・女 役者（男性／女性）*pl.* -/-nen

□ die **Rolle** [ˈrɔlə] 女 役 *pl.* -n

□ die **Szene** [ˈstseːnə] 女 場面 *pl.* -n

□ der/die **Regisseur/-in** [reʒɪˈsøːɐ̯][reʒɪˈsøːrɪn] 男・女 演出家・監督（男性／女性）*pl.* -e/-nen

□ **an|schauen** [ˈanʃaʊ̯ən] 動（映画などを）観る

□ das **Theater** [teˈaːtɐ] 中 劇場，演劇 *pl.* -

□ die **Oper** [ˈoːpɐ] 女 オペラ *pl.* -n

□ das **Ballett** [baˈlɛt] 中 バレエ *pl.* -e

□ die **Bühne** [ˈbyːnə] 女 舞台 *pl.* -n

□ die **Eintrittskarte** [ˈaɪ̯ntrɪtskartə] 女 入場券 *pl.* -n

□ das **Publikum** [ˈpuːblikʊm] 中 観客　複数なし

文学

□ die **Literatur** [lɪtəraˈtuːɐ̯] 女 文学 *pl.* -en

□ der/die **Autor/-in** [ˈaʊ̯toːɐ̯][aʊ̯ˈtoːrɪn] 男・女 著者（男性／女性）*pl.* -en/-nen

□ der/die **Schriftsteller/-in** [ˈʃrɪftʃtɛlɐ][ˈʃrɪftʃtɛlərɪn] 男・女 作家（男性／女性）*pl.* -/-nen

□ der/die **Leser/-in** [ˈleːzɐ][ˈleːzərɪn] 男・女 読者（男性／女性）*pl.* -/-nen

□ **lesen** [ˈleːzən] 動 読む

□ das **Drama** [ˈdraːma] 中 劇，戯曲 *pl.* Dramen

□ das **Gedicht** [ɡəˈdɪçt] 中 詩 *pl.* -e

□ die **Lyrik** [ˈlyːrɪk] 🈀 叙情詩　複数なし

□ die **Geschichte** [gəˈʃɪçtə] 🈀 物語 pl. -n

□ der **Roman** [roˈmaːn] 🈚 小説 pl. -e

□ der **Verlag** [fɛɐˈlaːk] 🈚 出版社 pl. -e

メディア

□ das **Medium** [ˈmeːdi̯ʊm] 🈩 (情報などの) 媒体, メディア pl. Medien

□ das **Fernsehen** [ˈfɛrnzeːən] 🈩 テレビ　複数なし

□ **fern|sehen** [ˈfɛrnzeːən] 🈐 テレビを観る

□ das **Radio** [ˈraːdi̯o] 🈩 ラジオ pl. -s

□ das **Programm** [proˈgram] 🈩 番組表 pl. -e

□ die **Werbung** [ˈvɛrbʊŋ] 🈀 広告 pl. -en

□ **senden** [ˈzɛndən] 🈐 放送する

□ die **Sendung** [ˈzɛndʊŋ] 🈀 放送 pl. -en

□ die **Nachrichten** [ˈnaːxrɪçtən] 🈆 ニュース, 知らせ

□ die **Zeitung** [ˈtsaitʊŋ] 🈀 新聞 pl. -en

□ die **Zeitschrift** [ˈtsaitʃrɪft] 🈀 雑誌 pl. -en

□ das **Foto** [ˈfoːto] 🈩 写真 pl. -s

□ **fotografieren** [fotograˈfiːrən] 🈐 写真を撮る

病院・薬局

□ das **Krankenhaus** [ˈkraŋkənhaus] 🈩 病院 pl. ...häuser

□ die **Klinik** [ˈkliːnɪk] 🈀 (専門の) 病院, 診療所 pl. -en

□ der **Arzt** [aːɐtst] 🈚 医者 (男性) pl. Ärzte

□ die **Ärztin** [ˈɛːɐtstɪn] 🈀 医者 (女性) pl. -nen

□ der **Zahnarzt** [ˈtsaːnaːɐtst] 🈚 歯医者 (男性) pl. ...ärzte

□ die **Zahnärztin** [ˈtsaːnɛːɐtstɪn] 🈀 歯医者 (女性) pl. -nen

□ der/die **Krankenpfleger/-in** [ˈkraŋkənpfleːgɐ] [ˈkraŋkənpfleːgərɪn] 🈚🈀 看護師 (男性／女性) pl. -/-nen

□ der/die **Kranke** [ˈkraŋkə] 🈚🈀 病人 (男性／女性)

□ der/die **Patient/-in** [paˈtsi̯ɛnt] [paˈtsi̯ɛntɪn] 🈚🈀 患者 (男性／女性) pl. -en/-nen

□ **schwanger** [ˈʃvaŋɐ] 🈭 妊娠している

□ die **Schwangere** [ˈʃvaŋərə] 🈀 妊婦

□ die **Schwangerschaft** [ˈʃvaŋɐʃaft] 🈀 妊娠 pl. -en

□ die **Krankenkasse** [ˈkraŋkənkasə] 🈀 健康保険組合 pl. -n

□ der **Krankenwagen** [ˈkraŋkənvaːgən] 🈚 救急車 pl. -

□ die **Operation** [opəraˈtsi̯oːn] 🈀 手術 pl. -en

□ **operieren** [opəˈriːrən] 🈐 手術する

□ **untersuchen** [ʊntɐˈzuːxən] 🈐 検査する

□ **atmen** [ˈaːtmən] 🈐 呼吸する

□ das **Blut** [bluːt] 🈩 血　複数なし

□ die **Apotheke** [apoˈteːkə] 🈀 薬局 pl. -n

□ das **Medikament** [medikaˈmɛnt] 🈩 薬 pl. -e

□ die **Tablette** [taˈblɛtə] 🈀 錠剤 pl. -n

□ das **Rezept** [reˈtsɛpt] 🈩 処方箋 pl. -e

□ die **Wirkung** [ˈvɪrkʊŋ] 🈀 効果 pl. -en

□ die **Nebenwirkung** [ˈneːbənvɪrkʊŋ] 🈀 副作用 pl. -en (普通複数で)

□ das **Pflaster** [ˈpflastɐ] 🈩 バンドエイド pl. -

健康・病気

□ **gesund** [gəˈzʊnt] 🈭 健康な

□ die **Gesundheit** [gəˈzʊnthait] 🈀 健康　複数なし

□ **krank** [kraŋk] 🈭 病気の

□ die **Krankheit** [ˈkraŋkhait] 🈀 病気 pl. -en

□ die **Erkältung** [ɛɐˈkɛltʊŋ] 🈀 風邪 pl. -en

□ **erkälten** [ɛɐˈkɛltən] 🈐 (sich⁴) 風邪を引く

□ **husten** [ˈhuːstən] 🈐 咳をする

□ **schwindeln** [ˈʃvɪndəln] 🈐 (非人称主語 es と) めまいがする

□ die **Verletzung** [fɛɐˈlɛtsʊŋ] 🈀 けが pl. -en

□ **verletzen** [fɛɐˈlɛtsən] 🈐 (sich⁴) けがをする

□ **brechen** [ˈbrɛçən] 🈐 (腕や足の骨を) 折る

□ der **Schmerz** [ʃmɛrts] 🈚 痛み pl. -en

□ **weh tun** [veː tuːn] 🈑 ～が痛む

□ der **Durchfall** [ˈdʊrçfal] 🈚 下痢 pl. ...fälle

□ die **Allergie** [alɛrˈgiː] 🈀 アレルギー pl. -n

□ die **Grippe** [ˈgrɪpə] 🈀 インフルエンザ pl. -n

□ das **Fieber** [ˈfiːbɐ] 🈩 熱 pl. - (まれ)

□ das **Leben** [ˈleːbən] 🈩 生命 pl. -

□ **leben** [ˈleːbən] 🈐 生きている, 暮らしている

□ **geboren** [gəˈboːrən] 🈭 生まれた

□ **sterben** [ˈʃtɛrbən] 🈐 死ぬ

□ der **Tod** [toːt] 🈚 死 pl. -e

□ **tot** [toːt] 🈭 死んでいる

身体

□ der **Körper** [ˈkœrpɐ] 🈚 体, 肉体 pl. -

□ der **Mensch** [mɛnʃ] 🈚 人間 pl. -en

□ das **Gesicht** [ɡəˈzɪçt] 中 顔 pl. -er

□ der **Kopf** [kɔpf] 男 頭 pl. Köpfe

□ das **Haar** [haːɐ̯] 中 髪 pl. -e

□ das **Auge** [ˈaʊɡə] 中 目 pl. -n

□ die **Augenbraue** [ˈaʊɡənbraʊə] 女 眉，眉毛 pl. -n

□ das **Ohr** [oːɐ̯] 中 耳 pl. -en

□ die **Nase** [ˈnaːzə] 女 鼻 pl. -n

□ der **Mund** [mʊnt] 男 口 pl. Münder

□ die **Lippe** [ˈlɪpə] 女 唇 pl. -n

□ der **Zahn** [tsaːn] 男 歯 pl. Zähne

□ die **Zunge** [ˈtsʊŋə] 女 舌 pl. -n

□ das **Kinn** [kɪn] 中 あご pl. -e

□ der **Bart** [baːɐ̯t] 男 ひげ pl. Bärte

□ der **Hals** [hals] 男 首 pl. Hälse

□ der **Arm** [arm] 男 腕 pl. -e

□ die **Schulter** [ˈʃʊltɐ] 女 肩 pl. -n

□ der **Ellbogen** [ˈɛlboːɡən] 男 ひじ pl. -

□ die **Hand** [hant] 女 手 pl. Hände

□ das **Handgelenk** [ˈhantɡəlɛŋk] 中 手首 pl. -e

□ der **Finger** [ˈfɪŋɐ] 男 指 pl. -

□ die **Brust** [brʊst] 女 胸 pl. Brüste

□ die **Lunge** [ˈlʊŋə] 女 肺 pl. -n

□ das **Herz** [hɛrts] 中 心臓 pl. -en

□ der **Bauch** [baʊx] 男 腹 pl. Bäuche

□ der **Magen** [ˈmaːɡən] 男 胃 pl. Mägen

□ der **Nabel** [ˈnaːbəl] 男 へそ pl. -

□ der **Rücken** [ˈrʏkən] 男 背中 pl. -

□ die **Hüfte** [ˈhʏftə] 女 腰 pl. -n

□ das **Gesäß** [ɡəˈzɛːs] 中 しり pl. -e

□ das **Bein** [baɪn] 中 足 (付け根から足首まで) pl. -e

□ der **Fuß** [fuːs] 男 足 (足首より下の部分) pl. Füße

□ das **Fußgelenk** [ˈfuːsɡəlɛŋk] 中 足首 pl. -e

□ der **Zeh** [tseː] 男 足の指 pl. -en

□ die **Zehe** [ˈtseːə] 女 足の指 pl. -n

□ **dick** [dɪk] 形 太い

□ **dünn** [dʏn] 形 細い

□ **groß** [ɡroːs] 形 (背丈が) 大きい

□ **klein** [klaɪn] 形 (背丈が) 小さい

□ **schlank** [ʃlaŋk] 形 すらりとした

□ die **Kraft** [kraft] 女 力 pl. Kräfte

□ der **Muskel** [ˈmʊskəl] 男 筋肉 pl. -n

□ der **Knochen** [ˈknɔxən] 男 骨 pl. -

□ **bewegen** [bəˈveːɡən] 動 動かす

自然

□ die **Natur** [naˈtuːɐ̯] 女 自然 pl. -en

□ der **Berg** [bɛrk] 男 山 pl. -e

□ der **Hügel** [ˈhyːɡəl] 男 丘 pl. -

□ der **Wald** [valt] 男 森 pl. Wälder

□ der **See** [zeː] 男 湖 pl. -n

□ das **Meer** [meːɐ̯] 中 海 pl. -e

□ der **Strand** [ʃtrant] 男 海辺，浜辺 pl. Strände

□ der **Fluss** [flʊs] 男 川 pl. Flüsse

□ das **Ufer** [ˈuːfɐ] 中 (海や川などの) 岸 pl. -

□ das **Wasser** [ˈvasɐ] 中 (海や川などの) 水 pl. -

□ die **Luft** [lʊft] 女 空気 pl. Lüfte

□ das **Land** [lant] 中 陸，土地，国 pl. Länder

□ die **Landschaft** [ˈlantʃaft] 女 風景，風土 pl. -en

□ die **Umwelt** [ˈʊmvɛlt] 女 環境 複数なし

□ **umweltfreundlich** [ˈʊmvɛltfrɔʏntlɪç] 形 環境に優しい

地理

□ die **Erde** [ˈeːɐ̯də] 女 地球，地面 pl. -n (普通単数で)

□ der **Himmel** [ˈhɪməl] 男 天 pl. - (普通単数で)

□ die **Lage** [ˈlaːɡə] 女 位置，情勢 pl. -n

□ der **Osten** [ˈɔstən] 男 東 複数なし

□ der **Westen** [ˈvɛstən] 男 西 複数なし

□ der **Norden** [ˈnɔrdən] 男 北 複数なし

□ der **Süden** [ˈzyːdən] 男 南 複数なし

□ die **Welt** [vɛlt] 女 世界 pl. -en (普通単数で)

□ der **Kontinent** [ˈkɔntinɛnt] 男 大陸 pl. -e

□ der **Ozean** [ˈoːtseaːn] 男 大洋 pl. -e

□ das **Gebirge** [ɡəˈbɪrɡə] 中 山岳地帯 pl. -

□ das **Gebiet** [ɡəˈbiːt] 中 地域 pl. -e

□ der **Ort** [ɔrt] 男 場所 pl. -e

□ das **Dorf** [dɔrf] 中 村 pl. Dörfer

気候

□ das **Klima** [ˈkliːma] 中 気候 pl. Klimata まれに -s/(専門用語では) Klimate

□ die **Klimaanlage** [ˈkliːmaʔanlaːɡə] 女 エアコン，空調設備 pl. -n

□ die **Temperatur** [tɛmpəraˈtuːɐ̯] 女 温度，気温 pl. -en

□ die **Hitze** [ˈhɪtsə] 女 暑さ 複数なし

□ **warm** [varm] 形 暖かい

□ **kalt** [kalt] 形 寒い

□ **mild** [ˈmɪlt] 形 穏やかな

□ **schwül** [ʃvyːl] 形 蒸し暑い

□ das **Wetter** [ˈvɛtɐ] 中 天気 pl. -

□ der **Wetterbericht** [ˈvɛtɐbərɪçt] 男 天気予報 pl. -e

□ das **Gewitter** [gəˈvɪtɐ] 中 雷雨 pl. -

□ die **Sonne** [ˈzɔnə] 女 太陽 pl. -n（普通単数で）

□ der **Mond** [moːnt] 男 月 pl. -e

□ der **Stern** [ʃtɛrn] 男 星 pl. -e

□ **scheinen** [ˈʃainən] 動 (太陽や月が) 輝く

□ die **Wolke** [ˈvɔlkə] 女 雲 pl. -n

□ der **Regen** [ˈreːgən] 男 雨 pl. -（普通単数で）

□ der **Regenschirm** [ˈreːgənʃɪrm] 男 傘 pl. -e

□ **regnen** [ˈreːgnən] 動 (非人称主語 es と) 雨が降る

□ der **Donner** [ˈdɔnɐ] 男 雷、雷鳴 pl. -

□ **donnern** [ˈdɔnɐn] 動 (非人称主語 es と) 雷のようなごう音をとどろかせる

□ der **Schnee** [ʃneː] 男 雪　複数なし

□ **schneien** [ˈʃnaiən] 動 (非人称主語 es と) 雪が降る

□ der **Nebel** [ˈneːbəl] 男 霧 pl. -

□ der **Wind** [vɪnt] 男 風 pl. -e

□ der **Sturm** [ʃtʊrm] 男 嵐 pl. Stürme

災害・事故

□ die **Katastrophe** [katasˈtroːfə] 女 大災害、大事故 pl. -n

□ das **Unglück** [ˈʊnɡlʏk] 中 (大規模な) 事故、災害 pl. -e

□ **fallen** [ˈfalən] 動 落下する

□ der **Fall** [fal] 男 落下、転倒 pl. Fälle

□ der **Unfall** [ˈʊnfal] 男 事故 pl. ...fälle

□ der **Notfall** [ˈnoːtfal] 男 緊急事態 pl. ...fälle

□ **zusammen|stoßen** [ʦuˈzamənʃtoːsən] 動 衝突する

□ **stürzen** [ˈʃtʏrʦən] 動 転落する

□ das **Feuer** [ˈfɔyɐ] 中 火事 pl. -

□ die **Feuerwehr** [ˈfɔyɐveːɐ] 女 消防隊、消防署 pl. -en

□ **brennen** [ˈbrɛnən] 動 燃える

□ **löschen** [ˈlœʃən] 動 (火などを) 消す

□ die **Gefahr** [ɡəˈfaːɐ] 女 危険 pl. -en

□ **geschehen** [ɡəˈʃeːən] 動 起こる

□ **zerstören** [ʦɛɐˈʃtøːrən] 動 破壊する

□ der **Schaden** [ˈʃaːdən] 男 損害、被害 pl. Schäden

□ das **Opfer** [ˈɔpfɐ] 中 犠牲者 pl. -

□ **retten** [ˈrɛtən] 動 救助する

□ die **Hilfe** [ˈhɪlfə] 女 援助、救済 pl. -n

動物

□ das **Tier** [tiːɐ] 中 動物 pl. -e

□ der **Tiergarten** [ˈtiːɐɡartən] 男 動物園 pl. ...gärten

□ der **Zoo** [ʦoː] 男 動物園 pl. -s

□ das **Haustier** [ˈhaustiːɐ] 中 ペット pl. -e

□ der **Hund** [hʊnt] 男 犬 pl. -e

□ die **Katze** [ˈkaʦə] 女 猫 pl. -n

□ **füttern** [ˈfʏtɐn] 動 (動物に) えさを与える

□ **beißen** [ˈbaisən] 動 かむ

□ die **Maus** [maus] 女 鼠 pl. Mäuse

□ die **Kuh** [kuː] 女 雌牛 pl. Kühe

□ das **Pferd** [pfeːɐt] 中 馬 pl. -e

□ der **Vogel** [ˈfoːɡəl] 男 鳥 pl. Vögel

□ die **Ente** [ˈɛntə] 女 鴨 pl. -n

□ das **Huhn** [huːn] 中 鶏 pl. Hühner

□ das **Kaninchen** [kaˈniːnçən] 中 イエウサギ pl. -

□ der **Hase** [ˈhaːzə] 男 野ウサギ pl. -n

□ das **Wild** [vɪlt] 中 野獣　複数なし

□ das **Lamm** [lam] 中 子羊 pl. Lämmer

□ das **Schaf** [ʃaːf] 中 羊 pl. -e

□ die **Ziege** [ˈʦiːɡə] 女 ヤギ pl. -n

□ der **Löwe** [ˈløːvə] 男 ライオン pl. -n

□ der **Wolf** [vɔlf] 男 狼 pl. Wölfe

□ **züchten** [ˈʦʏçtən] 動 飼育する

□ das **Insekt** [ɪnˈzɛkt] 中 昆虫 pl. -en

□ die **Biene** [ˈbiːnə] 女 蜂 pl. -n

□ die **Fliege** [ˈfliːɡə] 女 蝿 pl. -n

植物

□ die **Pflanze** [ˈpflanʦə] 女 植物 pl. -n

□ der **Baum** [baum] 男 木 pl. Bäume

□ das **Blatt** [blat] 中 葉 pl. Blätter

□ der **Stamm** [ʃtam] 男 幹 pl. Stämme

□ der **Zweig** [ʦvaik] 男 枝 pl. -e

□ die **Wurzel** [ˈvʊrʦəl] 女 根 pl. -n

□ die **Blume** [ˈbluːmə] 女 花 pl. -n

□ der **Blumenstrauß** [ˈbluːmənʃtraus] 男 花束 pl. ...sträuße

□ **blühen** [ˈblyː.ən] 動 (花が) 咲いている

□ das **Gras** [graːs] 中 草 pl. Gräser

行事・催し

□ der **Feiertag** [ˈfaiɐtaːk] 男 祝祭日 pl. -e

□ **feiern** [ˈfaiɐn] 動 (祝祭日や誕生日などを) 祝う

□ der **Nationalfeiertag** [natsioˈnaːlfaiɐtaːk] 男 国民の祝祭日 pl. -e

□ das **Ostern** [ˈoːstɐn] 中 イースター pl. -

□ der **Geburtstag** [gəˈbuːɐtstaːk] 男 誕生日 pl. -e

□ das **Weihnachten** [ˈvainaxtən] 中 クリスマス pl. -

□ die **Party** [ˈpaːɐti] 女 パーティー pl. -s

□ das **Fest** [fɛst] 中 祭り pl. -e

□ die **Hochzeit** [ˈhɔxtsait] 女 結婚式 pl. -en

□ **ein|laden** [ˈainlaːdən] 動 招待する

□ das **Geschenk** [gəˈʃɛŋk] 中 プレゼント, 贈り物 pl. -e

□ **schenken** [ˈʃɛŋkən] 動 贈る

□ die **Veranstaltung** [fɛɐˈʔanʃtaltʊŋ] 女 催し物 pl. -en

□ **statt|finden** [ˈʃtatfɪndən] 動 開催される

□ **teil|nehmen** [ˈtailneːmən] 動 参加する

□ **beginnen** [bəˈgɪnən] 動 始まる

□ **enden** [ˈɛndən] 動 終わる

□ die **Trauerfeier** [ˈtrauɐfaiɐ] 女 葬儀 pl. -n

□ das **Begräbnis** [bəˈgrɛːpnɪs] 中 埋葬, 葬儀 pl. -se

年月日

□ das **Datum** [ˈdaːtʊm] 中 日付, 年月日 pl. Daten

□ das **Jahr** [jaːɐ] 中 年 pl. -e

□ das **Jahrhundert** [jaːɐˈhʊndɐt] 中 世紀 pl. -e

□ die **Jahreszeit** [ˈjaːrəstsait] 女 四季 pl. -en

□ der **Frühling** [ˈfryːlɪŋ] 男 春 pl. -e

□ der **Sommer** [ˈzɔmɐ] 男 夏 pl. -

□ der **Herbst** [hɛrpst] 男 秋 pl. -e

□ der **Winter** [ˈvɪntɐ] 男 冬 pl. -

□ der **Monat** [ˈmoːnat] 男 月 pl. -e

□ der **Januar** [ˈjanuaːɐ] 男 1月 pl. -e (まれ)

□ der **Februar** [ˈfeːbruaːɐ] 男 2月 pl. -e (まれ)

□ der **März** [mɛrts] 男 3月 pl. -e (まれ)

□ der **April** [aˈprɪl] 男 4月 pl. -e (まれ)

□ der **Mai** [mai] 男 5月 pl. -e (まれ)

□ der **Juni** [ˈjuːni] 男 6月 pl. -s (まれ)

□ der **Juli** [ˈjuːli] 男 7月 pl. -s (まれ)

□ der **August** [auˈgʊst] 男 8月 pl. -e (まれ)

□ der **September** [zɛpˈtɛmbɐ] 男 9月 pl. - (まれ)

□ der **Oktober** [ɔkˈtoːbɐ] 男 10月 pl. - (まれ)

□ der **November** [noˈvɛmbɐ] 男 11月 pl. - (まれ)

□ der **Dezember** [deˈtsɛmbɐ] 男 12月 pl. - (まれ)

□ die **Woche** [ˈvɔxə] 女 週 pl. -n

□ der **Wochentag** [ˈvɔxəntaːk] 男 曜日, 平日 pl. -e

□ das **Wochenende** [ˈvɔxənˌʔɛndə] 中 週末 pl. -n

□ der **Tag** [taːk] 男 日 pl. -e

□ der **Montag** [ˈmoːntaːk] 男 月曜日 pl. -e

□ der **Dienstag** [ˈdiːnstaːk] 男 火曜日 pl. -e

□ der **Mittwoch** [ˈmɪtvɔx] 男 水曜日 pl. -e

□ der **Donnerstag** [ˈdɔnɐstaːk] 男 木曜日 pl. -e

□ der **Freitag** [ˈfraitaːk] 男 金曜日 pl. -e

□ der **Samstag** [ˈzamstaːk] 男 土曜日 pl. -e

□ der **Sonnabend** [ˈzɔnˌʔaːbənt] 男 (ドイツ北部・東部で) 土曜日 pl. -e

□ der **Sonntag** [ˈzɔntaːk] 男 日曜日 pl. -e

時間

□ die **Zeit** [tsait] 女 時間 pl. -en

□ die **Vergangenheit** [fɛɐˈgaŋənhait] 女 過去 pl. -en (普通単数で)

□ die **Gegenwart** [ˈgeːgənvart] 女 現在　複数なし

□ die **Zukunft** [ˈtsuːkʊnft] 女 未来 pl. Zukünfte (普通単数で)

□ **gestern** [ˈgɛstɐn] 副 昨日

□ **heute** [ˈhɔytə] 副 今日

□ **morgen** [ˈmɔrgən] 副 明日

□ der **Morgen** [ˈmɔrgən] 男 朝 pl. -

□ der **Vormittag** [ˈfoːɐmɪtaːk] 男 午前 pl. -e

□ der **Mittag** [ˈmɪtaːk] 男 昼 pl. -e

□ der **Nachmittag** [ˈnaːxmɪtaːk] 男 午後 pl. -e

□ der **Abend** [ˈaːbənt] 男 夕方 pl. -e

□ die **Nacht** [naxt] 女 夜 pl. Nächte

□ die **Uhr** [uːɐ] 女 ～時, 時計 pl. -en

□ **halb** [halp] 形 半分 (30分のこと) の

□ das **Viertel** [ˈfɪrtəl] 中 4分の1 (15分のこと) pl. -

□ die **Viertelstunde** [ˈfɪrtəlˌʃtʊndə] 女 15分 pl. -n

□ **jetzt** [jɛtst] 副 今

□ **früh** [fryː] 形 (時刻・時間が) 早い

□ **spät** [ʃpɛːt] 形 (時刻・時間が) 遅い

□ **bald** [balt] 副 まもなく

□ **sofort** [zoˈfɔrt] 副 すぐに

- □ **gleich** [glaiç] 副 すぐに
- □ **der Anfang** [ˈanfaŋ] 男 始め pl. Anfänge
- □ **der Beginn** [bəˈgɪn] 男 始め 複数なし
- □ **der Schluss** [ʃlʊs] 男 終わり pl. Schlüsse (普通単数で)
- □ **dauern** [ˈdaʊɐn] 動 (非人称主語 es と) (時間が) 続く，かかる

時間関係をあらわす前置詞
- □ **ab** [ap] ～から
- □ **von** [fɔn] ～から
- □ **bis** [bɪs] ～まで
- □ **an** [an] (日・曜日) に
- □ **in** [ɪn] (季節・月) に
- □ **nach** [na:x] ～の後
- □ **vor** [foːɐ] ～の前
- □ **seit** [zaɪt] ～以来，～前からずっと
- □ **um** [ʊm] (時間) に
- □ **gegen** [ˈgeːgən] (時間) 頃に

空間
- □ **der Raum** [raʊm] 男 空間 pl. Räume
- □ **die Breite** [ˈbraɪtə] 女 幅 pl. -n
- □ **breit** [braɪt] 形 (幅が) 広い
- □ **eng** [ɛŋ] 形 (幅が) 狭い
- □ **die Größe** [ˈgrøːsə] 女 大きさ pl. -n
- □ **groß** [groːs] 形 大きい
- □ **klein** [klaɪn] 形 小さい
- □ **die Länge** [ˈlɛŋə] 女 長さ pl. -n
- □ **lang** [laŋ] 形 長い
- □ **kurz** [kʊrts] 形 短い
- □ **die Höhe** [ˈhøːə] 女 高さ pl. -n
- □ **hoch** [hoːx] 形 高い
- □ **niedrig** [ˈniːdrɪç] 形 低い
- □ **die Tiefe** [ˈtiːfə] 女 深さ pl. -n
- □ **tief** [tiːf] 形 深い
- □ **seicht** [zaɪçt] 形 浅い
- □ **der Abstand** [ˈapʃtant] 男 距離 pl. Abstände
- □ **die Entfernung** [ɛntˈfɛrnʊŋ] 女 距離 pl. -en
- □ **entfernt** [ɛntˈfɛrnt] 形 離れた
- □ **fern** [fɛrn] 形 遠い
- □ **weit** [vaɪt] 形 遠い
- □ **nahe** [ˈnaːə] 形 近い
- □ **die Richtung** [ˈrɪçtʊŋ] 女 方向 pl. -en
- □ **recht** [rɛçt] 形 右の

- □ **link** [lɪŋk] 形 左の
- □ **oben** [ˈoːbən] 副 上に
- □ **unten** [ˈʊntən] 副 下に
- □ **die Seite** [ˈzaɪtə] 女 側面 pl. -n
- □ **die Mitte** [ˈmɪtə] 女 中心 pl. -n (まれ)
- □ **das Zentrum** [ˈtsɛntrʊm] 中 中心，中心地 pl. Zentren
- □ **zentral** [tsɛnˈtraːl] 形 中心の

空間関係をあらわす前置詞
- □ **nach** [na:x] (方向・方角・目的地) へ
- □ **zu** [tsuː] (建物などの方向) へ
- □ **in** [ɪn] ～の中で／へ
- □ **an** [an] ～の際 (きわ) で／へ
- □ **auf** [aʊf] ～の上で／へ
- □ **aus** [aʊs] ～の中から
- □ **bei** [baɪ] ～の近くに
- □ **durch** [dʊrç] ～を通って
- □ **hinter** [ˈhɪntɐ] ～の後ろで／へ
- □ **vor** [foːɐ] ～の前で／へ
- □ **neben** [ˈneːbən] ～の横で
- □ **über** [ˈyːbɐ] ～の上方で／へ
- □ **unter** [ˈʊntɐ] ～の下で／へ
- □ **um** [ʊm] ～の周囲に
- □ **von** [fɔn] ～から
- □ **zwischen** [ˈtsvɪʃən] ～の間で／へ
- □ **entgegen** [ɛntˈgeːgən] ～に向かって
- □ **entlang** [ɛntˈlaŋ] ～に沿って

形
- □ **die Form** [fɔrm] 女 形 pl. -en
- □ **die Fläche** [ˈflɛçə] 女 平面 pl. -n
- □ **flach** [flax] 形 平らな
- □ **glatt** [glat] 形 滑らかな，つるつるした
- □ **das Quadrat** [kvaˈdraːt] 中 正方形 pl. -e
- □ **der Punkt** [pʊŋkt] 男 点，ピリオド pl. -e
- □ **die Linie** [ˈliːniə] 女 線 pl. -n
- □ **gerade** [gəˈraːdə] 形 まっすぐな
- □ **der Kreis** [kraɪs] 男 円，丸 pl. -e
- □ **die Kugel** [ˈkuːgəl] 女 球 pl. -n
- □ **rund** [rʊnt] 形 丸い
- □ **das Kreuz** [krɔyts] 中 十字 pl. -e
- □ **die Spitze** [ˈʃpɪtsə] 女 (鋭くとがった) 先，先端 pl. -n
- □ **steil** [ʃtaɪl] 形 (傾斜が) 急な

数・単位

- □ die **Zahl** [t͡saːl] 女 数 *pl.* -en
- □ **zählen** [ˈt͡sɛːlən] 動 数える
- □ die **Anzahl** [ˈantsaːl] 女 総数 *pl.* -en
- □ die **Summe** [ˈzʊmə] 女 合計 *pl.* -n
- □ der **Teil** [taɪl] 男 部分 *pl.* -e
- □ **doppelt** [ˈdɔpəlt] 形 2倍の
- □ das **Achtel** [ˈaxtəl] 中 8分の1 *pl.* -
- □ der **Durchschnitt** [ˈdʊrçʃnɪt] 男 平均 *pl.* -e
- □ das **Prozent** [proˈt͡sɛnt] 中 パーセント *pl.* -e
- □ die **Stunde** [ˈʃtʊndə] 女 時間 *pl.* -n
- □ die **Minute** [miˈnuːtə] 女 分 *pl.* -n
- □ die **Sekunde** [zeˈkʊndə] 女 秒 *pl.* -n
- □ das **Mal** [maːl] 中 回，度，個 *pl.* -e
- □ das **Stück** [ʃtʏk] 中 (ケーキやチーズの一切れの) 個数 *pl.* -e
- □ das **Maß** [maːs] 中 軽量単位 *pl.* -e
- □ der/das **Meter** [ˈmeːtɐ] 男・中 メートル *pl.* -
- □ der/das **Quadratmeter** [kvaˈdraːtmeːtɐ] 男・中 平方メートル *pl.* -
- □ der/das **Zentimeter** [t͡sɛntiˈmeːtɐ] 男・中 センチメートル *pl.* -
- □ das **Gramm** [gram] 中 グラム *pl.* -e
- □ das **Pfund** [pfʊnt] 中 ポンド *pl.* -e
- □ das **Kilo(-gramm)** [ˈkiːlo][kiloˈgram] 中 キログラム *pl.* ...gramme
- □ die **Tonne** [ˈtɔnə] 女 トン *pl.* -n
- □ der/das **Liter** [ˈliːtɐ] 男・中 リットル *pl.* -

状態

- □ der **Zustand** [ˈt͡suːʃtant] 男 状態 *pl.* Zustände
- □ **fertig** [ˈfɛrtɪç] 形 できあがった，終わった
- □ **kaputt** [kaˈpʊt] 形 壊れた
- □ **fest** [fɛst] 形 固い，しっかりした
- □ **schmutzig** [ˈʃmʊt͡sɪç] 形 汚れた
- □ **schwach** [ʃvax] 形 弱い
- □ **stark** [ʃtark] 形 強い
- □ **voll** [fɔl] 形 いっぱいの
- □ **leer** [leːɐ] 形 空の
- □ **ruhig** [ˈruːɪç] 形 静かな
- □ **hektisch** [ˈhɛktɪʃ] 形 慌ただしい

方法

- □ die **Art** [aːɐt] 女 やり方，種類 *pl.* -en
- □ die **Weise** [ˈvaɪzə] 女 やり方，方法 *pl.* -n

- □ **normal** [nɔrˈmaːl] 形 普通の
- □ **üblich** [ˈyːplɪç] 形 普通の，通例の
- □ **typisch** [ˈtyːpɪʃ] 形 典型的な
- □ **praktisch** [ˈpraktɪʃ] 形 実用的な
- □ **unterschiedlich** [ˈʊntɐʃiːtlɪç] 形 異なった，様々な
- □ **konkret** [kɔnˈkreːt] 形 具体的な
- □ **abstrakt** [apˈstrakt] 形 抽象的な
- □ **mit** [mɪt] 前 〜を使って，〜と一緒に

程度

- □ **allgemein** [ˈalgəmaɪn] 形 一般的な
- □ **besonders** [bəˈzɔndɐs] 副 特に，特別に
- □ **hauptsächlich** [ˈhaʊptzɛçlɪç] 副 主として
- □ **total** [toˈtaːl] 形 完全な
- □ **vollkommen** [fɔlˈkɔmən] 形 完全な，まったくの
- □ **völlig** [ˈfœlɪç] 副 まったく
- □ **absolut** [apzoˈluːt] 形 絶対的な
- □ **relativ** [relaˈtiːf] 形 相対的な
- □ **ziemlich** [ˈt͡siːmlɪç] 副 かなり，相当な
- □ **zumindest** [t͡suˈmɪndəst] 副 少なくとも
- □ **zumeist** [t͡suˈmaɪst] 副 大部分は
- □ **ähnlich** [ˈɛːnlɪç] 形 似ている
- □ **anders** [ˈandɐs] 副 異なって
- □ **ganz** [gant͡s] 副 完全に，まったく
- □ **gar** [gaːɐ] 副 (否定の語句と) 全然 (〜ない)
- □ **fast** [fast] 副 ほとんど
- □ **kaum** [kaʊm] 副 (否定の語句と) ほとんど (〜ない)
- □ **sehr** [zeːɐ] 副 とても

色

- □ **braun** [braʊn] 形 茶色の
- □ **gelb** [gɛlp] 形 黄色の
- □ **grau** [graʊ] 形 グレーの
- □ **grün** [gryːn] 形 緑の
- □ **rosa** [ˈroːza] 形 ピンクの
- □ **rot** [roːt] 形 赤の
- □ **schwarz** [ʃvart͡s] 形 黒の
- □ **weiß** [vaɪs] 形 白の

言語

- □ die **Sprache** [ˈʃpraːxə] 女 言語 *pl.* -n
- □ die **Muttersprache** [ˈmʊtɐʃpraːxə] 女 母語 *pl.* -n
- □ die **Fremdsprache** [ˈfrɛmtʃpraːxə] 女 外国語 *pl.* -n
- □ der **Sprachkurs** [ˈʃpraːxkʊrs] 男 語学コース *pl.* -e

□ das **Niveau** [niˈvoː] 中 (語学力などの)水準 pl. -s

□ die **Grundstufe** [ˈɡrʊntʃtuːfə] 女 初級レベル pl. -n

□ die **Mittelstufe** [ˈmɪtəlʃtuːfə] 女 中級レベル pl. -n

□ die **Oberstufe** [ˈoːbɐʃtuːfə] 女 上級レベル pl. -n

□ die **Aussprache** [ˈaʊsʃpraːxə] 女 発音 pl. -n

□ das **Wort** [vɔrt] 中 語，単語 pl. Wörter

□ der **Wortschatz** [ˈvɔrtʃats] 男 語彙，用語 pl. ...schätze

□ die **Phrase** [ˈfraːzə] 女 句 pl. -n

□ der **Satz** [zats] 男 文 pl. Sätze

□ der **Text** [tɛkst] 男 テキスト pl. -e

□ die **Schrift** [ʃrɪft] 女 文字 pl. -en

□ die **Rechtschreibung** [ˈrɛçtʃraibʊŋ] 女 正書法 pl. -en (まれ)

□ die **Redewendung** [ˈreːdəvɛndʊŋ] 女 言い回し，慣用句 pl. -en

□ die **Grammatik** [graˈmatɪk] 女 文法 pl. -en

□ die **Stimme** [ˈʃtɪmə] 女 声 pl. -n

□ (das) **Deutsch(e)** [dɔytʃ][ˈdɔytʃə] 中 ドイツ語

□ (das) **Englisch(e)** [ˈɛŋlɪʃ][ˈɛŋlɪʃə] 中 英語

□ (das) **Französisch(e)** [franˈtsøːzɪʃ][franˈtsøːzɪʃə] 中 フランス語

□ (das) **Japanisch(e)** [jaˈpaːnɪʃ][jaˈpaːnɪʃə] 中 日本語

□ (das) **Chinesisch(e)** [çiˈneːzɪʃ][çiˈneːzɪʃə] 中 中国語

□ (das) **Koreanisch(e)** [koreˈaːnɪʃ] [koreˈaːnɪʃə] 中 韓国語

会話

□ das **Gespräch** [ɡəˈʃprɛːç] 中 会話 pl. -e

□ **zu|hören** [ˈtsuːhøːrən] 動 (注意深く)聴く

□ **sprechen** [ˈʃprɛçən] 動 話す

□ **laut** [laʊt] 形 (声・音が)大きい

□ **leise** [ˈlaizə] 形 (声・音が)小さい

□ **schnell** [ʃnɛl] 形 (速度が)早い

□ **langsam** [ˈlaŋzaːm] 形 (速度が)遅い，ゆっくりした

□ **deutlich** [ˈdɔytlɪç] 形 はっきりした

□ **grüßen** [ˈɡryːsən] 動 挨拶を伝える

□ der **Gruß** [ɡruːs] 男 挨拶 pl. Grüße

□ **reden** [ˈreːdən] 動 話す

□ **sagen** [ˈzaːɡən] 動 言う

□ **erzählen** [ɛɐˈtsɛːlən] 動 物語る，語る

□ **erfahren** [ɛɐˈfaːrən] 動 (聞いたり読んだりして)知る，経験する

□ **wiederholen** [viːdɐˈhoːlən] 動 繰り返す

□ **rufen** [ˈruːfən] 動 呼ぶ

□ **schweigen** [ˈʃvaiɡən] 動 黙る

□ **diskutieren** [dɪskuˈtiːrən] 動 討論する

□ **vereinbaren** [fɛɐˈainbaːrən] 動 取り決める

□ **berichten** [bəˈrɪçtən] 動 報告する

□ der **Bericht** [bəˈrɪçt] 男 報告 pl. -e

□ **melden** [ˈmɛldən] 動 報道する，連絡する

□ **erklären** [ɛɐˈklɛːrən] 動 説明する

□ **mit|teilen** [ˈmɪttailən] 動 伝える

□ **fragen** [ˈfraːɡən] 動 質問する

□ **antworten** [ˈantvɔrtən] 動 答える

意見

□ die **Meinung** [ˈmainʊŋ] 女 意見 pl. -en

□ **meinen** [ˈmainən] 動 ～という意見である

□ **äußern** [ˈɔysɐn] 動 (sich⁴) 意見を述べる

□ **behaupten** [bəˈhaʊptən] 動 主張する

□ **fordern** [ˈfɔrdɐn] 動 求める

□ **glauben** [ˈɡlaʊbən] 動 思う，信じる

□ **vermuten** [fɛɐˈmuːtən] 動 推測する

□ **zweifeln** [ˈtsvaifəln] 動 疑う

□ **bestätigen** [bəˈʃtɛːtɪɡən] 動 確認する

□ **entscheiden** [ɛntˈʃaidən] 動 決める

□ **kritisieren** [kritiˈziːrən] 動 批判する

□ die **Kritik** [krɪˈtiːk] 女 批判 pl. -en

□ **zu|stimmen** [ˈtsuːʃtɪmən] 動 賛成する

□ **ab|lehnen** [ˈapleːnən] 動 拒否する

□ **einverstanden** [ˈainfɛɐʃtandən] 形 同意した

□ **für** [fyːɐ] 前 ～に賛成して

□ **gegen** [ˈɡeːɡən] 前 ～に反対して

□ **richtig** [ˈrɪçtɪç] 形 正しい

□ **falsch** [falʃ] 形 間違った

□ **positiv** [ˈpoːzitiːf] 形 肯定的な

□ **negativ** [ˈneːɡatiːf] 形 否定的な

□ **wichtig** [ˈvɪçtɪç] 形 重要な

思考

□ **denken** [ˈdɛŋkən] 動 考える

□ der **Gedanke** [ɡəˈdaŋkə] 男 考え pl. -n

□ die **Idee** [iˈdeː] 女 考え，アイデア pl. -n

□ **finden** [ˈfɪndən] 動 見つける，思う

□ **merken** [ˈmɛrkən] 動 気づく，感づく

□ **verstehen** [fɛɐˈʃteːən] 動 理解する

□ **missverstehen** [ˈmɪsfɛɐˌʃteːən] 動 誤解する

□ **erinnern** [ɛɐˈʔɪnɐn] 動 (sich⁴) 思い出す

□ **vergessen** [fɛɐˈɡɛsən] 動 忘れる

□ **träumen** [ˈtrɔymən] 動 夢をみる

□ **der Traum** [traum] 男 夢 pl. Träume

□ **wünschen** [ˈvʏnʃən] 動 願う

□ **der Wunsch** [vʊnʃ] 男 願望 pl. Wünsche

□ **hoffen** [ˈhɔfən] 動 望む

□ **die Hoffnung** [ˈhɔfnʊŋ] 女 希望 pl. -en

□ **real** [reˈaːl] 形 現実の

□ **irreal** [ˈɪreaːl] 形 非現実の

感情

□ **fühlen** [ˈfyːlən] 動 (sich⁴) 感じる

□ **das Gefühl** [ɡəˈfyːl] 中 感情 pl. -e

□ **die Liebe** [ˈliːbə] 女 愛 pl. -n

□ **lieben** [ˈliːbən] 動 愛する

□ **mögen** [ˈmøːɡən] 動 〜が好きだ

□ **gefallen** [ɡəˈfalən] 動 気に入る

□ **das Glück** [ɡlʏk] 中 幸運　複数なし

□ **glücklich** [ˈɡlʏklɪç] 形 幸運な

□ **danken** [ˈdaŋkən] 動 感謝する

□ **herzlich** [ˈhɛrtslɪç] 形 心から

□ **die Freude** [ˈfrɔydə] 女 喜び pl. -n

□ **freuen** [ˈfrɔyən] 動 (sich⁴) 喜ぶ

□ **freundlich** [ˈfrɔyntlɪç] 形 親切な

□ **froh** [froː] 形 嬉しい

□ **lachen** [ˈlaxən] 動 笑う

□ **lächeln** [ˈlɛçəln] 動 微笑む

□ **interessant** [ɪntərɛˈsant] 形 興味深い，面白い

□ **die Überraschung** [yːbɐˈraʃʊŋ] 女 驚くこと pl. -en

□ **witzig** [ˈvɪtsɪç] 形 ばかばかしい

□ **super** [ˈzuːpɐ] 形 素晴らしい

□ **wunderbar** [ˈvʊndɐbaːɐ] 形 素晴らしい

□ **loben** [ˈloːbən] 動 褒める

□ **stolz** [ʃtɔlts] 形 誇らしい

□ **wundern** [ˈvʊndɐn] 動 (sich⁴) 不思議に思う，驚く

□ **unglaublich** [ʊnˈɡlauplɪç] 形 信じられない

□ **seltsam** [ˈzɛltzaːm] 形 奇妙な，不思議な

□ **komisch** [ˈkoːmɪʃ] 形 こっけいな

□ **fürchten** [ˈfʏrçtən] 動 恐れる

□ **die Angst** [aŋst] 女 不安 pl. Ängste

□ **ärgern** [ˈɛrɡɐn] 動 (sich⁴) 怒る

□ **böse** [ˈbøːzə] 形 怒っている

□ **die Sorge** [ˈzɔrɡə] 女 心配 pl. -n

□ **sorgen** [ˈzɔrɡən] 動 心配する

□ **beruhigen** [bəˈruːɪɡən] 動 (sich⁴) 安心する

□ **die Wut** [vuːt] 女 激しい怒り　複数なし

□ **wütend** [ˈvyːtənt] 形 激怒している

□ **langweilig** [ˈlaŋvailɪç] 形 面白くない，退屈な

□ **bedauern** [bəˈdauɐn] 動 後悔する

□ **entschuldigen** [ɛntˈʃʊldɪɡən] 動 (sich⁴) 謝る

□ **weinen** [ˈvainən] 動 泣く

□ **das Leid** [lait] 中 悲しみ，苦しみ　複数なし

□ **leider** [ˈlaidɐ] 副 残念ながら

□ **schade** [ˈʃaːdə] 形 残念な

□ **die Trauer** [ˈtrauɐ] 女 深い悲しみ，悲嘆　複数なし

□ **traurig** [ˈtraurɪç] 形 悲しい

□ **unglücklich** [ˈʊnɡlʏklɪç] 形 不幸な

□ **einsam** [ˈainzaːm] 形 孤独な

□ **schämen** [ˈʃɛːmən] 動 (sich⁴) 恥ずかしがる

□ **peinlich** [ˈpainlɪç] 形 気まずい，心苦しい

□ **schlimm** [ʃlɪm] 形 困った，不快な

□ **übel** [ˈyːbəl] 形 嫌な，不快な

□ **wohl** [voːl] 形 気分よく，快適に

□ **genießen** [ɡəˈniːsən] 動 楽しむ

□ **der Spaß** [ʃpaːs] 男 冗談，楽しさ pl. Späße

□ **gespannt** [ɡəˈʃpant] 形 わくわくした

□ **lustig** [ˈlʊstɪç] 形 楽しい

感覚

□ **die Empfindung** [ɛmˈpfɪndʊŋ] 女 感覚 pl. -en

□ **empfinden** [ɛmˈpfɪndən] 動 感じる

□ **spüren** [ˈʃpyːrən] 動 感じる

□ **angenehm** [ˈanɡəneːm] 形 心地良い

□ **gemütlich** [ɡəˈmyːtlɪç] 形 居心地の良い

□ **bequem** [bəˈkveːm] 形 快適な

□ **ungewöhnlich** [ˈʊnɡəvøːnlɪç] 形 普通でない，異常な

□ **unheimlich** [ˈʊnhaimlɪç] 形 不気味な，ぞっとする

□ **anstrengend** [ˈanʃtrɛŋənt] 形 骨の折れる，きつい

□ **schön** [ʃøːn] 形 美しい

□ **hübsch** [hʏpʃ] 形 かわいい

□ **gut** [guːt] 形 良い

□ **schlecht** [ʃlɛçt] 形 悪い

□ **neu** [nɔy] 形 新しい

□ **modern** [moˈdɛrn] 形 現代的な

□ **hart** [hart] 形 硬い

□ **weich** [vaiç] 形 柔らかい

□ **zart** [tsaːɐt] 形 柔らかい，優しい

□ **schwer** [ʃveːɐ] 形 重い

□ **leicht** [laiçt] 形 軽い

□ **heiß** [hais] 形 熱い

□ **kühl** [kyːl] 形 冷たい

□ **hell** [hɛl] 形 明るい

□ **dunkel** [ˈdʊŋkəl] 形 暗い

□ **einfach** [ˈainfax] 形 簡単な，シンプルな

□ **schwierig** [ˈʃviːriç] 形 難しい

□ der **Hunger** [ˈhʊŋɐ] 男 空腹　複数なし

□ **hungrig** [ˈhʊŋriç] 形 お腹が空いている

□ **satt** [zat] 形 満腹した

□ **zufrieden** [tsuˈfriːdən] 形 満足した

□ **genug** [ɡəˈnuːk] 副 十分に

□ **viel** [fiːl] 形 多い

□ **wenig** [ˈveːniç] 形 少ない

□ der **Durst** [dʊrst] 男 喉の渇き　複数なし

□ **durstig** [ˈdʊrstiç] 形 喉が渇いた

□ **müde** [ˈmyːdə] 形 疲れている

□ **schläfrig** [ˈʃlɛːfriç] 形 眠い

性格・特徴

□ der **Charakter** [kaˈraktɐ] 男 性格 pl. -e

□ **aus|sehen** [ˈauszeːən] 動 〜のようにみえる

□ **nett** [nɛt] 形 親切な

□ **fleißig** [ˈflaisiç] 形 勤勉な

□ **faul** [faul] 形 怠惰な

□ **brav** [braːf] 形 行儀の善い

□ **klug** [kluːk] 形 利口な

□ **dumm** [dʊm] 形 ばかな，愚かな

□ **ordentlich** [ˈɔrdəntliç] 形 きちんとした，まじめな

□ **pünktlich** [ˈpʏŋktliç] 形 時間に正確な

□ **reich** [raiç] 形 金持ちの，豊かな

□ **arm** [arm] 形 貧乏な

□ **aktiv** [akˈtiːf] 形 活動的な，活発な

□ **streng** [ʃtrɛŋ] 形 厳しい，厳格な

□ **mutig** [ˈmuːtiç] 形 勇気のある

□ **sportlich** [ˈʃpɔrtliç] 形 スポーツマンらしい

□ **populär** [popuˈlɛːɐ] 形 人気のある，有名な

宗教

□ die **Religion** [reliˈɡioːn] 女 宗教 pl. -en

□ der **Buddhismus** [bʊˈdɪsmʊs] 男 仏教　複数なし

□ das **Christentum** [ˈkrɪstəntuːm] 中 キリスト教
複数なし

□ **katholisch** [kaˈtoːlɪʃ] 形 カトリックの

□ **evangelisch** [evaŋˈɡeːlɪʃ] 形 プロテスタントの

□ die **Kirche** [ˈkɪrçə] 女 教会 pl. -n

□ das **Kloster** [ˈkloːstɐ] 中 修道院 pl. Klöster

□ die **Bibel** [ˈbiːbəl] 女 聖書 pl. -n

□ der **Gott** [ɡɔt] 男 神 pl. Götter

□ der **Gottesdienst** [ˈɡɔtəsdiːnst] 男 ミサ pl. -e

□ **heilig** [ˈhailiç] 形 聖なる

□ der/die **Heilige** [ˈhailiɡə] 男女 聖人(男性/女性)

□ **beten** [ˈbeːtən] 動 祈る

国際・社会

□ **international** [ɪntɐnatsioˈnaːl] 形 国際的な

□ **weltweit** [ˈvɛltvait] 形 世界的な

□ die **Botschaft** [ˈboːtʃaft] 女 大使館 pl. -en

□ das **Ausland** [ˈauslant] 中 外国　複数なし

□ der/die **Ausländer/-in** [ˈauslɛndɐ][ˈauslɛndərɪn]
男女 外国人(男性/女性) pl. -/-nen

□ der **Migrant** [miˈɡrant] 男 亡命者，移住者 pl.
-en

□ der **Flüchtling** [ˈflʏçtlɪŋ] 男 避難民，亡命者
pl. -e

□ die **Heimat** [ˈhaimaːt] 女 故郷 pl. -en(まれ)

□ **einheimisch** [ˈainhaimɪʃ] 形 その土地の，(自)
国内の

□ **fremd** [frɛmt] 形 よその，外国の

□ die **Gesellschaft** [ɡəˈzɛlʃaft] 女 社会 pl. -en

□ **sozial** [zoˈtsiaːl] 形 社会の

□ **gemeinsam** [ɡəˈmainzaːm] 形 共通の，共同の

□ die **Gemeinschaft** [ɡəˈmainʃaft] 女 共同体，
コミュニティー pl. -en

□ die **Gruppe** [ˈɡrʊpə] 女 グループ pl. -n

□ die **Leute** [ˈlɔytə] 複 人々，世間の人々

□ **öffentlich** [ˈœfəntliç] 形 公共の

□ **gerecht** [ɡəˈrɛçt] 形 公正な

政治

□ die **Politik** [poliˈtiːk] 女 政治　複数なし

- □ der/die **Politiker/-in** [poˈliːtɪke][poˈliːtɪkərɪn] **男・女** 政治家（男性／女性）*pl.* -/-nen
- □ die **Regierung** [reˈgiːrʊŋ] **女** 政府 *pl.* -en
- □ das **Parlament** [parlaˈmɛnt] **中** 議会，国会 *pl.* -e
- □ der **Bundestag** [ˈbʊndəstaːk] **男** （ドイツの）連邦議会　複数なし
- □ der/die **Präsident/-in** [prɛziˈdɛnt][prɛziˈdɛntɪn] **男・女** 大統領（男性／女性）*pl.* -en/-nen
- □ der/die **Kanzler/-in** [ˈkantsle][ˈkantslərɪn] **男・女** （ドイツ・オーストリアの）首相（男性／女性）*pl.* -/-nen
- □ die **Partei** [parˈtai] **女** 政党 *pl.* -en
- □ die **Demokratie** [demokraˈtiː] **女** 民主主義 *pl.* -n
- □ die **Verfassung** [fɛɐˈfasʊŋ] **女** 憲法 *pl.* -en
- □ das **Recht** [rɛçt] **中** 権利 *pl.* -e
- □ die **Pflicht** [pflɪçt] **女** 義務 *pl.* -en
- □ die **Wahl** [vaːl] **女** 選挙 *pl.* -en
- □ **wählen** [ˈvɛːlən] **動** 選ぶ
- □ das **Gesetz** [gəˈzɛts] **中** 法律，法則 *pl.* -e
- □ **gelten** [ˈgɛltən] **動** （規則などの）効力がある

経済

- □ die **Wirtschaft** [ˈvɪrtʃaft] **女** 経済 *pl.* -en（まれ）
- □ die **Industrie** [ɪndʊsˈtriː] **女** 工業，産業 *pl.* -n
- □ das **Industrieland** [ɪndʊsˈtriːlant] **中** 工業国 *pl.* ...länder
- □ **entwickeln** [ɛntˈvɪkəln] **動** 開発する，発展する
- □ das **Entwicklungsland** [ɛntˈvɪklʊŋslant] **中** 発展途上国 *pl.* ...länder
- □ der **Betrieb** [bəˈtriːp] **男** 経営 *pl.* -e
- □ die **Finanzen** [fiˈnantsən] **複** 財政，会計
- □ **finanzieren** [finanˈtsiːrən] **動** 資金を出す
- □ die **Fabrik** [faˈbriːk] **女** 工場 *pl.* -en
- □ die **Firma** [ˈfɪrma] **女** 会社 *pl.* Firmen
- □ das **Unternehmen** [ʊntɐˈneːmən] **中** 企業，会社 *pl.* -
- □ das **Produkt** [proˈdʊkt] **中** 製品 *pl.* -e
- □ der **Export** [ɛksˈpɔrt] **男** 輸出 *pl.* -e
- □ der **Import** [ɪmˈpɔrt] **男** 輸入 *pl.* -e
- □ der **Bedarf** [bəˈdarf] **男** 需要 *pl.* -e
- □ die **Nachfrage** [ˈnaːxfraːgə] **女** 供給 *pl.* -n
- □ die **Steuer** [ˈʃtɔye] **女** 税 *pl.* -n

歴史・軍事

- □ die **Geschichte** [gəˈʃɪçtə] **女** 歴史　複数なし
- □ **historisch** [hɪsˈtoːrɪʃ] **形** 歴史に関する

- □ die **Revolution** [revoluˈtsjoːn] **女** 革命 *pl.* -en
- □ die **Macht** [maxt] **女** 権力 *pl.* Mächte
- □ der **Kampf** [kampf] **男** 戦い *pl.* Kämpfe
- □ der **Krieg** [kriːk] **男** 戦争 *pl.* -e
- □ der **Frieden** [ˈfriːdən] **男** 平和　複数なし
- □ das **Militär** [miliˈtɛːɐ] **中** 軍，軍隊　複数なし
- □ die **Bundeswehr** [ˈbʊndəsveːɐ] **女** （ドイツの）連邦国防軍　複数なし
- □ die **Waffe** [ˈvafə] **女** 武器 *pl.* -n
- □ der **Angriff** [ˈangrɪf] **男** 攻撃 *pl.* -e
- □ der **Konflikt** [kɔnˈflɪkt] **男** 紛争 *pl.* -e
- □ der **Soldat** [zɔlˈdaːt] **男** 兵士 *pl.* -en
- □ die **Flucht** [flʊxt] **女** 逃亡　複数なし

犯罪

- □ das **Verbrechen** [fɛɐˈbrɛçən] **中** 犯罪，犯罪行為 *pl.* -
- □ die **Sicherheit** [ˈzɪçɐhait] **女** 安全 *pl.* -en
- □ der/die **Polizist/-in** [poliˈtsɪst][poliˈtsɪstɪn] **男・女** 警察官（男性／女性）*pl.* -en/-nen
- □ der/die **Täter/-in** [ˈtɛːte][ˈtɛːtərɪn] **男・女** 犯人，行為者（男性／女性）*pl.* -/-nen
- □ der **Diebstahl** [ˈdiːpʃtaːl] **男** 盗み，窃盗 *pl.* ...stähle
- □ **stehlen** [ˈʃteːlən] **動** 盗む
- □ **drohen** [ˈdroːən] **動** 脅かす，（危険などが）迫る
- □ **lügen** [ˈlyːgən] **動** 嘘をつく
- □ **schlagen** [ˈʃlaːgən] **動** 打つ
- □ **schießen** [ˈʃiːsən] **動** 撃つ
- □ **stechen** [ˈʃtɛçən] **動** 刺す
- □ der **Mord** [mɔrt] **男** 殺人 *pl.* -e
- □ der/die **Mörder/-in** [ˈmœrde][ˈmœrdərɪn] **男・女** 殺人犯（男性／女性）*pl.* -/-nen
- □ die **Haft** [haft] **女** 拘束　複数なし
- □ die **Strafe** [ˈʃtraːfə] **女** 罰 *pl.* -n
- □ das **Urteil** [ˈʊrtail] **中** 判決 *pl.* -e

原因・結果

- □ die **Ursache** [ˈuːɐzaxə] **女** 原因 *pl.* -n
- □ die **Folge** [ˈfɔlgə] **女** 結果 *pl.* -n
- □ der **Grund** [grʊnt] **男** 理由 *pl.* Gründe
- □ der **Anlass** [ˈanlas] **男** きっかけ，動機 *pl.* Anlässe
- □ der **Zusammenhang** [tsuˈzamənhaŋ] **男** 関係性 *pl.* ...hänge

- der **Zweck** [ʦvɛk] 男 目的 *pl.* -e
- **wegen** [ˈveːgən] 前 ～ゆえに
- **für** [fyːɐ̯] 前 (目的の) ために

よく使われる副詞

- **ja** [jaː] はい
- **nein** [naɪn] いいえ
- **doch** [dɔx] だが，やはり
- **nicht** [nɪçt] ～ない
- **natürlich** [naˈtyːɐ̯lɪç] もちろん
- **genau** [gəˈnaʊ] そのとおり
- **unbedingt** [ˈʊnbədɪŋt] 絶対に
- **sicher** [ˈzɪçɐ] きっと，必ず
- **wahrscheinlich** [vaːɐ̯ˈʃaɪnlɪç] 多分 (確信性が高い)
- **vielleicht** [fiˈlaɪçt] 多分 (確信性が低い)
- **gern** [gɛrn] 喜んで
- **knapp** [knap] すれすれに，～足らず
- **überhaupt** [yːbɐˈhaʊpt] (否定の語句と) 全然 (～ない)
- **noch** [nɔx] まだ
- **schon** [ʃoːn] すでに
- **selten** [ˈzɛltən] めったに (～ない)
- **nur** [nuːɐ̯] たった
- **einmal** [ˈaɪnmaːl] 一度
- **manchmal** [ˈmançmaːl] ときどき
- **oft** [ɔft] しばしば
- **immer** [ˈɪmɐ] いつも
- **auch** [aʊx] ～もまた
- **sonst** [zɔnst] その他に，さもなければ
- **sowieso** [zoviˈzoː] とにかく
- **ebenfalls** [ˈeːbənfals] 同じく
- **zufällig** [ˈʦuːfɛlɪç] 偶然に
- **plötzlich** [ˈplœʦlɪç] 突然，急に
- **wirklich** [ˈvɪrklɪç] ほんとうに
- **echt** [ɛçt] ほんとうに
- **eigentlich** [ˈaɪgəntlɪç] 実際には
- **tatsächlich** [ˈtaːtzɛçlɪç] 実際には

- **endlich** [ˈɛntlɪç] やっと，ようやく
- **mindestens** [ˈmɪndəstəns] 少なくとも
- **ungefähr** [ˈʊngəfɛːɐ̯] およそ
- **etwa** [ˈɛtva] 約
- **insgesamt** [ɪnsgəˈzamt] 全部で
- **hier** [hiːɐ̯] ここに
- **da** [daː] そこに
- **dort** [dɔrt] あそこに
- **überall** [yːbɐˈʔal] いたるところで
- **deshalb** [ˈdɛshalp] それゆえに
- **trotzdem** [ˈtrɔʦdeːm] しかしながら
- **allerdings** [ˈalɐdɪŋs] しかしながら
- **außerdem** [ˈaʊsɐdeːm] その上さらに
- **nämlich** [ˈnɛːmlɪç] つまり

接続詞

- **aber** [ˈaːbɐ] しかし
- **denn** [dɛn] というのも～
- **und** [ʊnt] そして
- **oder** [ˈoːdɐ] ～か～
- **weil** [vaɪl] なぜなら～
- **wenn** [vɛn] もし～であれば
- **falls** [fals] ～の場合には
- **als** [als] ～したとき
- **während** [ˈvɛːrənt] ～している間
- **ob** [ɔp] ～かどうか
- **dass** [das] ～ということ

代名詞類

- **dieser** [ˈdiːzɐ] この
- **jener** [ˈjeːnɐ] あの
- **jeder** [ˈjeːdɐ] いずれの～も
- **man** [man] 人は
- **jemand** [ˈjeːmant] 誰かが
- **niemand** [ˈniːmant] 誰も～ない
- **keiner** [ˈkaɪnɐ] 誰も～ない
- **alle, alles** [ˈalə][ˈaləs] すべての人，物・事
- **etwas** [ˈɛtvas] ある物・事
- **nichts** [nɪçʦ] 何も～ない

快速マスター
ドイツ語

巻末付録

文法表

よく使われる不規則動詞の変化表

1 名詞

1 名詞の格変化

	男性名詞	女性名詞	中性名詞	複数
1格	**der** Mann	**die** Frau	**das** Kind	**die** Kinder
2格	**des** Mann**(e)s**	**der** Frau	**des** Kind**(e)s**	**der** Kinder
3格	**dem** Mann	**der** Frau	**dem** Kind	**den** Kinder**n**
4格	**den** Mann	**die** Frau	**das** Kind	**die** Kinder

◇男性弱変化名詞

	単数	複数
1格	**der** Kollege	**die** Kollegen
2格	**des** Kollegen	**der** Kollegen
3格	**dem** Kollegen	**den** Kollegen
4格	**den** Kollegen	**die** Kollegen

Student 学生，Praktikant 実習生，Polizist 警察官，Biologe 生物学者，Soldat 兵士，Junge 少年，Mensch 人間，Affe 猿 などの男性名詞

2 名詞の複数形

単数	複数	音韻・語形変化
Zimmer	Zimmer	なし
Vogel	V**ö**gel	**⸚**
Tag	Tag**e**	**−e**
Nacht	N**ä**cht**e**	**⸚e**
Kind	Kind**er**	**−er**
Haus	H**äu**s**er**	**⸚er**
Hose	Hose**n**	**−(e)n**
Auto	Auto**s**	**−s**

3 冠詞の格変化

1. 定冠詞

	男性	女性	中性	複数
1格	**der**	**die**	**das**	**die**
2格	**des**	**der**	**des**	**der**
3格	**dem**	**der**	**dem**	**den**
4格	**den**	**die**	**das**	**die**

2. 不定冠詞

	男性	女性	中性
1格	**ein**	**eine**	**ein**
2格	**eines**	**einer**	**eines**
3格	**einem**	**einer**	**einem**
4格	**einen**	**eine**	**ein**

定冠詞類　指示冠詞 dies- の格変化

	男性	女性	中性	複数
1格	**dieser**	**diese**	**dieses**	**diese**
2格	**dieses**	**dieser**	**dieses**	**dieser**
3格	**diesem**	**dieser**	**diesem**	**diesen**
4格	**diesen**	**diese**	**dieses**	**diese**

他に jed-，all-，manch-，welch- など

不定冠詞類　否定冠詞 kein- の格変化

	男性	女性	中性	複数
1格	**kein**	**keine**	**kein**	**keine**
2格	**keines**	**keiner**	**keines**	**keiner**
3格	**keinem**	**keiner**	**keinem**	**keinen**
4格	**keinen**	**keine**	**kein**	**keine**

他に所有代名詞や irgendein- など

2 代名詞

❶ 人称代名詞

	単数		複数	
1人称	**ich**	私	**wir**	私たち
2人称	**du**	君	**ihr**	君たち
3人称	男	**er** 彼		
	女	**sie** 彼女	**sie**	彼ら／それら
	中	**es** それ		
敬称	**Sie**	あなた	**Sie**	あなた方

◇人称代名詞の格変化

	単数					複数			敬称
	1人称	2人称	3人称			1人称	2人称	3人称	2人称
			男性名詞	女性名詞	中性名詞				
1格	**ich**	**du**	**er**	**sie**	**es**	**wir**	**ihr**	**sie**	**Sie**
2格	meiner	deiner	seiner	ihrer	seiner	unser	euer	ihrer	Ihrer
3格	**mir**	**dir**	**ihm**	**ihr**	**ihm**	**uns**	**euch**	**ihnen**	**Ihnen**
4格	**mich**	**dich**	**ihn**	**sie**	**es**	**uns**	**euch**	**sie**	**Sie**

> 2格形はほとんど使われない。

❷ 所有代名詞

	単数		複数	
1人称	ich	**mein-**	wir	**unser-**
2人称	du	**dein-**	ihr	**euer-**
3人称	男 er	**sein-**		
	女 sie	**ihr-**	sie	**ihr-**
	中 es	**sein-**		
敬称	Sie	**Ihr-**	Sie	**Ihr-**

◇所有代名詞の格変化 (不冠詞に準じた変化)

mein- 私の

	男性名詞		女性名詞		中性名詞		複数	
1格	mein	Mann	mein**e**	Frau	mein	Kind	mein**e**	Kinder
2格	mein**es**	Mann**(e)s**	mein**er**	Frau	mein**es**	Kind**(e)s**	mein**er**	Kinder
3格	mein**em**	Mann	mein**er**	Frau	mein**em**	Kind	mein**en**	Kinder**n**
4格	mein**en**	Mann	mein**e**	Frau	mein	Kind	mein**e**	Kinder

dein- 君の

	男性	女性	中性	複数
1格	dein	dein**e**	dein	dein**e**
2格	dein**es**	dein**er**	dein**es**	dein**er**
3格	dein**em**	dein**er**	dein**em**	dein**en**
4格	dein**en**	dein**e**	dein	dein**e**

sein- 彼の／それの

	男性	女性	中性	複数
1格	sein	sein**e**	sein	sein**e**
2格	sein**es**	sein**er**	sein**es**	sein**er**
3格	sein**em**	sein**er**	sein**em**	sein**en**
4格	sein**en**	sein**e**	sein	sein**e**

ihr- 彼女の／彼らの／それらの

	男性	女性	中性	複数
1格	ihr	ihre	ihr	ihre
2格	ihres	ihrer	ihres	ihrer
3格	ihrem	ihrer	ihrem	ihren
4格	ihren	ihre	ihr	ihre

unser- 私たちの

	男性	女性	中性	複数
1格	unser	unsere	unser	unsere
2格	unseres	unserer	unseres	unserer
3格	unserem	unserer	unserem	unseren
4格	unseren	unsere	unser	unsere

euer- 君たちの

	男性	女性	中性	複数
1格	euer	eure	euer	eure
2格	eures	eurer	eures	eurer
3格	eurem	eurer	eurem	euren
4格	euren	eure	euer	eure

Ihr- あなたの／あなた方の

	男性	女性	中性	複数
1格	Ihr	Ihre	Ihr	Ihre
2格	Ihres	Ihrer	Ihres	Ihrer
3格	Ihrem	Ihrer	Ihrem	Ihren
4格	Ihren	Ihre	Ihr	Ihre

❸ 再帰代名詞

	単数					複数			敬称
	1人称	2人称	3人称			1人称	2人称	3人称	2人称
			男性名詞	女性名詞	中性名詞				
	ich	du	er	sie	es	wir	ihr	sie	Sie
3格	mir	dir	sich	sich	sich	uns	euch	sich	sich
4格	mich	dich	sich	sich	sich	uns	euch	sich	sich

❹ 指示代名詞／関係代名詞

	男性	女性	中性	複数
1格	der	die	das	die
2格	dessen	deren	dessen	deren
3格	dem	der	dem	denen
4格	den	die	das	die

❺ 疑問代名詞

wer	wohin	warum
誰	どこへ	なぜ
was	woher	wie
何	どこから	どのように
wo	wann	welch-
どこ	いつ	どの

◇疑問代名詞の格変化

1格	wer	was
2格	wessen	(wessen)
3格	wem	-
4格	wen	was

> was の2格形はほとんど使われない。

❻ 不定人称代名詞

man	jemand	niemand
人	誰か	誰も〜ない

◇不定人称代名詞の格変化

1格	man	jemand	niemand
2格	eines	jemandes	niemandes
3格	einem	jemandem	niemandem
4格	einen	jemanden	niemanden

3 形容詞

■ 形容詞の格変化

1. 弱変化（定冠詞または定冠詞類と）

		男性名詞		女性名詞		中性名詞		複数
1格	der	neue	Mantel	die neue	Jacke	das	neue	Keid	die neuen Kleider
2格	des	neuen	Mantels	der neuen	Jacke	des	neuen	Kleides	der neuen Kleider
3格	dem	neuen	Mantel	der neuen	Jacke	dem	neuen	Kleid	den neuen Kleidern
4格	den	neuen	Mantel	die neue	Jacke	das	neue	Kleid	die neuen Kleider

	男性	女性	中性	複数
1格	-e	-e	-e	-en
2格	-en	-en	-en	-en
3格	-en	-en	-en	-en
4格	-en	-e	-e	-en

2. 混合変化（不定冠詞または不定冠詞類と）

	男性名詞		女性名詞		中性名詞		複数	
1格	mein	neuer Mantel	meine neue	Jacke	mein	neues Keid	meine	neuen Kleider
2格	meines	neuen Mantels	meiner neuen	Jacke	meines	neuen Kleides	meiner	neuen Kleider
3格	meinem	neuen Mantel	meiner neuen	Jacke	meinem	neuen Kleid	meinen	neuen Kleidern
4格	meinen	neuen Mantel	meine neue	Jacke	mein	neues Kleid	meine	neuen Kleider

	男性	女性	中性	複数
1格	-er	-e	-es	-en
2格	-en	-en	-en	-en
3格	-en	-en	-en	-en
4格	-en	-e	-es	-en

3. 強変化（無冠詞の場合）

	男性名詞	女性名詞	中性名詞	複数
1格	frischer Wein	frische Milch	frisches Obst	firsche Äpfel
2格	frischen Wein(e)s	frischer Milch	frischen Obst(e)s	frischer Äpfel
3格	frischem Wein	frischer Milch	frischem Obst	frischen Äpfeln
4格	frischen Wein	frische Milch	frisches Obst	frische Äpfel

	男性	女性	中性	複数
1格	-er	-e	-es	-e
2格	-en	-er	-en	-er
3格	-em	-er	-em	-en
4格	-en	-e	-es	-e

2 形容詞の名詞化

男性					
1格	der Bekannt**e**	**-e**	ein Bekannt**er**	**-er**
2格	des Bekannt**en**	**-en**	eines Bekannt**en**	**-en**
3格	dem Bekannt**en**	**-en**	einem Bekannt**en**	**-en**
4格	den Bekannt**en**	**-en**	einen Bekannt**en**	**-en**

女性					
1格	die Bekannt**e**	**-e**	eine Bekannt**e**	**-e**
2格	der Bekannt**en**	**-en**	einer Bekannt**en**	**-en**
3格	der Bekannt**en**	**-en**	einer Bekannt**en**	**-en**
4格	die Bekannt**e**	**-e**	eine Bekannt**e**	**-e**

複数					
1格	die Bekannt**en**	**-en**	Bekannt**e**	**-e**
2格	der Bekannt**en**	**-en**	Bekannt**er**	**-er**
3格	den Bekannt**en**	**-en**	Bekannt**en**	**-en**
4格	die Bekannt**en**	**-en**	Bekannt**e**	**-e**

中性					
1格	das Neu**e**	**-e**	etwas Neu**es**	**-es**
2格	des Neu**en**	**-en**	-	
3格	dem Neu**en**	**-en**	etwas Neu**em**	**-em**
4格	das Neu**e**	**-e**	etwas Neu**es**	**-es**

4 形容詞や副詞の比較変化

	比較級		最上級	
fleißig	fleißig**er**	**-er**	fleißig**st-**	**-st-**
arm	ärm**er**	**-er**	ärm**st-**	**-st-**

◇ -e- が落ちる，または，加わる

	比較級	最上級
dunkel	**dunkler**	dunkelst-
edel	**edler**	edelst-
teuer	**teurer**	teuerst-

◇特殊な変化をするもの

	比較級	最上級
gut	**besser**	best-
viel	**mehr**	meist-
gern	**lieber**	liebst-
nah(e)	**näher**	nächst-
hoch	**höher**	höchst-

5 動詞

■ 直説法

1. 現在人称変化

①規則変化動詞

不定詞	lernen	
ich	lerne	-e
du	lernst	-st
er/sie/es	lernt	-t
wir	lernen	-en
ihr	lernt	-t
sie	lernen	-en
Sie	lernen	-en

②不規則変化動詞

	e→i 型	e→ie 型	a→ä 型	o→ö 型
不定詞	essen	sehen	fahren	stoßen
ich	esse	sehe	fahre	stoße
du	isst	siehst	fährst	stößt
er/sie/es	isst	sieht	fährt	stößt
wir	essen	sehen	fahren	stoßen
ihr	esst	seht	fahrt	stoßt
sie	essen	sehen	fahren	stoßen
Sie	essen	sehen	fahren	stoßen

◇その他の特殊な変化をする動詞

不定詞	nehmen	wissen
ich	nehme	weiß
du	nimmst	weißt
er/sie/es	nimmt	weiß
wir	nehmen	wissen
ihr	nehmt	wisst
sie	nehmen	wissen
Sie	nehmen	wissen

③重要な動詞

不定詞	sein	haben	werden
ich	bin	habe	werde
du	bist	hast	wirst
er/sie/es	ist	hat	wird
wir	sind	haben	werden
ihr	seid	habt	werdet
sie	sind	haben	werden
Sie	sind	haben	werden

④話法の助動詞

不定詞	können	dürfen	müssen	sollen	wollen	mögen
ich	kann	darf	muss	soll	will	mag
du	kannst	darfst	musst	sollst	willst	magst
er/sie/es	kann	darf	muss	soll	will	mag
wir	können	dürfen	müssen	sollen	wollen	mögen
ihr	könnt	dürft	müsst	sollt	wollt	mögt
sie	können	dürfen	müssen	sollen	wollen	mögen
Sie	können	dürfen	müssen	sollen	wollen	mögen

2. 過去人称変化

①規則変化動詞

不定詞	lernen	
過去基本形	lernte	
ich	lernte	-
du	lerntest	-st
er/sie/es	lernte	-
wir	lernten	-n
ihr	lerntet	-t
sie	lernten	-n
Sie	lernten	-n

②不規則変化動詞

◇過去基本形の語尾に -te がつく動詞

不定詞	kennen	wissen	
過去基本形	kannte	wusste	
ich	kannte	wusste	-
du	kanntest	wusstest	-st
er/sie/es	kannte	wusste	-
wir	kannten	wussten	-n
ihr	kanntet	wusstet	-t
sie	kannten	wussten	-n
Sie	kannten	wussten	-n

◇過去基本形に -te がつかない動詞

不定詞	gehen	kommen		bitten	lesen	
過去基本形	ging	kam		bat	las	
ich	ging	kam	-	bat	las	-
du	gingst	kamst	-st	batest batst	lasest last	-est
er/sie/es	ging	kam	-	bat	las	-
wir	gingen	kamen	-en	baten	lasen	-en
ihr	gingt	kamt	-t	batet	las(e)t	-et
sie	gingen	kamen	-en	baten	lasen	-en
Sie	gingen	kamen	-en	baten	lasen	-en

③重要な動詞

不定詞	sein	haben	werden	
過去基本形	war	hatte	wurde	
ich	war	hatte	wurde	-
du	warst	hattest	wurdest	-st
er/sie/es	war	hatte	wurde	
wir	waren	hatten	wurden	-en
ihr	wart	hattet	wurdet	-t
sie	waren	hatten	wurden	-en
Sie	waren	hatten	wurden	-en

2 命令法

不定詞	lernen	kommen	
2人称 du に対して	Lern(e) ...!	Komm(e) ...!	(-e)
2人称 ihr に対して	Lernt ...!	Kommt ...!	-t
敬称 Sie に対して	Lernen Sie ...!	Kommen Sie ...!	-en

◇語幹が -t，-d，-m，-n で終わる動詞

不定詞	antworten	reden	atmen	öffnen	
2人称 du に対して	Antworte ...!	Rede ...!	Atme ...!	Öffne ...!	-e
2人称 ihr に対して	Antwortet ...!	Redet ...!	Atmet ...!	Öffnet ...!	-et
敬称 Sie に対して	Antworten Sie ...!	Reden Sie ...!	Atmen Sie ...!	Öffnen Sie ...!	-en

◇不定詞が -igen，-eln，-ern で終わる動詞

不定詞	entschuldigen	
2人称 du に対して	Entschuldige ...!	-e
2人称 ihr に対して	Entschuldigt ...!	-t
敬称 Sie に対して	Entschuldigen Sie ...!	-en

◇不定詞が -eln，-ern で終わる動詞

不定詞	handeln	erinnern	
2人称 du に対して	Handle ...!	Erinn(e)re ...!	-e
2人称 ihr に対して	Handelt ...!	Erinnert ...!	-t
敬称 Sie に対して	Handeln Sie ...!	Erinnern Sie ...!	-n

◇語幹の母音 e が 2 人称単数のとき i または ie に変音する不規則動詞

不定詞	essen	sehen	
2人称 du に対して	Iss ...!	Sieh ...!	-
2人称 ihr に対して	Esst ...!	Seht ...!	-t
敬称 Sie に対して	Essen Sie ...!	Sehen Sie ...!	-en

不定詞	sein
2人称 du に対して	Sei ...!
2人称 ihr に対して	Seid ...!
敬称 Sie に対して	Seien Sie ...!

3 接続法

1. 接続法 I 式

不定詞	規則動詞		不規則動詞			
	lernen		essen	sehen	nehmen	wissen
ich	lern**e**	**-e**	esse	sehe	nehme	**wisse**
du	lern**est**	**-est**	**essest**	**sehest**	**nehmest**	**wissest**
er/sie/es	lern**e**	**-e**	**esse**	**sehe**	**nehme**	**wisse**
wir	lern**en**	**-en**	essen	sehen	nehmen	wissen
ihr	lern**et**	**-et**	esset	sehet	nehmet	wisset
sie	lern**en**	**-en**	essen	sehen	nehmen	wissen
Sie	lern**en**	**-en**	essen	sehen	nehmen	wissen

◇重要な動詞

不定詞	sein	haben	werden
ich	**sei**	habe	werde
du	**sei(e)st**	**habest**	**werdest**
er/sie/es	**sei**	**habe**	**werde**
wir	**seien**	haben	werden
ihr	**seiet**	habet	werdet
sie	**seien**	haben	werden
Sie	**seien**	haben	werden

◇話法の助動詞

不定詞	können	dürfen	müssen	sollen	wollen	mögen
ich	**könne**	**dürfe**	**müsse**	**solle**	**wolle**	**möge**
du	**könnest**	**dürfest**	**müssest**	**sollest**	**wollest**	**mögest**
er/sie/es	**könne**	**dürfe**	**müsse**	**solle**	**wolle**	**möge**
wir	können	dürfen	müssen	sollen	wollen	mögen
ihr	könnet	dürfet	müsset	sollet	wollet	möget
sie	können	dürfen	müssen	sollen	wollen	mögen
Sie	können	dürfen	müssen	sollen	wollen	mögen

2. 接続法 II 式

不定詞	規則動詞		不規則動詞					
不定詞	lernen		essen	sehen	nehmen	wissen	gehen	
過去基本形	lernte		aß	sah	nahm	wusste	ging	
ich	lernte	-	äße	sähe	nähme	wüsste	ginge	-e
du	lerntest	-st	äßest	sähest	nähmest	wüsstest	gingest	-est
er/sie/es	lernte	-	äße	sähe	nähme	wüsste	ginge	-e
wir	lernten	-n	äßen	sähen	nähmen	wüssten	gingen	-en
ihr	lerntet	-t	äßet	sähet	nähmet	wüsstet	ginget	-et
sie	lernten	-n	äßen	sähen	nähmen	wüssten	gingen	-en
Sie	lernten	-n	äßen	sähen	nähmen	wüssten	gingen	-en

◇**重要な動詞**

> 幹母音がウムラオトできる場合はウムラオトさせる。

不定詞	sein	haben	werden	
過去基本形	war	hatte	wurde	
ich	wäre	hätte	würde	-(e)
du	wär(e)st	hättest	würdest	-(e)st
er/sie/es	wäre	hätte	würde	-(e)
wir	wären	hätten	würden	-(e)n
ihr	wär(e)t	hättet	würdet	-(e)t
sie	wären	hätten	würden	-(e)n
Sie	wären	hätten	würden	-(e)n

◇**話法の助動詞**

不定詞	können	dürfen	müssen	sollen	wollen	mögen
過去基本形	konnte	durfte	musste	sollte	wollte	mochte
ich	könnte	dürfte	müsste	**sollte**	**wollte**	möchte
du	könntest	dürftest	müsstest	**solltest**	**wolltest**	möchtest
er/sie/es	könnte	dürfte	müsste	**sollte**	**wollte**	möchte
wir	könnten	dürften	müssten	**sollten**	**wollten**	möchten
ihr	könntet	dürftet	müsstet	**solltet**	**wolltet**	möchtet
sie	könnten	dürften	müssten	**sollten**	**wollten**	möchten
Sie	könnten	dürften	müssten	**sollten**	**wollten**	möchten

> sollen, wollen の接続法 II 式は，幹母音をウムラオトさせない。

よく使われる不規則動詞の変化表

直説法現在人称変化が規則変化をする動詞は空白！
よく出る分離・非分離動詞の 3 基本形も参照！

不定詞	直説法現在人称変化	過去基本形	過去分詞
backen （オーブンなどで）焼く		backte	gebacken
beginnen 始まる		begann	begonnen
beißen かむ	du beißt er beißt	biss	gebissen
biegen 曲げる		bog	gebogen
bieten 提供する	du biet(e)st er bietet	bot	geboten
an｜bieten 差し出す		bot … an	angeboten
verbieten 禁止する		verbot	verboten
binden 結びつける		band	gebunden
verbinden 包帯をする		verband	verbunden
bitten 頼む		bat	gebeten
bleiben 留まる		blieb	geblieben
braten 焼く	du brätst er brät	briet	gebraten
brechen 折る	du brichst er bricht	brach	gebrochen
brennen 燃える		brannte	gebrannt
bringen 持ってくる		brachte	gebracht
mit｜bringen 持ってくる		brachte … mit	mitgebracht
verbringen 過ごす		verbrachte	verbracht
denken 思う		dachte	gedacht
dringen 強く迫る		drang	gedrungen
dürfen 〜してもよい	ich darf　du darfst er darf	durfte	dürfen/gedurft

不定詞	直説法現在人称変化	過去基本形	過去分詞
essen 食べる	du isst er isst	aß	gegessen
empfehlen 勧める	du empfiehlst er empfiehlt	empfahl	empfohlen
fahren (乗り物で) 行く	du fährst er fährt	fuhr	gefahren
ab|fahren 出発する		fuhr … ab	abgafahren
erfahren (聞いたり読んだりして) 知る		erfuhr	erfahren
fallen 落ちる	du fällst er fällt	fiel	gefallen
aus|fallen (催しなどが) 中止になる		fiel … aus	ausgefallen
gefallen 気に入る		gefiel	gefallen
fangen 捕らえる	du fängst er fängt	fing	gefangen
an|fangen 始まる		fing … an	angefangen
empfangen 受け取る		empfing	empfangen
finden 見つける	du findest er findet	fand	gefunden
statt|finden (催しなどが) 開催される		fand … statt	stattgefunden
erfinden 発見する		erfand	erfunden
fliegen (飛行機で) 行く		flog	geflogen
fliehen 逃げる		floh	geflohen
fließen (液体・気体などが) 流れる	du fließt er fließt	floss	geflossen
fressen (動物などが) 食べる	du frisst er frisst	fraß	gefressen
frieren 寒がる		fror	gefroren
gebären 産む		gebar	geboren
geben 渡す	du gibst er gibt	gab	gegeben
aus|geben 支出する		gab … aus	ausgegeben

不定詞	直説法現在人称変化	過去基本形	過去分詞
ergeben （結果などを）もたらす		ergab	ergeben
gehen 行く		ging	gegangen
aus｜gehen 外出する		ging ... aus	ausgegangen
begehen （罪などを）犯す		beging	begangen
gelingen （物事が）成功する		gelang	gelungen
gelten 効力がある	du giltst er gilt	galt	gegolten
genießen 楽しむ	du genießt er genießt	genoss	genossen
geschehen 起こる	es geschieht	geschah	geschehen
gewinnen 勝つ		gewann	gewonnen
gießen 注ぐ	du gießt er gießt	goss	gegossen
gleichen 似ている	du gleich(e)st	glich	geglichen
vergleichen 比較する		verglich	verglichen
gleiten 滑る		glitt	geglitten
graben 掘る	du gräbst er gräbt	grub	gegraben
greifen （つかむために）手を伸ばす		griff	gegriffen
an｜greifen 攻撃する		griff ... an	angegriffen
begreifen 理解する		begriff	begriffen
haben 持っている	du hast er hat	hatte	gehabt
vor｜haben 予定している		hatte ... vor	vorgahabt
halten （離さず）持っている	du hältst er hält	hielt	gehalten
erhalten 受け取る		erhielt	erhalten
hängen 掛かっている		hing	gehangen

不定詞	直説法現在人称変化	過去基本形	過去分詞
ab｜hängen (〜に) 依存している		hing … ab	abgehangen
heben 持ち上げる		hob	gehoben
heißen (〜という) 名である	du heißt er heißt	hieß	geheißen
helfen 手伝う，助ける	du hilfst er hilft	half	geholfen
kennen 知っている		kannte	gekannt
aus｜kennen 事情に精通している		kannte … aus	ausgekannt
erkennen 認識する		erkannte	erkannt
klingen (鐘などが) 鳴る		klang	geklungen
kommen 来る		kam	gekommen
an｜kommen 到着する		kam … an	angekommen
bekommen もらう		bekam	bekommen
können 〜できる	ich kann　du kannst er kann	konnte	können/ gekonnt
laden 積む	du lädst er lädt	lud	geladen
ein｜laden 招待する		lud … ein	eingeladen
lassen 〜させる	du lässt er lässt	ließ	gelassen
zu｜lassen 許可する		ließ … zu	zugelassen
verlassen 去る		verließ	verlassen
laufen 走る	du läufst er läuft	lief	gelaufen
leiden (病気などに) かかっている		litt	gelitten
leihen (ただで) 貸す		lieh	geliehen
lesen 読む	du liest er liest	las	gelesen
liegen 横になっている		lag	gelegen

不定詞	直説法現在人称変化	過去基本形	過去分詞
lügen 嘘をつく		log	gelogen
meiden 避ける		mied	gemieden
vermeiden 避ける		vermied	vermieden
messen 測る	du misst er misst	maß	gemessen
misslingen (物事が) 失敗する		misslang	misslungen
mögen 〜かもしれない；〜が好きだ	ich mag　du magst er mag	mochte	mögen/ gemocht
müssen 〜しなければならない	ich muss　du musst er muss	musste	müssen/ gemusst
nehmen 取る	du nimmst er nimmt	nahm	genommen
mit|nehmen 持っていく		nahm ... mit	mitgenommen
benehmen 振舞う		benahm	benommen
nennen 名付ける		nannte	genannt
raten 助言する	du rätst er rät	riet	geraten
reißen 引きちぎる	du reißt er reißt	riss	gerissen
zerreißen 引き裂く		zerriss	zerrissen
reiten (馬などに) 乗る		ritt	geritten
rennen 走る		rannte	gerannt
riechen 匂いがする		roch	gerochen
rufen 呼ぶ		rief	gerufen
an|rufen 電話をかける		rief ... an	angerufen
saufen (動物が) 飲む	du säufst er säuft	soff	gesoffen
saugen 吸う		sog	gesogen
schaffen 創造する		schuf	geschaffen

不定詞	直説法現在人称変化	過去基本形	過去分詞
scheiden （裁判所が）離婚させる		schied	geschieden
entscheiden 決める		entschied	entschieden
scheinen （〜のように）見える		schien	geschienen
erscheinen 現れる		erschien	erschienen
schieben 押して動かす		schob	geschoben
verschieben 先に延ばす		verschob	verschoben
schießen 撃つ	du schießt er schießt	schoss	geschossen
schlafen 眠る	du schläfst er schläft	schlief	geschlafen
ein｜schlafen 眠り込む		schlief ... ein	eingeschlafen
verschlafen 寝坊する		verschlief	verschlafen
schlagen 打つ	du schlägst er schlägt	schlug	geschlagen
vor｜schlagen 提案する		schlug ... vor	vorgeschlagen
schließen 閉める	du schließt er schließt	schloss	geschlossen
an｜schließen 接続する		schloss ... an	angeschlossen
entschließen 決心する		entschloss	entschlossen
schneiden 切る		schnitt	geschnitten
schrecken 驚く	du schrickst er schrickt	schrak	geschrocken
schreiben 書く		schrieb	geschrieben
schreien 叫ぶ		schrie	geschrien
schreiten （ゆったりと）歩く		schritt	geschritten
schweigen 黙っている		schwieg	geschwiegen
schwimmen 泳ぐ		schwamm	geschwommen

不定詞	直説法現在人称変化	過去基本形	過去分詞
schwinden （次第に）減る		schwand	geschwunden
verschwinden （視界から）消える		verschwand	verschwunden
schwören 誓う		schwor	geschworen
sehen 見る，見える	du siehst er sieht	sah	gesehen
aus｜sehen （〜のように）見える		sah ... aus	ausgesehen
sein （〜で）ある	ich bin　　wir sind du bist　　ihr seid er ist　　　sie sind 　　　Sie sind	war	gewesen
senden 送る	du sendest er sendet	sandte	gesandt
singen 歌う		sang	gesungen
sinken 沈む		sank	gesunken
sitzen 座っている	du sitzt er sitzt	saß	gesessen
besitzen 所有している		besaß	besessen
sollen 〜すべき	ich soll　du sollst er soll	sollte	sollen/gesollt
sprechen 話す	du sprichst er spricht	sprach	gesprochen
aus｜sprechen 発音する		sprach ... aus	ausgesprochen
versprechen 約束する		versprach	versprochen
springen 跳ぶ		sprang	gesprungen
stechen 刺す	du stichst er sticht	stach	gestochen
stecken 差し込む		stak	gesteckt
stehen 立っている		stand	gestanden
auf｜stehen 起床する		stand ... auf	aufgestanden
verstehen 理解する		verstand	verstanden

不定詞	直説法現在人称変化	過去基本形	過去分詞
stehlen 盗む	du stiehlst er stiehlt	stahl	gestohlen
steigen 登る		stieg	gestiegen
aus｜steigen （乗り物から）降りる		stieg ... aus	ausgestiegen
ein｜steigen （乗り物に）乗る		stieg ... ein	eingestiegen
sterben 死ぬ	du stirbst er stirbt	starb	gestorben
stinken 嫌な臭いがする		stank	gestunken
stoßen 突く	du stößt er stößt	stieß	gestoßen
streiten 争う		stritt	gestritten
tragen 運ぶ	du trägst er trägt	trug	getragen
ertragen 耐える		ertrug	ertragen
treffen （約束などして）会う	du triffst er trifft	traf	getroffen
treten 踏む	du trittst er tritt	trat	getreten
betreten （部屋などに）入る，足を踏み入れる		betrat	betreten
trinken 飲む		trank	getrunken
tun する		tat	getan
vergessen 忘れる	du vergisst er vergisst	vergaß	vergessen
verlieren なくす		verlor	verloren
wachsen 成長する	du wächst er wächst	wuchs	gewachsen
waschen 洗う	du wäsch(e)st er wäscht	wusch	gewaschen
weisen 指し示す		wies	gewiesen
beweisen 証明する		bewies	bewiesen
wenden 向ける	du wendest er wendet	wandte	gewandt

不定詞	直説法現在人称変化	過去基本形	過去分詞
an｜wenden 使う，適用する		wandte ... an	angewandt
verwenden 使う，利用する		verwandte	verwandt
werben 勧誘する	du wirbst er wirbt	warb	geworben
bewerben 応募する		bewarb	beworben
werden (〜に) なる	du wirst er wird	wurde	geworden/ (助動詞のとき) worden
werfen 投げる	du wirfst er wirft	warf	geworfen
vor｜werfen 非難する		warf ... vor	vorgeworfen
wiegen 重さを量る		wog	gewogen
wissen 知っている	ich weiß　du weißt er weiß	wusste	gewusst
wollen 〜するつもりである	ich will　du willst er will	wollte	wollen/gewollt
zeihen 責める		zieh	geziehen
verzeihen 許す		verzieh	verziehen
ziehen 引く，引っ越す		zog	gezogen
an｜ziehen 着る		zog ... an	angezogen
aus｜ziehen 脱ぐ		zog ... aus	ausgezogen
erziehen 教育する		erzog	erzogen
zwingen 強いる		zwang	gezwungen

磯部 美穂（いそべ・みほ）

　信州大学人文学部准教授。インスブルック大学博士課程修了。専門はドイツ語学。主な研究領域はドイツ語造語法とテキスト生成理論。独和・和独辞書の編集作業にも携わる。

© Miho Isobe, 2020, Printed in Japan

これ一冊で！基礎を固める
快速マスタードイツ語

2020 年 6 月 10 日　初版第 1 刷発行

著　者　磯部 美穂
制　作　ツディブックス株式会社
発行者　田中 稔
発行所　株式会社 語研
　　　　〒 101-0064
　　　　東京都千代田区神田猿楽町 2-7-17
　　　　電　話 03-3291-3986
　　　　ファクス 03-3291-6749
　　　　振替口座 00140-9-66728
組　版　ツディブックス株式会社
印刷・製本　倉敷印刷株式会社

ISBN978-4-87615-358-9 C0084
書名　カイソク マスター ドイツゴ
著者　イソベ ミホ
著作者および発行者の許可なく転載・複製することを禁じます。

本書の感想は
スマホから↓

株式会社語研
語研ホームページ https://www.goken-net.co.jp/